科技冬奥专项"冰雪运动推广普及关键技术产品研发及示范"课题五
"科技与体育相互支撑发展战略研究"（2020YFF0304805）

北京 2022 年冬奥会和冬残奥会科技支撑蓝皮书

茹秀英　李　林　汪　流　等◎著

人民体育出版社

图书在版编目（CIP）数据

北京2022年冬奥会和冬残奥会科技支撑蓝皮书 / 茹秀英等著. —— 北京：人民体育出版社，2023
ISBN 978-7-5009-6329-5

Ⅰ. ①北… Ⅱ. ①茹… Ⅲ. ①冬季奥运会－技术发展－研究报告－北京－2022②世界残疾人运动会－冬季奥运会－技术发展－研究报告－北京－2022 Ⅳ. ①G811.212②G811.228

中国国家版本馆CIP数据核字（2023）第114155号

*

人 民 体 育 出 版 社 出 版 发 行
天 津 画 中 画 印 刷 有 限 公 司 印 刷
新　华　书　店　经　销

*

710×1000　16开本　12印张　218千字
2023年12月第1版　2023年12月第1次印刷

*

ISBN 978-7-5009-6329-5
定价：60.00元

社址：北京市东城区体育馆路8号（天坛公园东门）
电话：67151482（发行部）　　邮编：100061
传真：67151483　　　　　　　邮购：67118491
网址：www.psphpress.com

（购买本社图书，如遇有缺损页可与邮购部联系）

作者团队

茹秀英　李　林　汪　流　李　楠
苏如峰　程　硕　石伟东　姚治兰

前　言

北京 2022 年冬奥会和冬残奥会的高效筹办与成功举办，不仅给疫情困境下的百年奥运注入了新的生机与活力，还让全世界看到一个人民至上、心怀人类命运共同体的新时代中国形象。2022 年 2 月 5 日习近平总书记在北京 2022 年冬奥会欢迎宴会上指出："中国通过筹办冬奥会和推广冬奥运动，让冰雪运动进入寻常百姓家，实现了带动 3 亿人参与冰雪运动的目标，为全球奥林匹克事业作出了新的贡献。"

这份新贡献不仅在于在疫情肆虐全球背景之下中国为全世界筹办了一届充满团结精神、力量和活力的奥运会，还在于中国在本届冬奥会的筹办中展现了大国的担当：中国认真兑现了对国际社会的庄严承诺，确保了北京冬奥会高效筹办和如期举办；中国创造并践行了国际奥林匹克运动可持续发展所追求的"低碳办奥"；北京冬奥会使"带动三亿人参与冰雪运动"从愿景走向现实，开启了全球冬季运动的新时代。

这些成就的取得，其强大的支撑和保障是中国治理优势。具有国家战略意义的《科技冬奥（2022）行动计划》的实施，攻克了一批核心关键技术，转化了一批绿色低碳技术，展示了中国的高新技术和创新实力，有力支撑了北京冬奥会的成功举办，将北京冬奥会成功打造成一场科技盛会。

本书为科技冬奥专项"冰雪运动推广普及关键技术产品研发及示范"课题五"科技与体育相互支撑发展战略研究"（2020YFF0304805）的主要成果之一。本书以"讲好北京冬奥故事"为基本遵循，从人文社会科学学理的视角客观、全面梳理科技支撑北京冬奥会的突出领域。本书分为 9 个部分，具体撰写分工如下：第 1 部分（绪论）由李楠和茹秀英撰写；第 2 部分（科技支撑冰雪运动实现跨越式发展）由李楠撰写；第 3 部分（科技支撑城市基础设施建设迈上新台阶）由茹秀英撰写；第 4 部分（科技支撑赛区生态环境改善取得新成就）由程硕撰写；第 5 部分（科技支撑冬奥场馆智慧建设实现新突破）由石伟东撰写；第 6 部分（科技支撑赛事转播和观赛跨入新阶段）由姚治兰撰写；第 7 部分（科技支撑奥运会仪式庆典铸就新辉煌）由苏如峰撰写；第 8 部分（科技支撑安全办赛打造卓越冬奥盛会）由李楠撰写；第 9 部分（"科技冬奥"的中国方案与世界贡献）由汪流撰写。李林负责全书的规划、设计。全书书稿的统筹审稿由茹秀英、李林、汪流完成。

因作者水平和时间有限，本书难免存在不足之处，敬请读者批评指正，本研究团队定虚心接纳。

目 录

1 绪 论 ………………………………………………………………… 1
　1.1 研究背景与选题依据 …………………………………………… 1
　1.2 研究目的与意义 ………………………………………………… 3
　1.3 研究对象与方法 ………………………………………………… 3
　　　1.3.1 研究对象 …………………………………………………… 3
　　　1.3.2 研究方法 …………………………………………………… 4
　1.4 研究思路与分析框架 …………………………………………… 4
　1.5 本书结构与内容安排 …………………………………………… 6
　1.6 本章小结 ………………………………………………………… 7

2 科技支撑冰雪运动实现跨越式发展 ………………………………… 8
　2.1 科技支撑冰雪运动的作用机理 ………………………………… 9
　　　2.1.1 科技是促进冰雪运动发展的有力工具 …………………… 9
　　　2.1.2 冰雪运动是科技创新发展的应用场域 ………………… 10
　2.2 科技支撑竞技冰雪运动提质增效 ……………………………… 11
　　　2.2.1 科技支撑推动竞技冰雪装备升级 ………………………… 12
　　　2.2.2 科技支撑提升竞技冰雪训练质量 ………………………… 13
　　　2.2.3 科技支撑突破竞技冰雪关键技术 ………………………… 14
　2.3 科技支撑大众冰雪运动蓬勃开展 ……………………………… 16
　　　2.3.1 科技支撑拓宽大众冰雪运动参与渠道 ………………… 17
　　　2.3.2 科技支撑创新大众冰雪运动参与形式 ………………… 18
　　　2.3.3 科技支撑改善大众冰雪运动参与体验 ………………… 20
　2.4 科技支撑冰雪产业高质量发展 ………………………………… 21

1

3 科技支撑城市基础设施建设迈上新台阶

- 2.4.1 科技支撑拓展冰雪产业链条 ···································· 21
- 2.4.2 科技支撑丰富冰雪产业内涵 ···································· 23
- 2.4.3 科技支撑优化冰雪产业生态 ···································· 24
- 2.5 本章小结 ·· 26

3 科技支撑城市基础设施建设迈上新台阶 ································ 27

- 3.1 科技赋能城市基础设施建设的作用机理 ······························ 27
  - 3.1.1 科技赋能是人民对城市基础设施建设的需求 ············ 27
  - 3.1.2 科技是实现相互依存的城市基础设施系统的保障 ····· 28
- 3.2 零排供能打造能源研发新示范 ·· 29
  - 3.2.1 冬奥会赛区绿电供应全面覆盖 ································ 29
  - 3.2.2 "绿电高速路"让张北的风点亮北京的灯 ················ 30
  - 3.2.3 "氢能张家口"成为张家口市绿色发展新名片 ········· 31
- 3.3 科技促进交通实现跨越式发展 ·· 32
  - 3.3.1 利用"氢能出行"技术打造氢燃料电池汽车及氢能基础设施示范项目 ··· 32
  - 3.3.2 京张高铁智能化见证中国速度 ································ 33
  - 3.3.3 京礼高速构架区域交通大动脉 ································ 34
  - 3.3.4 赛区内部交通设施逐步完善 ··································· 35
  - 3.3.5 综合利用智能交通系统和管理措施，提升交通运行效率 ··· 35
- 3.4 5G通信技术的多元运用 ··· 36
  - 3.4.1 5G促进京张城市"智慧化"整体建设 ······················ 36
  - 3.4.2 5G技术成就京张智慧高铁 ······································ 37
  - 3.4.3 5G技术助力无人驾驶技术实现新突破 ···················· 37
- 3.5 城市环保系统快速提升 ·· 38
  - 3.5.1 科学核算，推进水资源高效循环利用 ······················ 38
  - 3.5.2 科技助推城市储水排水效能 ··································· 39
  - 3.5.3 科技助力水污染治理效果显著 ································ 39
  - 3.5.4 科学设计，从根源上减弱生态环境负影响 ··············· 39

3.5.5 垃圾收集与处理 ·· 40
　3.6 主办城市无障碍环境全方位改善，彰显科技力量 ································ 40
　　　3.6.1 制订科学的无障碍环境建设方案，实现规范化 ······························ 40
　　　3.6.2 举办城市无障碍环境系统性水平显著提升 ·································· 41
　3.7 科技支撑公共服务实现区域协同 ·· 42
　　　3.7.1 餐饮住宿水平持续提升，实现运动员"智慧用餐" ·························· 42
　　　3.7.2 以冬奥会医疗保障为支撑，实现京张医疗服务协同发展 ················ 43
　　　3.7.3 提升区域教育均衡化水平 ·· 43
　　　3.7.4 京张体育文化旅游带品牌逐渐形成 ··· 43
　3.8 塑造典范，科技支撑首钢打造北京城市新地标 ···································· 44
　　　3.8.1 打造科技产业集聚区 ·· 45
　　　3.8.2 科技支撑活化利用工业遗存 ·· 45
　　　3.8.3 精心打造生态空间 ·· 45
　3.9 本章小结 ·· 46

4 科技支撑赛区生态环境改善取得新成就 ·· 47
　4.1 科技支撑生态环境改善的作用机理 ··· 47
　　　4.1.1 科技是解决生态问题的重要利器 ··· 48
　　　4.1.2 绿色办奥需要科技打下环保底色 ··· 48
　4.2 科技支撑北京冬奥赛区生态环境改善的表现 ·· 50
　　　4.2.1 科技支撑"天更蓝" ·· 50
　　　4.2.2 科技支撑"水更清" ·· 53
　　　4.2.3 科技支撑"地更绿" ·· 57
　4.3 本章小结 ·· 64

5 科技支撑冬奥场馆智慧建设实现新突破 ·· 66
　5.1 科技支撑奥运场馆的作用机理 ··· 66
　5.2 科技支撑"北京双奥"场馆的智慧转换 ·· 67

5.2.1 "最美的冰"——首都体育馆 ·· 67
　　5.2.2 "水立方"转"冰立方"——国家游泳中心 ································· 69
　　5.2.3 篮球圣地成冰球地标——五棵松体育中心 ································· 71
5.3 科技支撑北京新建场馆打造"金色名片" ·· 72
　　5.3.1 冰上律动之"冰丝带"——国家速滑馆 ····································· 72
　　5.3.2 "雪飞天"跨越创新——首钢滑雪大跳台 ································· 76
5.4 科技支撑延庆赛区场馆打造"中国传奇" ·· 79
　　5.4.1 "雪游龙"——国家雪车雪橇中心 ·· 79
　　5.4.2 "雪飞燕"——国家高山滑雪中心 ·· 81
5.5 科技支撑张家口赛区场馆打造"天人合一" ··· 83
　　5.5.1 "山野之趣"——国家越野滑雪中心 ··· 83
　　5.5.2 "穿越古今"——国家冬季两项中心 ··· 84
　　5.5.3 腾飞的"雪如意"——国家跳台滑雪中心 ·································· 86
5.6 科技支撑冬奥场馆"智慧化"管理 ·· 89
　　5.6.1 冬奥场馆资源管理系统 ·· 89
　　5.6.2 雪上场馆智慧建筑集成管理平台 ·· 90
　　5.6.3 运行能耗和碳排放智能化管控中心 ··· 90
　　5.6.4 设备检测预警平台 ··· 91
　　5.6.5 5G 网络技术 ·· 91
5.7 本章小结 ··· 91

6 科技支撑赛事转播和观赛跨入新阶段 ·· 93

6.1 科技支撑赛事转播和观赛的作用机理 ·· 93
　　6.1.1 大型赛事转播和观赛为科技提供应用场景 ··································· 93
　　6.1.2 科技为大型赛事转播和观赛提供技术保障 ··································· 95
6.2 北京冬奥会转播的基本情况 ·· 96
　　6.2.1 北京冬奥会公共信号制作团队 ··· 96
　　6.2.2 北京冬奥会转播媒体规模及转播平台 ··· 97

        6.2.3 北京冬奥会转播交通中枢：主媒体中心 ······················ 98
        6.2.4 北京冬奥会转播的设备设施 ···································· 98
  6.3 科技支撑北京冬奥会和冬残奥会赛事转播的表现 ···························· 99
        6.3.1 5G 网络全覆盖助力转播信号"更快、更高、更强" ············ 99
        6.3.2 8K 超高清技术助力画面更清晰、更真实 ······················ 99
        6.3.3 云转播技术助力转播实现低成本、高速率、灵活性 ·········· 100
        6.3.4 智能跟踪拍摄技术助力转播内容更完整、更立体 ············ 101
  6.4 科技支撑提升北京冬奥会智慧观赛体验的表现 ···························· 102
        6.4.1 北京冬奥会的观众人数与观赛平台 ···························· 102
        6.4.2 交互式多维度观赛体验技术让观赛视角更自由、更多元 ····· 103
        6.4.3 "飞猫""猎豹""时间切片""子弹时间"等让观赛更有层次感 ·········· 104
        6.4.4 虚拟技术让交互更多元 ·· 105
        6.4.5 AVS3 编解码技术助力移动端观赛更精彩 ······················ 106
  6.5 本章小结 ··· 106

7 科技支撑奥运会仪式庆典铸就新辉煌 ·· 108

  7.1 科技支撑奥运会仪式庆典的作用机理 ·· 108
        7.1.1 仪式庆典的社会意义和符号象征 ································ 109
        7.1.2 科技丰富了奥运会仪式庆典的文化内涵 ······················ 110
        7.1.3 奥运会仪式庆典为科技提供了展示舞台 ······················ 111
        7.1.4 奥运会仪式庆典是科技与人文的有机融合 ···················· 111
  7.2 科技支撑北京冬奥会仪式庆典的表现 ·· 112
        7.2.1 科技支撑圣火接力传递文化自信 ································ 113
        7.2.2 科技支撑开幕式"微火"照亮世界 ······························ 115
        7.2.3 科技支撑颁奖典礼彰显礼仪之邦 ································ 116
        7.2.4 科技支撑闭幕式演绎中国式惜别 ································ 117
  7.3 本章小结 ··· 118

8 科技支撑安全办赛打造卓越冬奥盛会 ·················· 119

8.1 科技支撑安全办赛的作用机理 ·················· 120
8.1.1 安全办赛对科技提出了更高的要求 ·················· 120
8.1.2 科技为安全办赛提供了更好的支撑 ·················· 121

8.2 科技支撑北京冬奥会和冬残奥会安全办赛的表现 ·················· 122
8.2.1 科技支撑竞赛活动安全 ·················· 122
8.2.2 科技支撑疫情防控安全 ·················· 125
8.2.3 科技支撑人身健康安全 ·················· 127
8.2.4 科技支撑公共风险安全 ·················· 129
8.2.5 科技支撑网络舆论安全 ·················· 133
8.2.6 科技支撑其他方面安全 ·················· 135

8.3 本章小结 ·················· 137

9 "科技冬奥"的中国方案与世界贡献 ·················· 138

9.1 组织治理的中国方案 ·················· 138
9.1.1 "科技冬奥"的组织建设 ·················· 138
9.1.2 "科技冬奥"的组织治理 ·················· 142

9.2 政策保障的中国方案 ·················· 144
9.2.1 国家层面的政策 ·················· 144
9.2.2 地方层面的政策 ·················· 148

9.3 实施路径的中国方案 ·················· 149
9.3.1 体制机制建设 ·················· 149
9.3.2 科技成果研发与测试 ·················· 150
9.3.3 科技成果应用与评估 ·················· 151

9.4 "科技冬奥"的世界贡献 ·················· 153
9.4.1 树立了智慧场馆的"中国典范" ·················· 154
9.4.2 践行了"绿色办奥"的科学理念 ·················· 156

9.4.3　兑现了"安全、精彩"的办赛诺言 ································ 157

　　9.4.4　推动了"人类命运共同体"构建 ································ 159

　9.5　本章小结 ·· 161

参考文献 ·· 163

1 绪 论

科技在北京冬奥会筹办和举办中扮演着重要角色,通过国家重点研发计划"科技冬奥"的推动,众多科技创新应用为冬奥会的成功举办提供了强有力的支持。北京冬奥会上展示了机器人火炬传递、零碳制冰等令人惊叹的科技成果,这些科技成果将科技与体育相结合,给全世界观众留下深刻的印象。这场科技感、未来感十足的盛会充分展示了中国的智慧和创新实力。通过科学规划、创造、管理和运用筹办成果,北京冬奥会为主办城市和地区留下了可持续发展的丰厚遗产,实现了奥林匹克运动与城市和区域发展的良性互动。北京冬奥会的成功经验为国际奥林匹克运动发展提供了中国智慧和中国方案,为后冬奥时代的可持续发展提供了宝贵的经验。

1.1 研究背景与选题依据

科技是国家强盛之基,创新是民族进步之魂。党的十九届五中全会上强调,"要强化国家战略科技力量,提升企业技术创新能力,激发人才创新活力,完善科技创新体制机制"。党的二十大报告中进一步强调,"强化国家战略科技力量,优化配置创新资源,优化国家科研机构、高水平研究型大学、科技领军企业定位和布局,形成国家实验室体系,统筹推进国际科技创新中心、区域科技创新中心建设",这为系统谋划、重点推进国家战略科技力量建设指明了方向。从国际形势来看,当今世界科技创新已进入空前活跃时期,新一轮科技革命和产业变革正在重构全球创新版图、重塑全球经济结构,科学技术和经济社会发展加速渗透融合。科学技术从未像今天这样深刻影响着国家前途和人民生活。从国内来看,科技创新已成为支撑我国快速发展、保障国家安全的关键力量和锐利武器,扮演着推进现代化建设和实现"两个一百年"奋斗目标的"发动机"的重要角色。我国科技正在从量的积累迈向质的飞跃、从点的突破迈向系统能力的提升，科技创新取得新的历史性成就。纵观当前我国发展所面临的新形势和新挑战，加强创新驱动、坚持以科技创新引领经济社会发展已成为建设现代化强国和实现中华民族伟大复兴的必然之举。

体育是现代科技的展示橱窗。伴随科学技术革命的深入推进和体育产业的快速发展，科技赋能为体育行业的发展带来了新动力、新发展、新变化。2019年8月，国务院办公厅印发的《体育强国建设纲要》中提出"加快推动互联网、大数据、人工智能与体育实体经济深度融合"。同年，国务院办公厅印发《国务院办公厅关于促进全民健身和体育消费推动体育产业高质量发展的意见》，进一步提出"推动智能制造、大数据、人工智能等新兴技术在体育制造领域应用""支持以冰雪、足球、篮球、赛车等运动项目为主体内容的智能体育赛事发展"。智能化体育的发展不仅是新时代的要求，还是现代体育的发展方向。科学技术正以前所未有的广度和深度重塑体育，为破解体育现有困境赋能，促使其向更高层次迈进，同时还将进一步挖掘体育潜力，激发其创新活力。

2015年，北京获得第24届冬奥会举办权，成为全球首个"双奥之城"。北京2022年冬奥会是我国重要历史节点的重大标志性活动，与实现"两个一百年"奋斗目标高度契合。北京冬奥会的成功举办不仅为我国冰雪运动发展带来强大动力，还为科技创新提供了丰富的应用场景和展示平台。这使得北京冬奥会真正成为科技赋能体育的最佳试验场。

北京2022年冬奥会和冬残奥会是《奥林匹克2020议程》颁布之后的第1届从筹办之初就全面规划管理奥运遗产的奥运会。自申办以来，第24届冬季奥林匹克运动会组织委员会（以下简称北京冬奥组委）与国际奥林匹克委员会（以下简称国际奥委会）、国际残疾人奥林匹克委员会（以下简称国际残奥委会）紧密协作，充分借鉴国际经验，秉持"绿色办奥、共享办奥、开放办奥、廉洁办奥"理念，把可持续发展贯穿始终，把冬奥筹办工作与城市发展目标和人民群众美好生活期望紧密结合，在努力举办一届"精彩、非凡、卓越"的奥运盛会的同时，通过科学规划、创造、管理和运用筹办成果，为主办城市和地区留下可持续发展的丰厚遗产，实现奥林匹克运动与城市和区域发展的良性互动、共赢发展。

为实现这一目标，2016年由科技部牵头，会同北京冬奥组委、北京市科学技术委员会、河北省科技厅、国家体育总局等部门启动了国家重点研发计划"科技冬奥"，重点围绕冬奥会科学办赛关键技术、冬季项目运动训练与比赛关键技术、公共安全保障关键技术、全球影响传播和智慧观赛关键技术、建设绿色智慧综合示范区5项重点科研攻关任务，共安排部署80个科研项目，在测试赛、运动员训练、正式比赛中对500多家单位、超过万名科研人员参与研发的200多项技术成果开展了示范应用。奥运史上首次机器人水下传递火炬、国家速滑馆"冰丝带"零碳制冰、主媒体中心智慧餐厅机器人烹饪送餐"一条龙"……科技味十足的北京冬奥会给全世界的观众留下了深刻的印象。据统计，最终共有212项技术在北京冬奥会上落地应用，为实现北京冬奥会的"简约、安全、精彩"提供了强有力的技术支撑和科技保障。"文化红""生态绿""科技蓝"交相辉映，共同构成了一幅美丽的北京冬奥画卷。

毋庸赘言，"科技冬奥"不但确保了北京冬奥会的胜利举办，而且为后冬奥时代留下了诸多凸显中国智慧的宝贵遗产。"科技冬奥"的各种成功经验也为国际奥林匹克运动的发展奉献了中国智慧，提供了中国方案。

1.2　研究目的与意义

本书从北京冬奥会筹办和举办历时的视角，基于"科技冬奥"行动计划的全局视域，系统梳理科技支撑北京2022年冬奥会和冬残奥会的实践与成效。同时，从中国国家治理的视角探索"科技冬奥"运行的中国治理方案，进而分析"科技冬奥"遗产的可持续发展方略，旨在从学理视角为探索科技与冬奥会的"互赢关系"提供依据，为后冬奥时代实现科技可持续促进中国体育发展提供宝贵经验，为国际奥林匹克运动的发展及奥运会举办城市和国家的科技支撑提供参考与借鉴。

1.3　研究对象与方法

1.3.1　研究对象

本书的研究对象是科技支撑北京2022年冬奥会和冬残奥会。

1.3.2 研究方法

鉴于本书的研究内容和研究重点，主要采用以下研究方法。

（1）文献（案头）资料法。广泛搜集2015年以来"科技冬奥"、科技支撑冰雪运动发展的政策、科研立项、专利成果、研究报告、专著、论文、相关媒体报道，重点参阅来自北京冬奥组委、《人民日报》、人民网等官方性、权威性媒体的报道，力求研究真实、严谨。

（2）专家咨询法。咨询科技、体育、业界、学界相关专家，就北京2022年冬奥会科技支撑冰雪运动发展的情况、难点、特点、问题、对策等进行深度访谈，并将其作为案例分析的佐证和有效补充，提升研究结果的全面性和准确性。

（3）案例分析法。寻找冰雪运动普及和推广科技的创新与应用、冰雪运动竞技科技的创新与应用、冬奥会赛事举办科技的创新与应用的典型案例，应用案例分析研究方法，凝练北京2022年冬奥会科技支撑冰雪运动发展的特点和规律。

（4）实地考察法。研究团队深入北京冬奥会三大赛区，走进多个主要场馆，亲赴训练基地，认真考察从筹办到举办各阶段科技对北京冬奥会的全面渗透和落地应用。

（5）内容分析法。研究团队对《人民日报》《光明日报》、中央电视台、新华网、人民网等权威官方媒体有关"科技冬奥"的内容进行全面选择、分类、统计，为本研究提供夯实的案例。

1.4 研究思路与分析框架

本书基于"科技与奥运休戚相关"这一被广为认同的命题，遵循学理探究的基本原则，以"讲好北京冬奥故事"为根本出发点，对科技支撑北京2022年冬奥会和冬残奥会展开探索，拟回答的问题是科技支撑北京冬奥会取得了哪些成效？如何取得成效？这些成效是应冬奥之景昙花一现，还是可以可持续发展？后冬奥时代如何确保这种可持续发展？

历经百余年的发展，奥运会现已成为人类文化发展史上的一大奇观，与其他体育赛事截然不同的是，基于奥林匹克人文价值的奥运会已远远超越了体育运动的范畴。举办冬奥会需要方方面面的因素支撑，如图1-1所示。其中，奥运会文化仪式和冰雪运动比赛是核心因素，场馆设施和媒体转播是必需因素，城市基础设施和生态环境是必要因素,且这六大因素是由外到内、层层深入的。在这些因素中,若没有科技的融入,奥运会尤其是冬奥会的举办就会举步维艰。本书拟基于举办冬奥会的六大因素,对科技支撑北京 2022 年冬奥会和冬残奥会进行全面透析。

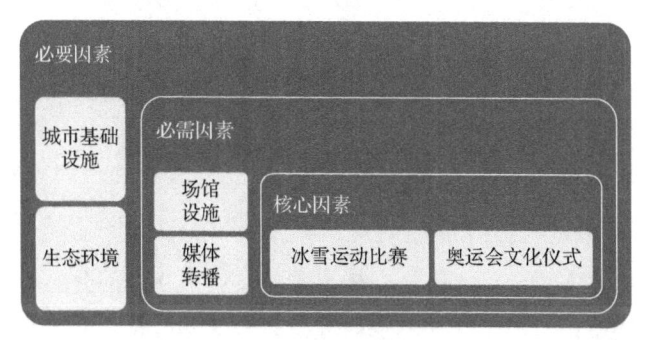

图 1-1 举办冬奥会的因素支撑

为确保北京 2022 年冬奥会和冬残奥会成功举办,针对举办奥运会的因素支撑,2016 年 11 月 18 日由科技部牵头,会同其他部门制定了《科技冬奥(2022)行动计划》,该计划依据总体目标和基本原则,制定了 8 个方面的重点任务,分别为零排供能、绿色出行、5G 共享、智慧观赛、运动科技、清洁环境、安全办赛、国际合作。由此可见,这 8 项任务全方位围绕举办冬奥会所需的因素,构成了科技支撑北京 2022 年冬奥会和冬残奥会的"中国实践模式",如图 1-2 所示。

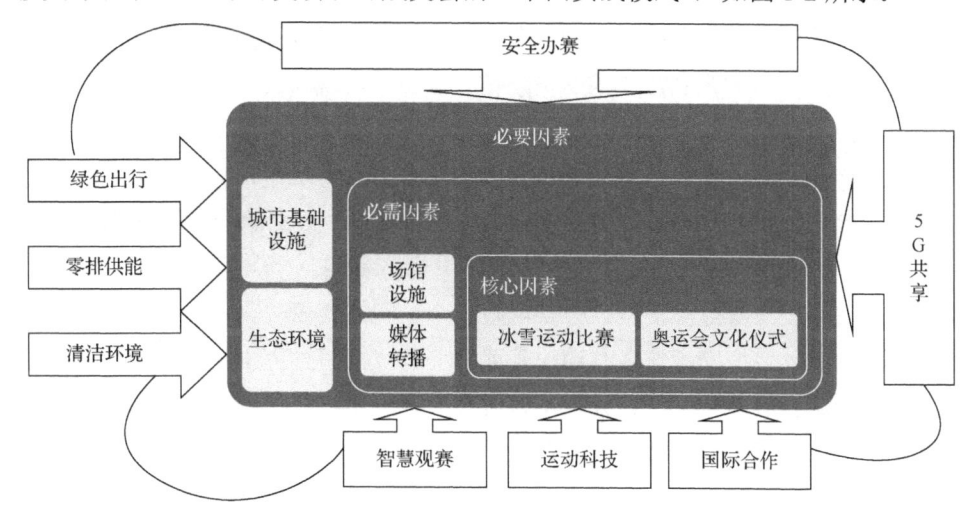

图 1-2 科技支撑北京 2022 年冬奥会和冬残奥会的"中国实践模式"

基于以上对举办冬奥会的因素支撑及科技支撑北京 2022 年冬奥会和冬残奥会的"中国实践模式"的 8 个方面的探讨，本书围绕北京冬奥会的运动竞赛、城市基建、生态环境、场馆设施、智慧观赛、安全办赛，以及最具奥林匹克文化特征的仪式庆典进行梳理，全面透视科技支撑北京 2022 年冬奥会和冬残奥会的实践与成效。

1.5 本书结构与内容安排

基于研究目的，结合具体研究安排，本书共包括 9 个部分的内容。

第 1 部分为绪论，清晰论述本书研究背景与选题依据、研究目的与意义、研究对象与方法、研究思路与分析框架等。

第 2~8 部分为本书的主体部分，分别对应科技支撑北京冬奥会的各项实践。其中，第 2 部分为科技支撑冰雪运动实现跨越式发展，分别从竞技冰雪运动提质增效、大众冰雪运动蓬勃开展、冰雪产业高质量发展层面来研究科技支撑冰雪运动的具体表现。第 3 部分为科技支撑城市基础设施建设迈上新台阶，分别从科技支撑构建互联互通的现代交通网络和 5G 赋能打造区域协同发展新示范来梳理科技支撑城市基建的具体表现。第 4 部分为科技支撑赛区生态环境改善取得新成就，分别从"天更蓝""水更清""地更绿"3 个方面来分析科技支撑生态环境建设的具体表现。第 5 部分为科技支撑冬奥场馆智慧建设实现新突破，分别对北京冬奥会场馆中的科技创新与应用，以及科技支撑北京冬奥会冰雪场馆智慧建设的表现进行梳理。第 6 部分为科技支撑赛事转播和观赛跨入新阶段，分别从转播和观赛两个方面梳理了科技支撑的具体表现。第 7 部分为科技支撑奥运会仪式庆典铸就新辉煌。第 8 部分为科技支撑安全办赛打造卓越冬奥盛会，分别从竞赛活动安全、疫情防控安全、人身健康安全、公共风险安全、网络舆论安全，以及其他方面的安全来全面梳理科技支撑安全办赛的表现。在具体撰写过程中，研究团队坚持理论与实践相结合的思路，在充分论述科技支撑各项实践的作用机理的基础上，梳理并总结科技支撑该项实践的具体表现。

第 9 部分为"科技冬奥"的中国方案与世界贡献，以期将研究成果中凝练出的科技支撑北京冬奥会和冬残奥会的成功经验进一步升华，为后冬奥时代科技支撑中国体育事业发展和未来国际奥林匹克运动的发展提供重要参考和依据。

1.6 本章小结

本章围绕北京2022年冬奥会和冬残奥会的科技支撑展开，全面介绍了研究背景、选题依据、研究目的、研究意义、研究对象、研究方法、研究思路、分析框架及本书的结构和内容安排。研究团队对科技在冬奥会中的作用进行研究，旨在总结北京冬奥会科技支撑的经验和成果，探讨科技与奥运会的深度融合，为后续奥运会的筹办和举办提供参考与启示。

2 科技支撑冰雪运动实现跨越式发展

北京冬奥会、冬残奥会圆满落下帷幕。2022年4月8日，习近平总书记在北京冬奥会、冬残奥会总结表彰大会上发表重要讲话，指出北京冬奥会、冬残奥会的筹办举办推动了我国冰雪运动跨越式发展，冰雪运动跨过山海关，走进全国各地，开启了中国乃至全球冰雪运动新时代。这一"跨越式发展"来之不易，背后是国家强大的保障力和多方力量的协同，而科技不仅是打造这届"精彩、非凡、卓越的冬奥盛会"的有力武器，还是助推我国冰雪运动实现跨越式发展的根本动力。

回顾历史，北京2008年奥运会的成功举办，不仅给国人留下了中国奥运最佳参赛成绩和无与伦比的奥运遗产及记忆，还让"科技奥运"的理念深入人心。自此，科技开始成为推动我国竞技体育和全民健康发展的主要驱动力[1]。2016年的《政府工作报告》中指出，要"发展全民健身、竞技体育和体育产业"，直接点明了体育事业发展的三大重点方面，且这3个方面相互联系、相互融合、相互促进，统一于新时代体育事业发展的全过程中。其中，全民健身为竞技体育和体育产业的发展奠定了坚实的群众基础；竞技体育的发展带动全民健身新风尚的养成，驱动体育产业转型升级；体育产业结构的调整优化为全民健身和竞技体育的发展提供便利。时至今日，我国体育事业发展已经由经验驱动转变为科技驱动、由要素驱动转变为创新驱动、由人力密集型驱动转变为数据信息驱动。科技正推动体育事业走上高质量、可持续发展的道路，也为体育强国的建设提供了强有力的支撑。科技支撑北京冬奥会以竞技体育为先导，全面地影响着体育事业发展，尤其为大众体育和体育产业的发展注入了活力。

奥林匹克运动是一项以超越个体极限、促进人的全面发展为目的的教育活动，是一项推动精神文明建设、促进文明交流的社会文化活动，同时也是一项随着人

---

[1] 冯连世. 改革开放40年中国体育科技发展与思考[J]. 体育文化导刊，2019（3）：6-10.

类经济社会发展而不断发展的产业活动。习近平总书记曾多次在与国际奥委会主席巴赫的交谈中表示，北京冬奥会将促进冬季运动项目在中国的普及和发展，进一步激发中国民众对奥林匹克运动的热情，带动更多中国人关心、热爱、参与冰雪运动，为奥林匹克运动发展和奥林匹克精神传播做出积极贡献。北京冬奥会的成功举办不仅为世界奉献了一场足以载入史册的奥运盛会，还成功实现了中国在申办之初对国际社会的庄严承诺："带动三亿人参与冰雪运动"成为现实，人民群众参与冰雪活动的热情持续高涨，奥林匹克运动的发展和精神传播迈向新境界……在这些成就的背后，科技的力量不容忽视。科技支撑不仅将这场冬奥盛会装点得精彩纷呈，还为我国竞技冰雪运动提质增效、大众冰雪运动蓬勃开展、冰雪产业高质量发展提供了强大动力，更为今后全民共享冬奥成果、推动冰雪运动可持续发展打下了坚实基础。

2.1 科技支撑冰雪运动的作用机理

冰雪运动与科技息息相关，冰雪运动的每项进步都伴随着科学技术的加持，可以说，冰雪运动的发展史就是一部科技进步史。

早在公元前，荷兰人就已经运用工具在冰面上滑行。中国阿勒泰地区的一幅岩画则描绘了远古时期的人手持木棍、脚踏雪板的画面。人类社会早期对冰雪运动工具的使用不仅是一项重大的技术发明，还标志着科技与冰雪运动相互支撑的发端。20 世纪以来，科学技术以其巨大的功能深刻影响着社会生活的方方面面，为社会生产力发展和人类的文明开辟了更为广阔的空间。冰雪运动作为人类文化的重要内容之一，与科技的结合也更加紧密，从比赛装备到训练康复、从组织管理到传播方式，科技的发展已经并将继续融合于冰雪运动发展的进程中。科技为冰雪运动发展提供了创新的动力和支撑，而冰雪运动发展也为科技创新提供了广阔的舞台。

2.1.1 科技是促进冰雪运动发展的有力工具

冰雪运动发展的本质在于不断满足人与社会对冰雪运动的需要。在众多影响冰雪运动发展的因素中，科技是最为重要的因素之一。

我国依靠在夏季奥运会上的表现已经跻身于世界体育竞技第一集团，但我国冰雪运动因起步晚、前期发展慢而尚未取得理想的成绩。因此，利用北京冬奥会的契机，加快提高我国冰雪运动竞技水平，补齐夏强冬弱、冰强雪弱的短板，是北京冬奥备战及当前中国竞技体育发展的重要目标之一。竞技冰雪运动水平的提升必然离不开科技的有力支撑，通过科学的选材、训练和竞赛全面提升我国冰雪运动项目的竞技水平是必由之路。在大众冰雪运动方面，由于我国各地区自然条件、资源禀赋不同，冰雪运动场地供给也呈现出不平衡、不充分的局面，而大众冰雪运动想要发展，首先需要解决体育场馆建设的问题，为人们提供足够的冰雪运动场馆，满足人们参与冰雪运动的需要。通过科技的创新能够解决场馆建设的难点、节约场馆建设的成本及控制场馆运行中的能源消耗问题。在冰雪运动产业方面，我国冰雪运动装备目前主要依靠进口，要想发挥我国冰雪运动市场的优势，必须依赖科学技术的创新，生产出舒适的、方便的、人民群众能够接受的冰雪运动装备。

由此看来，在突破制约我国竞技冰雪运动、大众冰雪运动和冰雪运动产业瓶颈的过程中，科技的力量不容忽视。科技不仅能够不断加深人们对冰雪运动发展规律的认识、延展冰雪运动的知识体系，还能提升人民群众参与冰雪运动的获得感和幸福感，激活和释放新的冰雪运动需求，极大地拓展冰雪运动发展的深度与广度。毋庸置疑，科技是促进冰雪运动发展的有力工具。

2.1.2　冰雪运动是科技创新发展的应用场域

人类的生产生活需要以科技进步为动力，科技创新的应用场景源自多样化的生活实践。实践证明，冰雪运动能够为科技提供创新的源泉、创新的动力、创新的生态和应用的土壤，深刻影响科技的发明与创新、传播与应用。

冰雪运动源于自然、源于生活，是在人类认识、适应和改造自然的过程中产生的。古代生活在寒冷地区的人们掌握了通过加大与雪的接触面积来使行动更便捷的方法，他们发明了雪板、雪橇等交通工具。此后人们还充分利用雪板与地面的摩擦力，将动物毛皮绑在长长的木板上，制造出"毛雪板"，从而在雪地上奔走如飞，在原始森林、江河冰川上自由驰骋、追寻猎物。人们还充分利用易于滑行的兽骨来替代木制的爬犁作为冰面上的运输工具，创造出人类最原始的冰上滑行工具——骨制冰刀。随着时间的推移、社会的进步、科技的发展，这些交通运输工具的功能也逐步发生了变化，从昔日的传统狩猎、出行工具演变成当今的体育运动装备，成为人们娱乐健身的工具。

与此同时，科技应用直接作用于人们参与冰雪运动的细节之处。采用以互联网为基础的 5G 网络、大数据、云计算、物联网、人工智能（Artificial Intelligence，AI）技术等不断挖掘与群众冰雪运动的结合点，为冰雪运动发展提供了多元化的载体，丰富了冰雪运动的内涵、形式和传播渠道，塑造和影响着冰雪运动的内容与形态。随着数字技术的普及、人工智能的深度应用，通过构建数字化、网络化、智能化的运动空间、运动模式、运动生态，冰雪运动的传播方式、体验方式、消费方式出现了革命性的变化，为消费者带来了从技术到装备的高品质生活体验，具体如下：人工制冷冰场和人造雪场的出现，使得冰雪运动摆脱季节和地域的局限；冰上初次体验者可以在推冰器的辅助下体验冰上运动的魅力；人们只要穿戴着 VR（Virtual Reality，虚拟现实）设备，就可以穿梭、翻腾在雪山峭壁之间，身临其境地感受冰雪世界的速度与激情；走进 360°球幕影院，就可以欣赏冰雪、科幻电影，体验一把极地冰雪生活；IDA（Intelligent Digital Assistant，智能数字助手）机器人和数智人平台用于保障冬奥防疫工作的开展；绿色科技的应用使人们的健身环境、健身体验得到了极大的改善，让人们找到了滋养精神心灵的生活方式……凡此种种，不胜枚举。毋庸赘言，冰雪运动为体育科技创新提供了绝佳的应用场景，民众的冰雪运动需求已成为冰雪科技创新的重要动力。在北京冬奥会周期中，科技支撑冰雪运动实现跨越式发展表现在方方面面，深刻影响了中国冰雪运动的发展。

2.2 科技支撑竞技冰雪运动提质增效

当今世界，科技在竞技体育中的作用日益突出。为确保我国运动员在北京冬奥会上实现"全项目参赛"和"参赛出彩"的双重目标，科技部特设了"科技冬奥"重点专项，以创新性科技手段助力冬奥备战和冰雪项目发展，进一步提升了我国冬季运动项目的科学研究水平和可持续发展动力。习近平总书记于 2021 年 1 月 18—19 日在北京、河北考察时强调："同我们国家的强国之路一样，中国冰雪运动也必须走科技创新之路，一方面要坚持自主创新，一方面要善于吸收国际上的先进技术和训练方法。"在北京冬奥会、冬残奥会的备战过程中,科技融入训练、参赛、保障等方面,一件件科技感十足的器械装备、一项项引领前沿的核心技术……无不折射出我国体育科技走向高水平、自立自强的非凡历程。

2.2.1 科技支撑推动竞技冰雪装备升级

科技支撑是指在奥林匹克公平竞争原则下运用科学技术促进竞技体育高质量发展的新知识、新技术、新方法和服务方式的集合,其包含竞技体育科技创新和竞技体育科技服务两个方面[①]。现代竞技体育不仅是运动员之间身体能力和技术表现的较量,还是运动员背后各国科技实力和创新水平的比拼。当运动员经过多年训练已经达到世界级水平时,其运动能力日益接近身体极限,此时运动成绩的提高较为缓慢且运动损伤的风险显著增加,运动员对训练负荷、方法及运动器械和装备的个体性和科学化要求大幅度提高,科技支撑就成为这一阶段帮助运动员从世界一般水平达到世界级顶尖水平的决定性因素[②]。当前优秀运动员竞技水平和运动表现的提升已形成了由科学的选材、科学的场馆、科学的装备、科学的训练,以及科学的保障等多种科技支撑因素组合而成的复合型制胜系统。在北京冬奥周期中,科技支撑我国竞技冰雪运动提质增效的一个显著方面是通过技术因素实现了冰雪装备的改进和升级。

运动员参与竞技体育离不开运动装备的支撑,尤其是冰雪运动项目,可穿戴、数字化、智能化和快速反馈是运动员对冰雪训练装备的基本要求。在规则允许的情况下,装备水平的提高能够促进运动员成绩的提升。在这一过程中,运动员、教练员、技术创新核心要素和技术支持要素充分参与其中,而运动装备的每一点改进和升级,都有可能为运动员成绩的提升注入新的动力。作为中国体育代表团官方指定服装装备供应商,为助力中国健儿备战冬奥,安踏公司自主设计了当前世界上最轻、最透气的短道速滑比赛服。这款服装采用最新防切割技术,材料强度是钢丝的 15 倍,重量却比尼龙和涤纶轻 30%,不仅在一定程度上减轻了运动员在比赛过程中的身体负重,还保证了衣服的透气性和质量。冬奥赛场上的钢架雪车项目要求 2 名运动员站在两侧推车前进,这对运动员穿着的鞋有很高的性能要求。基于此,安踏公司采用行业独创的导流板和翼型降阻设计,采用 3D 打印钛

---

① 张雷,陈小平,冯连世. 科技助力:新时代引领我国竞技体育高质量发展的主要驱动力[J]. 中国体育科技,2020,56(1):3-11.

② 陈小平. 科技助力奥运训练:形势、进展与对策[J]. 体育学研究,2018,1(1):76-82.

合金技术制作鞋钉，增强了鞋的作用力；采用异形曲面碳板科技，使得鞋底回弹力提升 2%。得到这些新技术加持的雪车鞋帮助运动员成绩最大提高了 0.054 秒，成绩平均提高了 0.023 秒。除服装装备外，在训练器材方面，黑龙公司于 2020 年首次研制出了 T 型速度滑冰高端冰刀。这款冰刀采用粉末合金刀刃、钛合金刀管，在增加冰刀结构稳定性的同时，降低刀身自重 10%，为我国速滑运动员竞技水平和运动成绩的提升提供了技术上和物质上的有力支撑。

毋庸置疑，伴随我国科技进步、工业 2.0 时代的到来及智能化制造业的发展，我国体育器材研发水平和创新意识得到进一步提升，在设备制造的自动化、信息化、互联化、智能化等领域跃迁到国际先进水平。随着百度、小米、华为、戴尔科技等国内外一批智能化企业的加盟，我国体育器材公司加快了国际赶超的步伐，先后设计出支撑冬奥备战的一系列智能化体育器材、数字化体能训练设备、专项动作捕捉系统及风洞技术设施等，为运动员身体素质检测与评估、体能训练数字化、恢复再生科学化、运动技术诊断与分析、生理机能监测与评价等提供了先进的研究和训练设备，使得冰雪项目训练更加数字化、智能化，而这些方面的改变将直接助力我国竞技冰雪运动训练质量的显著提升。

2.2.2 科技支撑提升竞技冰雪训练质量

科技支撑冬奥备战的直接目标就是提高科学化训练的水平，进而提升训练的质量和效益。当前，数字化、网络化、智能化、多元化、协同化的科学技术集群革新，为全面提升我国竞技体育综合实力，把竞技体育搞得更好、更强提供了科学的解决方案和强大的技术支撑[1]。

利用人工智能技术实现了复杂训练情境下的动作捕捉与分析。长久以来，获取运动员在每次比赛中的关键数据是总结经验、提高成绩的有效办法，而如何获取关键数据是一个让科研人员非常棘手的问题。在北京冬奥周期中，由北京体育大学牵头研发的基于人工智能技术的"无标记点人体运动自动识别人工智能系统"能够在不接触运动员的条件下，利用架设在赛场周围的高速摄像机，通过机器视觉方法自动跟踪运动员的冰上位置，对运动员进行人体 21 个关键点的自动识别，即时合成运动员三维运动姿态数据，并绘制出相关数据曲线，便于运动员和教练

---

[1] 钟秉枢，李楠."十四五"展望：科技革命视角下我国体育的新发展和独特功能[J]. 首都体育学院学报，2021，33（1）：1-5.

员及时掌握运动员体能分配情况和比赛技战术状态，以评估训练效果。整套系统基于机器深度学习原理的人工智能技术，采用了人工智能机器视觉算法及三维重建技术，同时突破性地使用了大范围视频影像拍摄与拼接技术，能够计算人体重心位置、关节角度、速度和器械运动状态等一系列动作技术指标，监测运动员运动过程中的瞬时速度、加速度、运动轨迹、身体姿态等多种运动信息，可满足大多数冰雪项目动作技术分析的需要。目前，该系统已成功运用于速度滑冰、钢架雪车、跳台滑雪、越野滑雪等项目，实现了复杂场景下的三维动作捕捉与分析[①]。

VR 技术为冰雪项目的科学化训练提供了新的途径和方法。在北京冬奥会男子钢架雪车的项目上，中国国家钢架雪车队取得历史性突破，而这背后离不开科技的力量。为了帮助中国国家钢架雪车队在训练环境中高效安全地反复熟悉冬奥赛道，清华大学科技冬奥团队和新清泰克科技有限公司结合机器视觉技术、VR技术、减阻技术及风洞技术，成功研制了服务于中国国家钢架雪车队的 VR 虚拟训练系统。在该系统中，运动员能够在虚拟现实世界中一次又一次地体验、熟悉真实比赛冰道的"数字双胞胎"，依据眼中所看、身体所感，在可旋转的钢架雪车平台上做出控制操作，从而在无冰训练状态下依旧保持神经兴奋和训练肌肉记忆。

智能化、协同化、复合型的科技支撑为运动员的科学训练保驾护航。在北京冬残奥会期间，首都体育学院科技冬奥团队助力北京冬残奥会中国代表团夺得首金。该团队不仅构建了残疾人冬季两项无创竞技状态快速诊断系统和营养需求智能系统，编制了《冬残奥冬季两项运动营养指南》，为残奥运动员制定个性化膳食营养建议，还自主研发了室内滑雪训练和测试器并申请了国家实用新型专利，为运动员提供基于室内场景下的模拟滑雪训练服务，通过结构设计和系统集成实现不同坐姿、不同插杆姿势的训练和实时数据采集，为专项技术和体能训练提供理论参考。与此同时，该团队的心理学专家还为运动员提供了个性化、科学化的心理咨询，从根本上解决运动员的心理困惑并提出建设性意见，为运动员提供了强大的心理辅导和支持。毋庸赘言，系统化、复合型的科技支撑是中国体育代表团在北京冬残奥会上取得优异参赛成绩的重要保障。

2.2.3 科技支撑突破竞技冰雪关键技术

在北京冬奥周期中，科技支撑竞技体育水平提升成效明显，体育科技解决竞

---

① 高峰. 冬奥会上的科技范儿[N]. 光明日报，2022-01-27（16）.

技备战关键问题的能力显著增强。关键技术或核心技术是竞技训练或比赛中对运动员的竞技表现和运动成绩起决定性作用的因素。运动成绩是运动员参加比赛的结果，任何一个竞技项目的运动成绩都是由运动员在比赛中的表现、对手在比赛中的表现及竞赛结果的评定行为这些因素所决定的[①]。

伴随现代竞技体育不断向高、精、尖方向加速演进，许多项目的训练水平已经接近人体极限，优异成绩的取得和突破变得愈加困难，而在追求更高、更快、更强的奥林匹克赛场上，各竞技项目对运动员身体极限的追求却从未停止。当前世界体育强国都致力于构建基于优秀运动员专项竞技能力特征的"冠军模型"，并借此推动项目训练向着科学化、精细化和可复制的方向发展。为了实现北京冬奥会"全项目参赛"和"参赛出彩"的双重目标，我国很多冬季项目都通过跨项选材来补齐后备人才短板，而跨项选材背后的科学依据便是"冠军模型"。

"冠军模型"也称优秀运动员专项竞技能力结构模型，它与运动员在赛场的竞技表现密切相关，是决定运动员最终比赛成绩的关键因素。与夏季项目相比，冬季项目的"冠军模型"常常受到人（运动员）-机（运动装备）-环（环境）的更为复杂的交互式关系系统的影响。因此，冬季项目"冠军模型"可区分为可控制的内源性因素（如运动员体能、技能和运动心智等）和不可控制的外源性因素（如运动装备、环境等）两个部分。其中，可控制的内源性因素是运动员选材的关键。以我国的优势项目短道速滑为例，其"冠军模型"以专项体能为基础，以专项技能为核心，以复杂多变的战术为保障，这些代表了竞速类项目的"稳、快、灵、巧"等竞技能力特征。例如，优秀短道速滑运动员的专项体能要素包括体成分、等速肌力、最大摄氧量、最大无氧功率，以及灵敏素质等；其专项技能要素包括起跑技术、直道滑行技术、入弯道技术、出弯道技术等。基于这些内源性因素进行运动员的选材和培养，能够真正实现经验选材和科学选材相结合，从而为我国冬季项目后备人才的储备夯实基础。

机器学习为破解竞速项目的关键技术提供了支撑。越野滑雪、速度滑冰等竞速类项目在训练和比赛中追求"快"，因此运动员的速度是动作技术的最终体现形式。通过将滑雪运动员的不同技术类型、比赛时不同地形的技术动作特征、比赛成绩等多层次数据相融合，分析比赛中最为关键的技术动作特征，进一步基于关键技术特征，利用深度学习手段构建神经网络模型，以预测滑雪速度。这种神经

---

① 田麦久，刘大庆. 运动训练学[M]. 北京：人民体育出版社，2012.

网络模型预测速度的决定系数可达到0.9,应用模型可以实现训练的多维度比较,以最终速度为指向,快速为运动员和教练员反馈训练干预效果,为教练员的指导和运动员的动作优化提供了科学依据,从根本上形成了一种"训练干预—效果评估—技术改进—效果再评估"的科学有效的训练模式。

此外,科技支撑竞技冰雪项目的关键技术还在于对竞赛情报的精准获取。对竞赛对手信息和参赛地信息的获取有助于运动员进行有针对性的备战,从而提高其运动成绩,这对我国很多首次参赛的冬季项目运动员而言十分有利。大数据收集、分析技术可以协助运动员、教练员较好地了解竞赛对手的状况,掌握比赛地海拔、温度、湿度、公共环境等信息,并进行模拟分析,制定参赛策略。科研人员的前期信息搜集工作是精准获取情报的前提。科技支撑在获取精准情报的同时也进一步驱动比赛战术的改革。对于团队项目或计时时间较长的项目来说,战术水平在成绩的取得过程中较为重要。大数据可以帮助教练员和运动员制定完善的比赛战术,使教练员从繁杂的平面战术研究中解脱出来,转为客观数据分析,从而提高备战的效率和赛时战术的准确性。同时,信息技术还能有效地促进冰雪赛事管理,使裁判判罚更加科学。例如,北京冬奥会短道速滑比赛中视频助理裁判的运用有效地保证了奥运比赛的公平、公正、公开。

2.3　科技支撑大众冰雪运动蓬勃开展

大众冰雪运动是竞技冰雪运动的基础,也是冰雪产业发展的动力。在北京冬奥周期中,科技支撑大众冰雪运动的根本表现就是将科技支撑竞技体育发展的方法、手段转化到普通大众的冰雪运动健身方案和方法中,并不断进行运动装备的技术创新,降低价格,提升装备的反馈能力和娱乐性,推动冰雪运动走进千家万户。北京冬奥会申办成功后,一大批优质的冰雪场地设施快速建成,一系列丰富多彩的群众性冰雪赛事活动成功举办,大众冰雪运动逐渐摆脱季节和地区的限制,冰雪运动参与人数达到3.46亿。科技支撑使得大众参与冰雪运动的渠道更为多样、方式更为生动、体验更为优质,使大众冰雪运动蓬勃开展。

2.3.1 科技支撑拓宽大众冰雪运动参与渠道

从东北到华北、从西部边疆到东南沿海、从长江中下游到珠江三角洲……在北京冬奥周期中，在"带动三亿人参与冰雪运动"的愿景下，伴随一系列新技术、新产品的运用，我国大众冰雪运动逐渐打破空间与时间的限制，在神州大地普及开来。冰雪运动"南展西扩东进"战略的引导和社会资本的大力推动，为人民群众参与冰雪运动、增强体质提供了更多可能，使冰雪运动成为更多国人的健身载体和健康选择[1]。中国旅游研究院冰雪旅游专项调查显示，在被调查者中，有90.1%的人群曾经以不同形式体验过冰雪旅游，每年有63.3%的人体验过1~2次冰雪旅游，有24.8%的人体验过3~4次冰雪旅游，高频次消费成为越来越多普通民众的常态，我国正在从冰雪旅游体验阶段进入冰雪旅游刚性生活需求阶段[2]。

长久以来，人们都会选择在自然气候和条件适合的地域开展冰雪运动，在国内甚至有"冰雪运动不出山海关"的说法。随着现代科技的快速发展，即使是在冬奥会这样的顶级冰雪赛事中，人工造雪的重要性也日益凸显。依托人工造雪、吊箱高速缆车、除雾灯等科技力量的加持，河北近年来抓住北京冬奥会筹办和举办的契机，聚焦在群众"家门口"推广冰雪运动。张家口崇礼建成云顶、太舞等七大滑雪场，成为我国最大的滑雪运动聚集区，为满足人民群众不断增长的冰雪运动和健身需求提供了绝佳目的地。与河北联合举办冬奥会的北京，更是在大力发展大众冰雪运动上下足了功夫。

面对开展冰雪运动的供需矛盾，北京逐年增加冰雪场地设施供给，冰雪场地由北京冬奥会申办前的42座冰场、44块冰面、22所雪场，发展为北京冬奥会开幕前的82座冰场、97块冰面、32所雪场。与此同时，北京市体育局和北京市教委联合加快推进体教融合，在全市分别建设冰雪运动特色学校和奥林匹克教育示范学校200所，"冰雪运动进校园"实现了16个区全覆盖。截至2021年年底，北京市已连续举办7届大众市民欢乐冰雪季活动，开展各级各类群众性冰雪活动2万余场，参与人次达3000多万人，切实拓宽了人民群众参与冰雪活动的渠道，营造了浓厚的冰雪运动氛围。此外，在北京冬奥会的引领和现代科技的感召下，各地区还坚持创新驱动，利用5G、物联网、大数据等新型技术，积极探索、构建科

---

[1] 李楠. 北京冬奥会助力健康中国建设价值与实践路径[J]. 体育文化导刊, 2021（12）: 40-46.
[2] 青云. "三亿人上冰雪"从愿景到现实——《中国冰雪旅游发展报告（2022）》发布[J]. 中外文化交流, 2022（1）: 73-76.

学健身指导服务网络，大力推进公共体育服务均等化、规范化、智慧化，努力建成更高水平的公共体育服务体系，在公共冰雪服务体系的功能拓展、内涵深化、融合发展和丰富供给方面成果显著，使得大众参与冰雪运动的满足感和获得感更足。

科技支撑让我国大众冰雪运动驶上快车道，在冬奥效应和科技加持下实现了"冰雪运动下江南"。近年来，伴随着北京冬奥会的筹办和举办，冰场、雪场、冰壶赛道等冰雪运动设施在科技支撑下落户南方地区，使南方冰雪市场持续升温。截至2021年年底，全国已有近1000家滑雪场，分布于20多个省份；2020—2021年冰雪季，全国有184个地级市开展了超过1200场次群众性冰雪赛事活动。在气候温暖的南方城市，体育特色小镇建设得十分红火，这得益于现代科技的应用，旱雪毯成为南方冰雪小镇破解四季运营局限的新方式。利用树脂材料制作的旱雪毯、气膜场馆，具备3D效果的滑雪模拟器，以及室内滑雪场等，这些新材料、新技术、新设备打破了滑雪市场季节和地域的局限性。冰雪体育小镇通过引进旱雪毯等设备，在四季经营中提供了新的内容、新的驱动力量，弥补了冰雪体育小镇"一季运营"的单调与不足，不仅满足了大众日益增长的冰雪运动需求，还拓宽了大众参与冰雪运动的渠道。

2.3.2 科技支撑创新大众冰雪运动参与形式

北京冬奥会筹办和举办的意义不仅在于向世界展示了一个可信、可爱、可敬的中国形象，还让更多国人通过参与冰雪运动受益，尤其是让青少年群体得到全面锻炼和发展。"带动三亿人参与冰雪运动"这一愿景目标的实现，依赖青少年群体的广泛参与。在北京冬奥周期中，各地都把青少年作为推广冰雪运动的重要群体，把冰雪运动进校园作为开展青少年冰雪运动的重要抓手。科技支撑为创新大众尤其是青少年冰雪参与形式贡献了巨大力量。

在推进冰雪运动进校园的过程中，很多地方受气候、场地、师资等条件限制，难以使广大青少年走进真正的冰场、雪场，而仿真冰、旱雪、模拟器等一些科技创新产品的出现，为冰雪运动进校园提供了可能性，让更多青少年有机会接触冰雪运动。在北京冬奥周期中，很多地区都将冰雪运动技能训练纳入学校体育课程中，依托移动互联网、VR、电竞等高科技平台，丰富青少年了解及参与冰雪运动的场景。例如，北京市朝阳区各中小学早在2016年就开始引进移动冰场和3D滑雪仪等高科技设备，把冰场和雪道搬进了教室。此类设备不受季节、场地限制，还能与当下受青少年欢迎的电竞运动相结合，不仅提升了学生的兴趣，还更好地推动了冰雪运动在学校的开展，同时也避免了学生实地练习的受伤风险。旱地冰雪作为一种冰雪替代形式，近年来逐渐在各级各类校园中生根发芽，目前旱地冰雪已有旱地冰球、旱地冰壶、滑轮等多种形式。旱地冰雪不仅能以替代形式完成冰上、雪上运动，还能在冰雪资源不发达的南方省份开展。此外，滑雪模拟机、多媒体投影仪、VR装置……一系列高科技冰雪产品陆续走进了中小学的体育课堂，不断丰富着青少年参与冰雪运动的形式。

与此同时，新技术的融入也让冰雪运动的内涵和范围得以拓延，除了传统意义上的滑冰、滑雪、冰壶、冰球、雪车、雪橇外，抽冰猴、冰滑梯、雪地悠波球等一系列冰雪游戏也深受青少年群体的喜爱，甚至还催生出雪地马拉松、冰上龙舟、冰上拔河等新玩法。我们应创新冰雪运动的参与形式，降低冰雪运动门槛，增加冰雪运动的娱乐性，让青少年在玩冰戏雪的过程中享受乐趣、增强体质、锤炼人格、磨炼意志，真正调动其对冰雪运动的热情，进而带动家庭成员参与冰雪运动，切实提高冰雪运动的覆盖面和参与度，让冰雪运动真正成为人民群众普遍参与的"快乐生活方式"。

总之，我们应积极运用新技术、新方法，大力推广仿真冰、仿真雪等新技术，推广建设气膜馆、可移动冰场等简易场馆，推广普及旱地冰壶、滑轮等新项目，实现冰雪运动"四季拓展"，大力推进冰雪运动进校园，吸引更多青少年和普通大众接触冰雪运动，感受冰雪运动魅力。与此同时，全国各地广泛组织"大众冰雪季""冰雪嘉年华""冰雪冬令营"等各种形式的冰雪活动。据不完全统计，截至2022年3月，全国各地共举办线上线下与冬奥相关的群众性赛事活动近3000场次，参与人数超过1亿人次。这其中既有群众性冰雪运动挑战赛等比赛，也有冰雪运动欣赏与趣味体验活动，以及冬奥文化普及主题展、知识培训等。各地区还根据季节特点和地方特色，将室内室外相结合，将线上线下相结合，宜冰则冰、宜雪则雪，各有侧重地开展群众性冰雪运动，形成了东南西北遥相呼应、冬夏两季各具特色、冰上雪上全面开花的新格局。在现代科技的强大助力下，蓬勃开展的大众冰雪运动已成为健康中国征程中一道亮丽的风景线。

2.3.3 科技支撑改善大众冰雪运动参与体验

冰雪运动是一种体验性极强的休闲类体育运动，良好的冰雪运动参与体验影响着大众参与冰雪运动的积极性和满意度。伴随着人工智能、物联网、大数据、VR等技术的广泛应用，大众参与冰雪运动的体验显著改善。在对2015年以来参与过冰雪运动的受访群体进行调研时发现，"个人自发参与"占比最高，达到92.64%。外媒也敏锐注意到当前冰雪运动正日益引发中国大众的体验热潮。

新产品、新技术的运用，为大众冰雪运动的推广与普及提供了保障，使大众冰雪运动逐步实现了"四季联动"。以河北为例，通过开展社区冰雪运动会、"冰雪大篷车"巡回推广体验和建设公园、商场、企业门店冰雪运动体验区等，河北逐步打造了较为完善的百姓身边举步可就的"四季冰雪运动"体验区，满足了人民群众对冰雪运动健身和体验的多元需要。在北京冬奥村核心展区，有一个被称为神秘的"北京小屋"的数字沉浸时空仓，其最大的亮点是内部有360°沉浸式影院，通过一键中控可以切换播放不同的影片内容。观众只要戴上VR头盔，便可身临其境地感受国家跳台滑雪中心"雪如意"的恢宏气势，还可以深度体验跳台滑雪时"飞起来"的感觉。观众选择VR头盔屏幕上的"开始体验"，挥动手柄就能模拟滑雪杖的效果，并从运动员视角感受从场馆顶端俯冲下来的紧张。

高科技应用不仅在冬奥筹办过程中发挥出独特作用，还将在未来更好地满足人民群众对美好生活的需要，也为大众冰雪运动的可持续发展打下坚实基础。在"科技奥运"理念赋予冰雪运动全新含义的背景下，VR技术、智能化人机交互等新技术的大量应用，气象、交通、旅游等智能数据的交换融合，显著改善了运动场地的整体建设运营能力，有效突破了气候和地域限制，在降低了冰雪运动体验门槛的同时大大提升了大众体验效果，吸引更多人走上冰雪，参与到冰雪运动、冰雪旅游、冰雪项目中。

此外，"冰雪+电竞"模式正成为大众体验冰雪运动的新方式。电子竞技作为一种全新载体的运动，有着不受时间、地点限制的便利，这一特点帮助冰雪运动脱离了季节与环境的限制。2021年7月9日，首届中国数字冰雪运动会总决赛在首钢集团有限公司（以下简称首钢）冰球馆举行，该项赛事以滑雪竞技游戏"极限巅峰"为主，采用VR、3D体感游戏模式进行，参赛者们在模拟的环境中比赛，仿若身临其境。本届赛事线上参与报名人数超过2.4万人，有20余家媒体直播、转播赛事，有全国 200 余万名体育电竞爱好者在线观看，网络点击超过 6400 万次[①]。值得一提的是，国内头部电竞项目"和平精英"早在 2019 年年底就上线了"极寒模式"，在开放性极高的游戏内容中融入众多冰雪运动元素，这种"电竞+冰雪"的模式可以让玩家从虚拟的数字世界落地到现实的冰雪天地，通过沉浸式体验，身临其境地感受冰雪运动的魅力。在线下，"和平精英"也联动国内大型滑雪场，为广大爱好者从"虚拟"走向"现实"提供了绝佳的体验场景。毋庸置疑，在科技支撑下，新技术、新手段正变革着人们参与冰雪运动的方式，改善着大众参与冰雪运动的体验。

2.4 科技支撑冰雪产业高质量发展

体育产业是幸福产业，也是民生经济的重要组成部分，对满足人民群众美好生活需要、促进经济社会发展具有独特的、不可替代的重要作用。习近平总书记曾形象地说："北京冬奥会、冬残奥会就像是一个弹射器，可以推动我国冰雪运动和冰雪产业飞跃式发展。"科技是助力冰雪产业高质量发展的重要驱动力，其价值是以冰雪运动产业为龙头，促进冰雪产业与相关产业的深度融合，不断拓展冰雪产业链条，完善冰雪产业内涵，优化冰雪产业生态，最终建立体系完整、结构合理的冰雪产业体系，从而为体育产业的高质量发展增添动力。

2.4.1 科技支撑拓展冰雪产业链条

随着冰雪运动实现从小众向大众、从区域向全国、从冬季向全年的转变，我国冰雪产业规模也逐步扩大，形成了覆盖研发设计、生产制造、现代服务的全链条产业生态，冰雪产业成为许多地区经济发展的新引擎。科学技术的应用在大力推动冰雪运动、冰雪旅游、冰雪文化和冰雪装备等行业协同发展，构建冰雪产业新业态，形成跨行业、跨区域、多层次的冰雪产业利益共同体等方面发挥了重要作用。在推动冰雪产业高质量发展的进程中，数字技术被广泛应用于冰雪产品的集成开发中，推动相关产业协同开发、一体化发展，不断拓展并重塑冰雪产业链、

---

① 佚名. 迎冬奥，电子竞技助力"三亿人上冰雪"[EB/OL].（2022-01-30）[2022-04-15]. http://resource.ttplus.cn/publish/app/data/2022/01/30/410706/os_news.html.

价值链，催生出新的商业运营模式，进一步提升冰雪产业的价值。具体如下。

一方面，冰雪产业链种类日渐丰富，包含元素日趋多样化，呈现出横向拓展的态势。不同于先前基于生产关系的简单次序排列，当前冰雪产业链向着以用户为核心的方向逐步优化，用户需求成为冰雪产业链发展的根本出发点。以冰雪场馆服务业为例，该产业链最初聚焦的是用户对于场馆的运动锻炼和娱乐休闲需求，而随着技术的加持和场馆建设过程中自身专业性的加强，现在冰雪场馆服务业融入更多体育培训、赛事运营和文艺汇演等与用户需求密切相关的元素。

另一方面，数字技术的应用也让冰雪产业链依托自身产业核心，不断向上下游延伸，链与链之间的联系日趋紧密，呈现出纵向延伸的特征。冰雪产业链参与主体更加多元，上游延伸至基础资源供给与技术研发领域，下游拓展至市场开发与产品应用领域，甚至与旅游、康养、农业等体育外领域相结合，形成一系列衍生产业，产业链的复杂程度明显提升，产业链越来越重视挖掘各要素之间的关联性，强调用户、云端各要素之间的多维、动态互动，表现出环环相扣的万物互联关系。无论是横向的扩展，还是纵向的延伸，科技支撑下冰雪产业链都向着更加广阔的领域和方向不断完善。

因此，在科技的加持下，对于冰雪产业长度的度量，必须摆脱单一的点线思维而用链条的视角。从造雪、压雪等机械制造，到体育器材、服装，乃至健身、休闲、人才技术培训等，冰雪产业本身就是一个很长的产业链。即使单从冰雪制造业来看，也可以上下延展，上游有造雪技术、压雪车制造等机械制造技术，下游可以延伸至冰雪服装、印花、装饰等行业。其他冰雪相关产业的上下游同样纷繁复杂，且各冰雪产业相互之间也联系紧密。科技支撑让冰雪产业的链条得以延伸、拓展，并为其高质量、协同发展提供了技术支持。不断拓展、完善的冰雪产业链条又进一步加速了我国冰雪产业的发展。《2021年中国冰雪产业发展研究报告》中显示，2015—2020年，中国冰雪产业总规模从2700亿元增长到6000亿元。当前我国以健身休闲、竞赛表演、场馆运营、装备制造、冰雪旅游为主要内容的冰雪产业体系已初具规模[①]，为冰雪产业乃至体育产业的高质量发展奠定了坚实基础。

---

① 刘坤，尚文超，张胜. 让更多人参与到冰雪运动中来——北京冬奥带动冰雪经济跨越式发展[N]. 光明日报，2022-02-01（1）.

2.4.2 科技支撑丰富冰雪产业内涵

中国冰雪产业起步晚、底子薄，虽然在北京冬奥会的牵引下快速发展，但不可回避的是其内涵薄弱、内生动力不足。科技支撑冰雪产业高质量发展的关键突破口在于为冰雪产业注入丰富内涵，增强其内生动力，以科技支撑冰雪产品升级，以科技推动冰雪产业融合发展，以科技加速冰雪产业产业结构升级，以科技促进冰雪产业绿色、可持续发展。具体如下。

（1）以科技支撑冰雪产品升级。冰雪产业的日益壮大直接驱动国内冰雪企业不断增强自主创新能力。以数字化赋能推动大数据、物联网、人工智能的应用，开展冰雪装备器材核心技术的研发、仿真冰等新材料的研发、冰雪体育教育信息化器材和设备的研发、AR（Augmented Reality，增强现实）和VR技术冰雪装备器材等领域转化应用的研究，提升智能制造水平，有力支撑产品升级。在北京冬奥周期中，我国重点攻克了国产雪蜡车、雪车等高端冰雪设备制造的难点，实现了从0到1的巨大突破，形成了一批拥有完整自主知识产权的首创产品，冰雪装备国产化技术明显提升。例如，可在-40℃条件下打碎板结雪层、攀爬45°雪坡的大马力SG400国产压雪车在崇礼多家雪场投运，促进了大众冰雪运动的有效开展；由耐低温抗冲击复合材料制成的国产雪蜡车在北京、河北、新疆等多个省份的群众性冰雪赛事中亮相，为赛事提供保障服务[①]。

（2）以科技推动冰雪产业融合发展。以实现全季冰雪运动为目标，利用现代数字技术推动"冰雪+"深度融合，以新旅游带动新基建、新环境、新生活、新消费。以崇礼为例，通过举办冰雪国际赛事提高知名度和影响力，以冰雪为核心特色，在城镇区建造冰雪主题乐园、冰雪主题酒店和特色度假酒店等配套旅游资源，延长冰雪产业链条，最终形成与旅游度假相结合、具有完备的产业集群和产业生态链的冰雪体育小镇。全国各地可根据区域特色、风俗习惯，因地制宜挖掘冰雪文化内涵，提升冰雪产业层次，提升冰雪地域文化的美誉度。利用创意、科技、文化、活动等要素，丰富冰雪文化的体育内涵，培育打造一批文化特色鲜明的冰雪目的地、冰雪线路和冰雪产品，为冰雪产业、冰雪经济注入强大的动能，让人们在"冰雪奇缘"的体验中领略冰雪文化。

---

① 魏永刚,张雪,常理,等.「高质量发展产业调研」四问中国冰雪产业[EB/OL].（2022-03-23）[2022-04-12]. https://baijiahao.baidu.com/s?id=1728037331961364483&wfr=spider&for=pc.

（3）以科技加速冰雪产业结构升级。随着数字化时代的到来，冰雪运动产业与数字经济将会产生更加紧密的联系。数字技术将在实现信息资源高度共享、优化资源配置、挖掘产业发展新动能、拓展产业发展新空间、催生产业发展新业态和新模式等方面发挥更加重要的作用[①]。例如，国家体育总局冬季运动管理中心（以下简称冬运中心）与中国移动强强联手，凭借中国移动的5G+真4K/8K双引擎驱动，以及在体育赛事4K/8K超高清直播方面的丰富经验，积极推进冰雪产业尤其是冰雪赛事全面进入5G新时代。与此同时，中国移动还依托自身5G先发优势，在国字号训练场馆、大众体育中心建设中积极推进5G落地，开启5G时代冰雪运动全场景沉浸式体验。这不仅提升了冰雪产业的科技含量，还在赛事、内容、营销等维度扩大了冰雪产业布局，加速了产业升级。此外，冰雪产业体系的打造也积极借助大数据、人工智能、物联网等新一代信息技术，将冰雪产业链条上相关的数据流、信息流、价值流进行有机结合，形成反映客户需求的指南针和晴雨表，进而通过再开发或针对性营销实现价值最大化。同时，互动性媒体平台的普及和5G、VR、AR等技术的广泛应用，可以实现冰雪文化的传播和营销方式从理念到实践的全面更新换代。

（4）以科技促进冰雪产业绿色、可持续发展。当前中国冰雪产业面临三大壁垒：制冷技术急需创新、耗能管控急需优化、可持续运营效益急需提升。科技支撑冰雪产业高质量发展要从能源革命、经济转型和科技创新3个方向促进绿色转型。例如，北京冬奥组委优先采用绿色建造技术，建设了一批绿色、低碳的冬奥场馆。在新建场馆规划设计阶段，提前考虑到赛后利用，聚焦群众体育健身需求，编制场馆遗产计划，采用创新科技手段，改造扩展现有场馆功能，使得多数场馆实现了冬夏两用，并能长久造福人民。坚持绿色低碳、技术为先，助推冰雪产业高质量发展，奏响我国冰雪经济绿色发展新乐章。

2.4.3 科技支撑优化冰雪产业生态

科学技术对冰雪产业的格局和生态的影响是巨大的。伴随新技术在冰雪产业的广泛应用和深入渗透，特别是大数据、云计算、移动互联网等信息技术的革新，科技支撑优化冰雪产业生态最为直观的表现在于打破时间和空间的界限、降低沟通成本、提升沟通效率。技术革新大大降低了信息的不对称性，拉近了冰雪产业

---

① 刘超，陈林祥．我国冰雪运动产业高质量发展机遇、趋势与路径[J]．体育文化导刊，2021（11）：19-25.

生态中各主体间的距离，建立了联系更加紧密的沟通体系，拉动了能量、物资和信息的动态交流，实现主体与主体之间、产业链与产业链之间的相互作用、交流互动，不断整合内部资源，从而实现资源优势互补，激发协同效应。

新技术强调互动、平台与聚合效应，促使各生态主体及产业链摆脱同质化竞争，走向合作共赢，形成多方良性互动的局面[①]。信息技术为冰雪产业跨行业、跨部门、跨时空的资源整合发展提供了广阔的空间。冰雪产业未来发展的方向在于融合，科技支撑背景下冰雪产业的界限日渐模糊，各种新主体、新要素融入冰雪产业生态中，不同主体、要素以极低的成本实现网络化复杂链接和价值传递，实现互动和协同，拓展冰雪产业生态外延，为整个冰雪产业生态提供可持续发展的能量，推动体育产业生态不断完善、优化、升级。

与此同时，科技支撑也为虚拟数据的跨时空传播提供了便利，使数据价值在不同主体之间实现快速、精准、便捷的传递。新技术将冰雪产业带入一个结构化与非结构化的数据时代，使数据的价值充分彰显。数据的运用实现了对用户需求与信息的精准把握，并带来了消费前置的可能。冰雪产业制造商、服务商、运营商均可以通过数据驱动，精准定位用户需求，并形成定制化、个性化、智能化的产品与服务，使得整个冰雪产业生态从"以产品为中心"走向"以用户为中心"，凝聚各方合力，打造以用户为中心、满足用户需求的冰雪产品和服务，使整个冰雪产业生态向着和谐、有序、可持续、高质量的方向发展。

总之，随着科技的发展与进步，以大数据、云计算、物联网、区块链、人工智能、5G通信等为代表的数字技术应用会迎来更加广阔的发展空间。以数字化赋能冰雪产业，能够不断拓展产业的地域、技术范畴、组织边界，全面提升产业资源配置效率和水平。数字技术与冰雪产业的有效融合，在带动冰雪电子商务、冰雪运动场地、冰雪装备、冰雪文化创意产品等产业发展的同时，还能推动冰雪相关营销分销、人才培养、制造业等行业转型升级。在未来发展中，应利用数字技术实现产业间的数据整合与互通共享，为冰雪旅游、冰雪运动、冰雪文化和冰雪装备等产业的发展协调各类资源，继而在冰雪旅游数字资源管理、冰雪运动消费、冰雪文化价值化创造、冰雪装备多样化等方面实现资源共享，最终实现融合、协同、可持续发展的冰雪产业新生态。《中国冰雪旅游发展报告（2022）》中显示，冰雪旅游实现了从0到1、从北到南、从小到大、从冬季到四季、从规模到品质、

---

① 韩潇. 智慧体育[M]. 北京：清华大学出版社，2019.

从小众竞技运动到大众时尚生活方式、从冷资源到热经济的升级。全国冰雪休闲旅游人数从2016—2017年冰雪季的1.7亿人次增加到2020—2021年冰雪季的2.54亿人次，《中国冰雪旅游发展报告（2023）》中的数据显示：2021—2022年冰雪季我国冰雪休闲旅游人数是2016—2017年冰雪季的2倍多，冰雪休闲旅游收入从2016—2017年冰雪季的2700亿元增加到2021—2022年冰雪季的4740亿元，冰雪旅游实现了跨越式发展。

2.5 本章小结

北京冬奥会是体现我国综合国力的舞台，更是展现我国高水平冰雪运动科技的舞台。从"奥运三问"到"双奥之城"，中国向世人交出了完美答卷。习近平总书记在2022年1月4日专题调研北京冬奥筹备工作时有感而发："这是百年变局的一个缩影。成功举办北京冬奥会、冬残奥会，不仅可以增强实现民族伟大复兴的信心，也给世界展现了阳光、富强、开放、充满希望的国家形象。历史会镌刻下这一笔，世界将对中国道路有全新的认识。"

本章从科技支撑冰雪运动的作用机理出发，全面梳理了北京冬奥周期科技支撑竞技冰雪运动、大众冰雪运动和冰雪产业高质量发展的诸多表现。毋庸置疑，在北京冬奥会筹办、举办中及后冬奥各时期，科技的力量无处不在。正是在科技的加持下，"带动三亿人参与冰雪运动"的愿景才得以超目标实现，这一创举不仅推动冰雪运动实现跨越式发展，还将全球冰雪运动发展推向了一个新的高度。未来冰雪运动的发展更需要在更为广泛的意义上与科技全面、深度融合，推进中国式现代化体育强国的建设。

3 科技支撑城市基础设施建设迈上新台阶

举办奥运会不仅需要场馆设施等直接物质设施，还需要高质量的城市基础设施作为保障，从这层意义上讲，奥运会是促进举办城市基础设施跨越式发展的"助推器"。因此，以举办奥运会来促进城市基础设施建设已得到各界的广泛认同。与北京2008年夏季奥运会不同，北京2022年冬奥会是在京津冀协同发展国家战略下筹办和举办的，因此三大赛区不仅要确保各自城市基础设施的高质量发展，还要实现相互之间的协同发展，挑战巨大。在城市基础设施建设中，应聚焦民生服务和产业发展需求，不断拓展智慧城市应用场景，促进新型基础设施建设与应用融合发展，在为北京2022年冬奥会筑牢科技支撑的同时，惠及每个普通人的生活。

3.1 科技赋能城市基础设施建设的作用机理

3.1.1 科技赋能是人民对城市基础设施建设的需求

在当前科技与社会经济高速发展的时代，在人们的基本物质生活需求得到满足的基础上，越来越多的需求集中于利用科技手段来提高生活质量，对更智能、更便捷、更高效的生活体验的需求日益旺盛。因此人们对美好生活的向往是多元化的，是由多要素构成的。这决定了未来科技赋能人们对城市发展的需求的多元化，不仅要满足人们对未来美好生活体验的多元化需求，还要支撑未来城市可持续发展的社会需求。具体如下。

（1）人们对便捷高效的交通出行的需求需要多层次交通科技的支撑。随着城市的不断发展，交通拥挤问题日益突出，人们对于便捷高效的交通出行体验的需求愈发明显。我们需要依靠科技进步进一步完善公路、铁路、机场、港口等交通基础设施，促进区域交通设施互联互通，提升交通出行效率。

（2）人民高品质的生活需要绿色科技的可持续支撑。具体如下：第一，持续改善生态环境质量，是未来城市可持续发展的关键，需要做到精确治污，发展排污及健康效应评估技术，支撑对大气污染的快速、精准预测及对污染排放源的精细化调控；需要研发主要污染排放源近零排放或负排放技术，释放相关产业发展空间；需要发展复杂水环境与水资源的系统治理技术体系；需要建立基于安全利用的固废和土壤污染可持续防治技术体系。第二，能源的可持续支撑关乎城市未来经济水平的提升和社会高质量的发展，因此需要大力发展风电、太阳能、核电等可再生能源科技，并提升清洁高效型火力发电厂的智慧化水平，建设天然气管网网络，形成互联互保的能源互联网。

（3）智能高效的城市运维和管理需要智能新科技的全面支撑。5G 及 6G、物联网、大数据等技术的快速发展，推动智能化与工业化在工程建设领域的并行和融合，这是实现建造安全、高效、可持续的必经之路。此外，城市性能的提升需要多尺度、多学科的技术支持，以及智慧化手段的辅助，构建集成化统一运行管理平台是实现资源中心价值的必要途径。

3.1.2 科技是实现相互依存的城市基础设施系统的保障

城市基础设施是城市生存和发展必需的工程性基础设施和社会性基础设施的总称，是城市中为顺利进行各种经济活动和其他社会活动而建设的各类设施的总称。工程性基础设施包括能源供给系统、给排水系统、道路交通系统、通信系统、环境卫生系统及城市防灾系统六大系统。社会性基础设施是指城市行政管理、文化教育、医疗卫生等。城市基础设施系统是一个统一的整体，它们在功能上具有同一性，具有同一职能，即服务职能，其服务对象是整个城市和城市外的社会经济生活及人际交往；它们在结构上具有整体性，城市基础设施各系统分布在整个城市空间中，呈现纵横交叉、点线相连的立体网状结构，形成互相依存、互为条件、统一不可分割的有机整体。

在北京冬奥会的促动下，北京、延庆、张家口三大赛区在城市基础设施建设方面取得了跨越式发展，其中科技支撑提供了强有力的保障。科技支撑北京 2022 年冬奥会城市基础设施构成如图 3-1 所示。

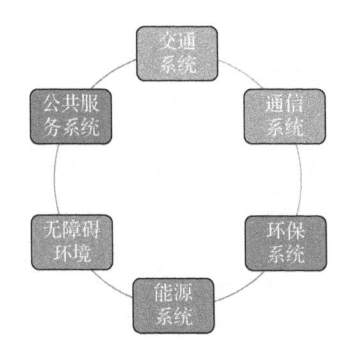

图 3-1 科技支撑北京 2022 年冬奥会城市基础设施构成

3.2 零排供能打造能源研发新示范

能源设施包括电力、煤气、天然气、液化石油气和新兴太阳能等设施，它们是城市高质量基础设施建设的根本要素。零排供能被列为《科技冬奥（2022）行动计划》的 8 项重点任务之首，主要围绕奥运专区能源系统建设、清洁供能、可再生资源充分开发利用等，攻克核心关键技术，研发高端装备，开展一批示范项目，建设高端产业园，实现可再生能源发电量完全满足冬奥会举办所需能耗的目标，打造零排放示范区。

3.2.1 冬奥会赛区绿电供应全面覆盖

绿色电力（以下简称绿电）是指利用特定的发电设备，如风机、太阳能光伏电池，将风能、太阳能等可再生能源转化成电能。北京冬奥会上首次提出所有场馆常规电力消费需求由绿电（即可再生能源）满足的目标，并通过建设绿电供应工程和建立绿电接入使用机制，确保在奥运历史上首次实现场馆照明、运行和交通等用电需求由光伏发电和风力发电来满足，这也为赛后绿电的广泛应用提供了示范，留下了宝贵遗产。

国家重点研发项目——冬奥会赛区 100%清洁电力高可靠供应关键技术研究及示范国家项目确立了 5 项关键技术，如表 3-1 所示。

表 3-1　冬奥会赛区 100%清洁电力 5 项关键技术[①]

序号	技术
1	对 100%由可再生能源转化的电能经柔性直流电网送出的稳定控制
2	虚拟电厂，把社会上分散的资源聚集起来
3	信息物理社会交互影响的源—输—配—荷一体化高可靠供电
4	高寒条件下的储能技术和即插即用技术，主要针对应急保障
5	冬奥会场馆和冬奥会供电网的数字孪生技术，可以把前面 4 项技术相互作用的过程很好地推演出来

这 5 项技术既各自分工，各有各的应用场景，又相互形成合力来保障冬奥会赛区 100%的清洁电力作业。后冬奥时代，这些技术可应用到社会生产、生活中，得到进一步完善和继续开发，有助于国家"双碳"目标的落地，有助于促进能源、相关产业的转型升级，有助于培养人们良好的用电习惯。从 2019 年 6 月开始到北京冬残奥会结束，北京冬奥场馆使用绿电 4 亿千瓦时，全部由张家口的清洁能源供应电力，北京冬奥会推动了张家口可再生能源的发展。此外，北京冬奥会延庆、张家口赛区造雪用电完全来自绿电[②]。

3.2.2　"绿电高速路"让张北的风点亮北京的灯

绿色、共享是北京冬奥会的办赛理念，"绿电高速路"使这两大办赛理念成为现实。在北京冬奥会的筹办下，建成张北柔性直流电网工程，确保绿电安全供应。该工程已于 2020 年 6 月竣工投产，是世界上首个±500 千伏四端环形结构的柔性直流电网，通过将张家口地区的新能源成功接入北京电网，可满足北京冬奥会测试赛和正式比赛的用电需要，并提供可再生能源保障。同时，该工程也是实现北京冬奥会赛区 100%使用可再生能源目标的必要条件。该工程具备重大创新引领和示范意义，对于推动能源转型与绿色发展、服务绿色办奥具有重要意义。此外，该工程对于引领科技创新、推动电工装备制造业转型升级等具有显著的综合效益和战略意义。

[①] 刘佳.《人民冰雪·冰雪科技谈》：五大关键技术保障冬奥赛区 100%清洁电力[EB/OL].（2022-02-26）[2022-04-12]. http://ent.people.com.cn/n1/2022/0206/c1012-32346050.html.

[②] 梁丽娜，王梦如. 北京冬奥会低碳环保措施具有里程碑式意义[EB/OL].（2022-02-11）[2022-04-12]. https://www.thepaper.cn/newsDetail_forward_16665938.

北京冬奥会官方合作伙伴国家电网有限公司建设了"绿电高速路"——张北±500千伏可再生能源柔性直流电网试验示范工程，新建张北、康保、丰宁和北京4座换流站，额定电压为±500千伏，额定输电能力为450万千瓦，输电线路长度为666千米。其中，张北、康保换流站为送电端，接入张家口地区风电场、光伏电站的清洁能源；丰宁站为调解端，接入电网并连接抽水蓄能；北京站为接收端，接入北京电网负荷中心[①]。该工程于2020年6月投入运行，可将张北地区丰富的风电、光伏发电等多种能源连接在一起，利用风电、光伏、储能等多种能源形式之间的互补性，克服可再生能源发电的间歇性与不稳定性等问题，实现张北清洁能源的汇集外送，有效支撑北京冬奥会场馆实现100%清洁能源供电，并大幅提升北京地区清洁能源电力消费比例，助力首都能源高质量发展。

3.2.3 "氢能张家口"成为张家口市绿色发展新名片

在北京冬奥会筹备的背景下，张家口市加快推进氢能与可再生能源产业协同创新发展，初步形成氢能全产业链发展格局，为河北省乃至全国可再生能源发展和新能源体制改革探索了新路径、总结了新经验。

张家口市可再生能源资源丰富，倾力打造绿色制氢基地。2019年2月27日，张家口市氢能与可再生能源研究院成立，为氢能产业发展提供有力的智力支持。2019年12月，该研究院获批河北省省级氢能产业创新中心，探索建立产业联盟开放式运行模式，开展示范运营、产业标准、燃料电池等领域的研发创新。2021年，张家口市建成国内首家氢能数据中心，实现对氢能全产业链的数据采集与分析，为政策制定、产业发展提供决策依据。历经几年的努力，张家口市氢能项目达到51个，总投资为182亿元，初步形成包括制氢、加氢、储氢设备制造，燃料电池核心零部件制造，氢能整车制造等的上下游全产业链发展格局，在全国处于领先地位。张家口市以氢能为媒介，实现在电力、热力、液体燃料等各种能源品种之间的跨能源网络协同优化，逐步将应用领域拓展至绿色化工、管道掺氢、热电联供、分布式能源等领域。

---

① 北京2022年冬奥会和冬残奥会组织委员会.北京2022年冬奥会和冬残奥会遗产案例报告集（2022）[M].北京：北京体育大学出版社，2022.

3.3 科技促进交通实现跨越式发展

城市交通设施分为对外交通设施和对内交通设施。前者包括航空、铁路、航运、长途汽车和高速公路；后者包括道路、桥梁、隧道、地铁、轻轨高架、公共交通、出租汽车、停车场、轮渡等。以冬奥会筹办为契机，北京冬奥组委着力构建低碳交通运输服务体系，采用高铁方式提供赛区间客运服务，充分应用智能化交通系统和管理措施，推动赛区交通服务采用清洁能源，同时在全社会倡导绿色低碳出行方式。在北京 2022 年冬奥会的促动下，科技关键技术的研发与运用使北京冬奥会三大赛区对外和对内的交通全方位升级。

3.3.1 利用"氢能出行"技术打造氢燃料电池汽车及氢能基础设施示范项目

氢的来源主要有 3 种：一是来自化石能源，二是来自工业的副产氢，三是来自电解水制氢。前两种来源涉及碳排放问题。采用电解水制氢方式，在催化剂的帮助下利用电场的作用将水分解成氢和氧，在某种程度上电解水制的氢是 100% 的绿色能源。氢燃料电池客车可携带能量密度高，因此续航里程相对较长，同时电解水制出的氢能源燃料不涉及任何石化能源，不会产生碳排放，是 100% 的绿色能源。

"氢能出行"关键研发技术和示范项目负责人、清华大学教授杨福源介绍："在 -35℃ 的寒冷天气下，氢燃料电池客车可提供快速热管理，在 25 分钟内车厢温度可上升至 10℃。"该项目组采取了 3 项措施：一是氢能源的容器和管路在结构上要能耐受足够的强度，使其不会泄露；二是要防泄露、防集聚、防点火，严格控制氢能源品质，严格把控流程管理；三是一旦发生氢能源泄露，就要全力避免发生爆炸等事故。此外，为了防止冬奥会项目车辆在使用中发生氢能源泄漏问题，该项目组还专门对氢燃料电池客车做了 70 兆帕气瓶侧面碰撞测试，测试结果表明气瓶结构设计安全，气瓶没有受到任何损害[1]。

"氢能出行"制—储—运—加—用全流程的全产业链关键技术和安全保障技

---

[1] 王连香.《人民冰雪·冰雪科技谈》：-35℃天气下 氢能客车可让车厢温度快速上升至 10℃[EB/OL]. (2022-02-07) [2022-04-12]. http://ent.people.com.cn/n1/2022/0207/c1012-32346788.html.

术,是全球氢燃料电池汽车及氢能基础设施的示范项目,在中国乃至世界氢能发展史中都具有重要意义。该项目研发的燃料电池大客车关键技术、产品,包括产业链上的一些产品,在后冬奥时代均可可持续运用。

3.3.2 京张高铁智能化见证中国速度

京张高铁是国家重点研发计划"科技冬奥"重点专项之一。该项目致力于打造研发智能化服务关键技术与示范项目,聚焦旅客智能出行、高铁运营安全、人文冬奥服务三大目标和任务,为北京2022年冬奥会的成功举办,提供高质量的现代化铁路运输服务保障。

在旅客乘车环节,科技支撑主要表现在以下方面:第一,在京张高铁全线布置了5G通信网络,并研发了基于5G的列车多媒体奥运信息服务系统,为实现5G高清转播和智慧观赛提供了技术支持;第二,铁路部门研制的奥运型智能动车组,实现了高铁列车座椅与无障碍轮椅停放及滑雪器具存放的功能转换,为运动员和残疾人专用的配套设施提供了服务保障。在旅客出站环节,该项目研制了具有测温、人脸识别,以及灯光、阳光等环境自适应功能的检票闸机,可以实现旅客无接触出站。

在冬奥会票务服务方面,一是开发了12306英文版网站及其App,推出了12306英文版客服专线,还研制了支持国外银行卡支付的中英文自动售票机;二是推出了京张高铁计次票和定期票;三是研制了具有纪念意义的冬奥会特色火车票。在特殊人群购票服务方面,推出12306爱心版服务,为老年人提供大字体、大图标、一键操作等服务,还为视力障碍人士提供语音读屏播报服务。对于肢体障碍人士,提供支持自定义手势,实现操作简便、交互便捷的购票服务。同时,还在车站设置了人工远程协助售票设备,用音频和视频方式帮助旅客购票。

在稳定安全运行方面,确保高铁运行安全有序是研究工作的重中之重。综合运用大数据、人工智能及卫星导航等新技术,开展了多项研究和攻关工作。京张高铁科技应用如表3-2所示。

表3-2 京张高铁科技应用

序号	技术
1	研发了高铁运营安全大数据平台,分析挖掘了高铁运行故障在时间、空间上的分布规律,加强了对高铁重点设备和人群的精准防控,对设备故障进行超前防范

续表

序号	技术
2	运用北斗卫星导航技术，建设了京张高铁地基增强和隧道覆盖增强系统，实现了对路基和边坡的高铁基础设施的高精度形变监测，以及对上道作业人员的安全防护
3	研发了京张高铁全线视频监控和风雨雪及异物监测平台，开展了时空大数据综合分析和可视化展示，对高铁运营风险进行了提前研判和预警
4	构建了动车组故障预测和健康管理（Prognostics and Health Management，PHM）平台，揭示了动车组性能演变和故障发生规律，指导开展动车组数字化视情维修
5	研制了高铁智能综合调度系统，实现了各工种调度日常计划，形成编制及集中调度指挥
6	研发了旅客服务和生产管控平台，提升了高铁车站客运组织一体化业务协同联动水平。同时，对车站照明、空调等客运设备进行了有效的节能管控

京张高铁是世界上首条时速350千米的智能化高铁，同时也是支撑北京2022年冬奥会成功举办的重要交通基础设施。自建设以来，京张高铁形成了67项应用创新成果，开展了12项智能提升工作[①]。

通过京张高铁"科技冬奥"项目研制出的数据平台、智能化应用及相关算法模型，在其他高铁线上具有普遍适用性，可在全国铁路推广。通过冬奥会示范项目，可促进高铁车站向绿色节能方向发展。

3.3.3 京礼高速构架区域交通大动脉

京礼高速是北京至崇礼的高速公路，由兴延高速和延崇高速合并而成。其中兴延高速是2019年中国北京世界园艺博览会的配套基础设施，连接了北京市的昌平区和延庆区；延崇高速是由原延崇公路提级建设而成的。按照北京冬奥会申办计划，延庆和张家口赛区之间拟通过对国道延崇公路的升级改造来连接。北京冬奥会申办成功后，为加速带动张家口赛区冰雪产业的发展、培育京津冀协同发展国家战略新经济增长点、完善区域高速公路网，交通运输部将延崇公路由国道提级为高速公路，加速建设，布局长远。

京礼高速（兴延高速、延崇高速）全线贯通，京张高铁八达岭站、延庆站建成通车，形成了3条高速、1条高铁、1条市郊铁路的对外交通网络，全面打破对

---

① 刘佳.《人民冰雪·冰雪科技谈》：京张高铁智能化服务将在全国铁路推广[EB/OL].（2022-02-12）[2022-04-12]. http://ent.people.com.cn/n1/2022/0212/c1012-32350747.html.

外交通瓶颈，使得延庆区正式进入首都半小时经济圈、生活圈，实现了交通质的改变。同时，在京张高铁、京礼高速等重要交通线路建设了81个5G基站，实现了对赛区及周边的5G信号全覆盖。京礼高速成为连接延庆区与北京市区的重要交通枢纽，可满足高铁与市郊铁路、公交、出租车、旅游大巴、小汽车、自行车等多种交通形式的换乘和接驳需求，服务于冬奥赛事，赛后可作为延庆区重要交通换乘枢纽，服务于日常交通及通勤，加强延庆与外部的交通联系，促进延庆整体发展，使北京市民的日常出行更加安全便捷。

3.3.4 赛区内部交通设施逐步完善

作为三大赛区之一的延庆赛区交通设施发展迅速，2016—2020年建成城市道路里程为34.19千米，乡村公路实现100%通车，乡村中等路以上比例达到73.3%，通车里程为1068千米，路网密度处于生态涵养区领先水平。

张家口赛区建成张家口南综合客运枢纽，满足高铁与普铁、长途、公交、出租、旅游大巴、航空大巴的换乘和接驳需求，满足北京冬奥会举办期间快速交通联系的需求，赛后将用于改善民众出行条件。张家口赛区建成太子城高铁站客运枢纽，是太子城高铁站配套设施，集高铁、公交、游客大巴、社会车辆、出租车换乘功能于一体，有效提高了太子城高铁站周边区域交通通行服务水平。此外，张家口赛区建成崇礼北客运枢纽，进一步提高了区域客流集散中转能力；建成崇礼南客运枢纽，满足高速客运和本地公交、出租等多种方式的换乘和接驳需求，满足本地居民和外地游客多元化的出行需求。

积极研发高效快速充换电设施，实现北京市至张家口市每50千米建设一个充换电设施的目标，每次充电时间缩短到30分钟以内，建设与氢燃料电池汽车运行相适应的氢燃料加注设施，推广使用新能源汽车，发展绿色交通体系。北京市新能源客车保有量由2013年的2211辆增加到2019年年底的30.89万辆。截至2021年年底，北京市新能源乘用汽车保有量达50.7万辆，渗透率从2016年的8%增至22%，高于全国水平。氢燃料电池发动机已装配公交、物流等车辆200余辆，累计运行1000万千米。启用氢燃料电池发电车作为赛事场馆应急电源，配置输出功率为400千瓦的氢燃料电池发电系统，可实现无时差供电切换。

3.3.5 综合利用智能交通系统和管理措施，提升交通运行效率

加强北京冬奥会交通与城市交通信息的互联互通，完善城市公共交通运行调

度系统，提升交通智能化和精细化管理水平。北京市建设冬奥会交通指挥中心延庆分中心，实现北京市区两个层级的系统整合和联合调度，打破各类交通方式之间的壁垒，实现数据的互联互通，实现信息发布与引导、运力调配、事件处理等多项功能，赛时满足冬奥会延庆赛区的交通服务保障需求，赛后为延庆区日常交通监测和大型活动提供交通运输综合保障。张家口市推进智能公交建设，实现公交调度指挥管理信息化，开通了掌上公交、京津冀一卡通和移动支付乘车服务，建设了智能候车亭及电子站牌等基础设施。

3.4　5G 通信技术的多元运用

城市邮电通信设施包括邮政、电报、固定电话、移动电话、互联网、广播电视等。在北京 2022 年冬奥会筹办的背景下，在"科技冬奥"的引领带动下，以基于 5G 通信网络的无线系统的研发和建设，不断拓展智慧城市创新应用场景，促进新型基础设施建设与应用的协同发展。

3.4.1　5G 促进京张城市"智慧化"整体建设

在北京 2022 年冬奥会的促动下，北京冬奥会场馆实现 5G 全覆盖，北京赛区及延庆赛区建设了 31 个 5G 宏基站，建设了国家高山滑雪中心、国家雪车雪橇中心、延庆冬奥村 3 套 5G 室内分布系统。在北京 2022 年冬奥会的带动下，截至 2021 年 8 月，北京市 5G 基站达到 3.2 万个，用户超过 600 万，实现了五环内和城市副中心市内外信号的连续覆盖、五环外重点区域的精准覆盖。北京市开展高级别自动驾驶示范区建设，上线运行人工智能公共算力平台，在政务服务领域的 300 余个具体应用场景中落地区块链。

张家口市作为北京冬奥会的三大赛区之一，自 2015 年以来，加快推进"智慧张家口"建设，制定印发了《张家口市 5G 发展规划（2020—2025 年）》《张家口市关于加快推进 5G 发展的实施意见》等文件，成为全国 5G 发展的首批试点城市，通过大力推动 5G 基础设施建设和示范应用，在服务冬奥会筹办工作的同时，引领张家口市相关产业快速升级，切实提升了人民的生活品质，从而率先进入 5G 新时代。截至 2020 年年底，张家口市已建成 5G 基站 1606 个，实现了对机场、京张高铁等重要交通枢纽及主城区、崇礼区等地区的有效覆盖。截至2022年12月，张家口市已建成5G站点5701座，每万人拥有5G基站数达到13.8个。2021年5月，张家口冬奥核心区实现了室外5G网络全覆盖，这也是当时技术最佳、感知最优、效能最高的5G网络设施，在北京冬奥会期间为工作人员、官员、运动员等人员提供大容量、高速率、低时延的移动通信保障服务。

3.4.2　5G技术成就京张智慧高铁

当5G新技术遇到中国高铁，"智慧之途"势不可当。京张高铁作为首批5G高铁样板点，沿线涵盖车站站台、隧道、大型桥梁、山区、河流等多种场景，建设复杂难度极高，但智慧技术的创新应用，让"智慧高铁"成为可能。乘客在高速移动的情形下，仍然可以流畅地进行视频通话、游戏娱乐；高铁也可提供实时监控、动态广告、VR直播、高清视频播放等多种5G业务，使乘客在赛时能观看冬奥比赛。京张高铁打造了独具特色的高铁移动新闻中心——媒体车厢，此车厢将实现高速互联网覆盖，完成奥运赛事直播。这让乘客乘坐高铁不仅可以欣赏沿途的风景，还可享受高速移动的"游戏厅""办公室"。

3.4.3　5G技术助力无人驾驶技术实现新突破

无人驾驶是一种科技感十足的交通方式。然而在人流密集、车辆穿梭的冬奥会园区真正实现无人驾驶并非易事。5G技术助力无人驾驶技术实现科技创新。

安全是影响无人驾驶技术发展和推广最重要的因素，"科技冬奥"项目解决了这一关键问题。首钢园区采取了多种技术验证L4级别无人驾驶的安全问题。科技攻关项目"面向冬奥的高效、智能车联网技术研究及示范项目"负责人、中国联通中讯邮电咨询设计院院长张涌介绍，无人驾驶分成多个级别，最低为L0。L0就是现在的有人驾驶，从L1开始逐步引入机器的自主行为，到了L4级别，就是通常所说的无人驾驶。L2和L3级别只能说是自动驾驶，在自动驾驶状态下，驾驶员还需要进行部分干预。到了L4级别，理论上除了紧急情况处理，驾驶全程全部由车辆自主完成。本项目在冬奥会历史上第一次把L4级别的无人驾驶引入冬奥会交通服务中。

在首钢园区，通过部署5G基站和路侧单元，以及边缘计算的服务器，对园区的交通运行情况进行采集，将采集的数据和车身上的雷达、摄像头采集的数据进行融合，在云端进行计算之后来控制车辆的运行，通过这种方法避免车辆自身摄像头存在的一些弊端；还根据冬奥会的特点，特别是针对低温和雨雪天气，对整个自动驾驶、无人驾驶系统进行了加强。

要实现无人驾驶，最重要的指标是时延。"科技冬奥"项目实现了车端和云端的数据交互。基于数据交互进行决策，要求交互时间必须足够短，这就用到 5G 关键技术——低时延。基于 5G，可以实现 10 毫秒以下车端和云端的交互，低时延能够使车辆快速做出反应，保证车辆安全。在无人驾驶状态下，路面上多个车辆间的交互如果通过 5G 基站转发，则必然会增大时延。因此，又用到另外一个关键技术，5G 的 C-V2X（Cellular-Vehicle to Everything，蜂窝车联网通信）技术。在每辆车上都安装了一个小盒子，基于这个小盒子可以直接进行信息交互。通过这种方式，车辆间进行前后车定位和交互时，信息传递最高效，安全也能得到保证[1]。

3.5　城市环保系统快速提升

城市环保设施通常包括园林绿化、垃圾收集与处理、污染治理等。因为冬奥会的比赛项目多数是在室外举行的，所以对生态环境的要求会更高。

水是人类生命之源，因此城市供、排水设施是城市基础设施建设的主要支柱之一。城市供、排水设施包括水资源保护、自来水厂、供水管网、排水和污水处理等。与夏季奥运会不同，冬奥会因为冰雪运动项目的特点，所以对水资源依赖性更强。在北京冬奥会的促动下，确保赛区水资源低成本、高效能地运用成为冬奥会成功举办的关键，并取得了突出的效果。

3.5.1　科学核算，推进水资源高效循环利用

首先，科学编制延庆赛区和张家口赛区的水资源报告，核算赛区用水总量，制订输水方案，对赛区水资源进行总量管理。通过建设塘坝和蓄水池，多途径收集、储存和回用雨水和融雪水，建设海绵赛区，以"渗、滞、蓄、净、用、排"为核心的"海绵"设计在 3 个赛区都得到了落实，实现水资源的高效利用。推动赛区水资源高效循环利用，同时保护现有行洪通道，利用山洪滞蓄空间保障延庆

---

[1] 刘佳.《人民冰雪·冰雪科技谈》："点亮"智慧冬奥 5G 技术为无人驾驶"护航"[EB/OL].（2022-02-13）[2022-04-12]. http://ent.people.com.cn/n1/2022/0213/c1012-32351006.html.

赛区及下游地区的防洪安全。其次，在造雪用水管理方面，延庆赛区和张家口赛区都采用智能化造雪系统，实现水资源的优化配置和精准投放，提高水资源利用率。各场馆均采取多种节水措施，如使用节水器具、优先采用非传统水源等方式，节约水资源，应用智能化技术造雪实现节水20%，实现赛区污水全部收集，处理污水后回用于周边地表水环境。

3.5.2 科技助推城市储水排水效能

自2015年北京冬奥会申办成功后，为增加北京储水量，政府2016—2020年利用南水北调中线水52亿立方米，累计调水超过61亿立方米，直接受益人口超过1300万人。此外，北京市持续推进城市排水管网建设，强调雨污分流，实现生态管理。截至2019年年底，北京市共建成污水管网13188千米、雨水管网7868千米，有效缓解了城市内涝，保障了污水处理能力。

3.5.3 科技助力水污染治理效果显著

北京市深入实施三轮城乡水环境治理工作三年行动方案，水环境治理取得巨大成效，基本实现城镇地区污水全收集全处理、污泥无害化处置，全市污水处理率由2015年的87.9%提高到2020年的95%，累计解决1806个村的污水收集处理问题。北京全市142条（段）黑臭水体全部完成治理并得到长效巩固，完成727条小微水体的整治。北京市2016—2020年新建生活垃圾处理设施20座，新增垃圾处理能力1.58万吨/日，生活垃圾回收利用率达到35%以上。

3.5.4 科学设计，从根源上减弱生态环境负影响

延庆赛区和张家口赛区分别开展环境影响评价，科学研判赛区生态环境面临的主要风险与挑战，从避让、减缓、重建、补偿等方面分别确定了生态环境、水资源、大气、土壤保护等方面的54项和44项保护措施。在工程设计选址中，两地最小化用地范围，设置施工红线，控制施工动土范围，合理安排线路。在工程建设施工中，两地科学设计、合理安排水电等各工序进度，合理配置永久建筑、临时设施和使用场地的数量和规模，尽可能减少场馆建设对生态环境的影响。

京冀携手建成张（张家口）承（承德）地区生态清洁小流域600平方千米，成功实施永定河生态补水，实现境内永定河170千米河段25年来首次全线通水，

使永定河京津冀晋水流基本贯通；出台水生态监测评价地方标准，开展全市水生态健康评价，健康水体占监测总量（48个典型水体）比例达89.6%，水生态健康状况持续提升。

3.5.5 垃圾收集与处理

北京市制定并实施《北京市生活垃圾管理条例》，严格实施垃圾分类，开展相关教育和普及工作，减少垃圾处理量和垃圾占地，提高回收利用率。

3.6 主办城市无障碍环境全方位改善，彰显科技力量

无障碍环境是衡量一座城市现代化水平的重要指标之一。自20世纪80年代以来，奥运会的筹办会直接促进主办城市无障碍环境的改善，这是因为国际奥委会引领的奥林匹克运动和国际残奥委会引领的残疾人奥林匹克运动不断走向融合。1985年，国际奥委会做出规定，残奥会与奥运会在同一年、同一城市举行。2001年，国际奥委会与国际残奥委会达成协议，从北京2008年奥运会和温哥华2010年冬奥会开始，残奥会不仅要与奥运会在同一城市举办，还应由一个组委会负责组织，并且共享场馆和设施。自此，奥运会举办城市无障碍设施建设成为奥运会举办的重要领域。因此，北京2022年冬奥会和冬奥残奥会的到来，必然对举办城市无障碍环境建设提出新的要求，同时也会产生巨大的促进作用。

3.6.1 制订科学的无障碍环境建设方案，实现规范化

北京冬奥组委结合国际标准和办赛要求，与有关部门于2018年9月联合发布《北京2022年冬奥会和冬残奥会无障碍指南》，该指南涵盖并适用于冬奥会和冬残奥会竞赛场馆、非竞赛场馆、训练场馆及赛事举办城市的交通、公园、广场、酒店等公共区域，确保赛时各利益相关方能够获得高质量的无障碍体验，持续推动城市人文环境长远提升。2020年9月发布的《北京2022年冬奥会和冬残奥会无障碍指南技术指标图册》，为全面促进冬奥场馆无障碍运行设计、设施建设和提升主办城市无障碍建设水平指明了方向。北京、张家口两地政府分别出台《北京市进一步促进无障碍环境建设2019—2021年行动方案》《北京市无障碍环境建设条

例》《张家口市无障碍环境建设三年（2018—2020年）工作方案》，从城市道路、公共交通、公共服务场所、信息交流和社会服务等方面大力推进无障碍环境建设。

3.6.2 举办城市无障碍环境系统性水平显著提升

从2019年开始，北京市组织实施"无障碍环境建设2019—2021年专项行动"，成效显著。截至2021年11月，北京市累计改造无障碍环境点位10万个，整治无障碍设施占用、闲置问题21万余个，精心打造100个"无障碍精品示范街区"和100个"一刻钟无障碍便民服务圈"，建立城市无障碍设施大数据，涉及15.15万个点位的125.72万个无障碍元素，使城市交通出行更加友好、公共服务更加便利、信息交流和服务更加贴心。北京2019—2021年无障碍建设部分成果如表3-3所示。

表3-3　北京2019—2021年无障碍建设部分成果

类别	具体内容
城市道路	修复盲道13116条； 整改人行横道3452条、人行天桥和地下通道34个； 改造公交枢纽、公交站台、地铁站、停车场2682个； 为606条无障碍线路、12242辆公交车配备无障碍导板等设施（占城区公交车总数的80.12%）
公共交通	更新地铁的59部爬楼车和142部轮椅升降平台； 城市轨道交通24条线路、428座车站全部提供无障碍预约服务； 配置无障碍出租车535辆
公共服务场所	改造政务服务窗口、宾馆酒店、商场超市餐厅、医疗机构、学校、银行、文化体育休闲场所、公园景区绿地广场、公共厕所等公共服务设施17555个； 对29010栋住宅楼的出入口进行坡化，在楼道内安装扶手

张家口市2018—2021年无障碍建设部分成果如表3-4所示。

表3-4　张家口市2018—2021年无障碍建设部分成果

无障碍建设部分项目	成果数量
盲道	358.58千米
缘石坡道	4422处
无障碍卫生间	680个

续表

无障碍建设部分项目	成果数量
无障碍电梯、升降平台	101 处
无障碍停车位	805 个
公共场馆无障碍座席	148 个
接待和服务区域低位设施	176 处
宾馆、酒店无障碍客房	83 个
无障碍公共服务网站	38 个

3.7 科技支撑公共服务实现区域协同

北京 2022 年冬奥会加速带动智慧城市建设。在"科技冬奥"的引领下，北京市在加快新型基础设施建设的同时，聚焦民生服务和产业发展需求，不断拓展智慧城市创新应用场景，促进新型基础设施建设与民生应用融合发展。

3.7.1 餐饮住宿水平持续提升，实现运动员"智慧用餐"

进一步加强主办城市住宿接待能力，提升服务水平。持续开展京（北京）张（张家口）地区酒店基础设施建设、人才技术培训和行业标准建设。北京市、张家口市两地共同发起成立包含 6 省市 13 家民宿协会、231 家民宿在内的北方民宿联盟，积极发展精品民宿产业，搭建网络培训管理平台，年均开展行业培训 5000 人次，切实提升酒店服务水平。张家口市编制完成了与住宿业相关的 6 项工作标准，通过推广落实冬奥标准，促进行业整体服务质量提升。2015—2019 年，张家口市星级宾馆数量从 48 家增至 74 家，四星级以上酒店数量从 17 家增至 22 家。2019—2022 年提升行动落地见效，到 2021 年 5 月，张家口市建成酒店 3050 家、星级饭店 75 家，星级饭店数量居河北省首位，高星级饭店数量居河北省第二位，为冬奥服务保障奠定了坚实的基础。

进一步规范餐饮服务标准，带动行业发展。北京冬奥组委同京冀两地餐饮等相关部门结合食源基地布局，针对北京冬奥会农产品、水果干果、食品生产三大类生产供应企业制定了 17 项标准规范，从供应标准、技术要求、产品要求等方面提出了具体要求。在北京冬奥会举办期间，实现运动员的"智慧用餐"。北京冬奥会上出现了全球首个无人全自动餐厅。它支持多种不同语言点菜，菜品种类中西合并、应有尽有，点菜、送餐、烹饪无人化，是真正的无人餐厅。进入餐厅，顾客只需点餐，然后等待即可，食物会自动地出现在顾客面前，并且是以从天而降的方式。

3.7.2 以冬奥会医疗保障为支撑，实现京张医疗服务协同发展

以赛时服务保障需求为引导，北京、延庆、张家口3个赛区共同发力，提升区域医疗服务水平。北京市发挥自身医疗优势，支持医疗资源对外援助服务，加强培训交流，共建合作医院，制定实施一系列有利于医疗资源整合共享的服务政策。延庆区新建延庆区医院（冬奥医疗保障中心），不仅在赛时提供全方位的医疗保障，还大幅提升了区域医疗水平。2015—2019年，延庆区的执业医师人数增加了26.9%。张家口市加快医疗服务体系建设，推进多个新建及维护项目（包括停机坪项目），不断提升区域整体医疗救治水平。截至2019年9月，张家口市共有48家公立医院与北京市的60家大医院开展合作，合作项目达62个，有8家医院成为北京冬奥会定点医院，有3家医院成为航空医疗救护联合试点医院。2015年以来，张家口市在各级各类医疗卫生计生机构数量、医院数量、实有床位数量、执业医师（助理）人数保持稳定的同时，医疗卫生服务质量不断提升，在强化奥运支撑的基础上提升了本地医疗服务水平。医疗服务实现整合共享，大大提升了区域协同发展能力。

3.7.3 提升区域教育均衡化水平

2016—2020年，北京市对口帮扶张家口教育项目20个，其中教师培训类项目14个、学生游学类项目6个；支持张家口市学校建设类项目25个，投资近两亿元。其中，在小学方面，北京市海淀区与张家口市赤城县样田乡中心小学开展教育对口帮扶等活动；在中学方面，北京市101中学国际学校、海淀外国语学校京北校区先后落户张家口市；在高等教育方面，中公教育国际学校、阿里巴巴培训学院张家口分院成立，北京理工大学水研院河北分院在怀来县成立。

3.7.4 京张体育文化旅游带品牌逐渐形成

2015年，《北京冬奥会申办报告》和《京津冀协同发展规划》中明确提出，

中国将以举办冬奥会为契机打造京张体育文化旅游带。2016年,《京津冀旅游协同发展行动计划(2016—2018年)》中正式提出延庆、张家口共建京张体育文化旅游带。2020年,"协同建设京张体育文化旅游带"被写入《北京市国民经济和社会发展第十四个五年规划和二〇三五年远景目标的建议》中。2021年,"加快建设京张体育文化旅游带"分别被写入文化和旅游部的《"十四五"文化和旅游发展规划》、河北省的《河北省国民经济和社会发展第十四个五年规划和二〇三五年远景目标纲要》和北京市延庆区的《延庆区国民经济和社会发展第十四个五年规划和二〇三五年远景目标的建议》中。

开展体制机制创新。京张两地进行一系列体制机制创新,探索深化政府间、部门间战略合作的方法,加速推动京张体育文化旅游带建设。张家口市人民政府、北京市延庆区建立联席会议机制,签订《深入推进京津冀体育协同发展议定书》,完善京张区域合作机制,建立互联互通的旅游交通、信息和服务网络,构建体育文化旅游共同体。

3.8 塑造典范,科技支撑首钢打造北京城市新地标

首钢于1919年建厂,曾承载着几代中国人的工业梦想。考虑到举办奥运会及经济社会发展的需要,首钢停产搬迁。2015年北京冬奥会申办成功后,首钢以冬奥组委入驻首钢园区为契机,加快老工业园区转型升级,建设国家队冰上运动训练场馆,与国家体育总局共建国家体育产业示范区,使首钢旧址成为工业遗存再利用和城市复兴的新地标。以冬奥会带动项目入驻,发挥冬奥会溢出效应。培育拓展体育+科技+产业生态,打造特色产业集群,建设北京冬奥会技术运行中心及附属通信枢纽,助力首钢园智慧园区建设,推动更新应用场景落地。建设冬奥会云转播中心,为冬奥会赛事转播提供保障支持。

国际奥委会主席巴赫2017年8月看到首钢的工业遗存,称赞首钢工业园区的保护性改造是很棒的想法,这个理念在全世界都是领先的,为世界做出了一个极佳的示范。在秘鲁利马召开的国际奥委会第131次全体会议上,巴赫再次称赞"北京首钢园区工厂改建是奇迹",是一个"惊艳世人"的城市规划和更新的范例。在这一奇迹的创造中,科技支撑发挥了不可替代的作用。

3.8.1 打造科技产业集聚区

首钢园开展"科技冬奥"应用场景示范，截至北京冬奥会举办前，已与11家自动驾驶车企业达成应用合作，有9种无人车入园开展测试运行，累计测试里程已达15万千米。结合独具科幻感的工业遗存资源，首钢与属地政府着力打造科幻产业集聚区，已有中国科幻研究中心、腾讯、当红齐天、天图万境、未来事务管理局等10余家企业入驻；与清华大学合作打造的沉浸式数字圆明园、音乐机器人等项目实现营业，科技产业集群已初步形成。

3.8.2 科技支撑活化利用工业遗存

相关部门制定北京冬奥会首钢工业遗存保护名录，研究制定系列支持政策。具体如下：推进首钢主厂区、二通厂区等工业遗存的保护、利用、改造，因地制宜建设产业孵化基地、休闲体验设施；在首钢园区北区工业遗址公园中植入文化、科技功能，形成特色景观带和灯光秀，打造更多的网红打卡地；利用铁轨、管廊、传送带等工业遗存建设铁轨绿道、空中步道，营造城市特色公共空间。目前，首钢一号高炉被打造成京津冀地区最大的VR综合体验馆，成为集文化、科技、娱乐于一体的新型潮流综合乐园。首钢储存炼铁循环水的秀池，根据功能需求一分为二，地上部分为人工打造的水上景观，地下部分为能存放855辆车的地下车库和圆形下沉式展厅。将"制氧厂片区"打造成办公区和首钢滑雪大跳台的配套服务区。

3.8.3 精心打造生态空间

在首钢园区构建山水交融、大疏大密、低碳智慧的绿色生态体系，撑起北京西部的城市生态骨架。加快永定河生态带建设，促进水系连通和水环境改善。推进森林城市建设，规划蓝绿交织、棕绿协调的后工业景观休闲带。推动节能低碳技术研发应用，推广绿色建筑，应用智慧能源系统，将生态理念融入生产生活，促进生态、文化、旅游深度融合。

对于园区内的建筑垃圾，实现就地拆除、就地预处理、就地分类的资源综合利用闭路循环模式，最大限度地减少垃圾填埋量、运输量及资源消耗量。各类再生建材广泛应用于脱硫车间改造、晾水池东路等建设中。此外，该园区大力推广装配式建筑、钢结构建筑等工业化预构制件，减少了建筑垃圾。

新能源无人驾驶汽车已在园区内运行，北区规划有地下、地面、空中3级立体慢行系统，通过特色空中步道无缝串接各功能区和绿色公共空间。

在首钢园区充分利用充满时代感的工业遗存，打造三高炉、秀池等特色景观，使其成为网红打卡地。结合"科技冬奥"，初步形成科技产业集聚区，将工业遗存与首钢文化相融合，打造具有时代感的工业遗产文化产品和服务品牌。

3.9 本章小结

数字化时代，城市智能化水平是城市发展与核心竞争力的重要体现。20世纪最后几十年的历史充分证明，奥运会上的竞争不仅是赛场上运动员技术和体力的较量，还是各国在赛场外的科学技术水平的较量。奥运会因超大规模而对举办城市的综合实力要求越来越高，同时国际奥委会也特别强调奥运会应与主办城市实现良性互动、可持续发展。北京2022年冬奥会对国际奥林匹克运动的贡献，不仅在于举办了精彩、非凡、卓越的冬奥会，还在于在冬奥会的筹办、举办背景下，实现了三大赛区城市基础设施建设的跨越式发展，使科技支撑成为本届盛会的底色和亮点。中国在2020年第75届联合国大会一般性辩论上，郑重提出"碳达峰"和"碳中和"的目标。这意味着我国在未来城市发展中更强调可持续发展，更加重视经济发展与生态治理、环境保护的平衡，从而调整产业结构，优化能源结构，推进节能减排、碳市场等领域的建设，催生了一批新技术、新产品、新行业。北京2022年冬奥会科技支撑成为本届盛会的底色和亮点，其中科技助力三大赛区城市基础设施建设的实现跨越式发展，主要体现在以下方面：零排供能打造能源研发新示范；交通实现跨越式发展；5G通信技术的多元运用；城市环保系统快速提升；主办城市无障碍环境全方位改善；科技支撑公共服务实现区域协同；塑造典范，将首钢打造为北京城市新地标。这不仅为成功举办北京2022年冬奥会提供了强有力的基础保障，更体现了大国的责任与担当。

4 科技支撑赛区生态环境改善取得新成就

对于整个社会而言,科学技术是至关重要的,科学技术不仅能促进经济的快速发展和社会生产力的提高,还助力于建设和保护良好的生态环境。因此,如何合理地利用科学技术,让其在改善生态环境中发挥重要作用,是当今社会亟待解决的问题。随着经济的不断发展,生态环境也受到影响。与此同时,科学技术在改善生态环境的过程中承担着越来越重要的角色。在申办和筹备北京冬奥会的背景下,面对生态环境存在的普遍问题,党和国家颁布了一系列政策文件,主张协同推进生态环境的保护与治理,针对大气污染、水污染和土壤污染等问题,提出结合先进的科学技术,采取精细化的防控措施,从而推动京津冀地区经济的发展,实现人民群众"蓝天碧水"的美好梦想。

本章主要从科技支撑生态环境改善的作用机理与科技支撑北京冬奥赛区生态环境改善的表现两个方面展开叙述,重点突出科技在大气防治、水治理、土壤生态修复等方面的作用,挖掘科技对生态环境的价值,为科技支撑北京冬奥会赛区乃至京津冀及周边省市生态环境的治理提供一定的理论参考。

4.1 科技支撑生态环境改善的作用机理

生态环境是指与全人类生存密切相关的,影响人类生活、生存和发展,是关系到人类社会和全球经济协调发展的复合生态系统,是体育事业发展的泉源。目前国内生态环境正面临着严峻的挑战,致使很多大型体育赛事被终止,因此生态环境问题是我国急需解决的问题。环境保护和生态发展是我国长期坚持可持续发展的战略,生态科技创新驱动是我国保护生态发展的根本举措[1]。

---

[1] 刘贝贝,樊阳程. 习近平关于绿色科技创新重要论述简论[J]. 思想理论教育导刊,2019(12):11-14.

4.1.1 科技是解决生态问题的重要利器

改革开放以来，我国在经济领域获得了飞速发展，但与此同时对环境生态的破坏也不容忽视。随着工业化的加快，各种温室气体被排放到空气中，污水排放不分流域，土壤污染日趋严重，这些问题大多是人类在生产生活中不考虑生态环境的稳定与协调造成的。科技治污是通过科学有效的方式解决经济发展中产生的各类大气污染问题，通过科学治理来促进经济可持续发展的重要治污方法[①]。2018年10月11日，为深入贯彻第八次全国生态环境保护大会精神，落实《中共中央国务院关于全面加强生态环境保护，坚决打好污染防治攻坚战的意见》，中共科学技术部党组印发了《关于科技创新支撑生态环境保护和打好污染防治攻坚战的实施意见》（以下简称《实施意见》）。《实施意见》中强调要统筹推进技术研发带动生态发展，探索环境科技创新与环境政策管理创新协同联动，引领美丽中国建设。2017年5月，科技部、环境保护部、住房城乡建设部、林业局、气象局联合印发《"十三五"环境领域科技创新专项规划》，强调要持续加大科技对生态文明建设的支撑力度，强化科技创新，促进生态环境质量持续改善。该计划对我国未来生态系统中的大气污染防治、水污染防治、土壤污染防治提供了正确的政策导向及有力的理论保证。新时代科技支撑生态是保障国家可持续发展的必然选择，是建设生态文明强国的必然要求，是维护人民利益的迫切需要，也是实现我国体育产业升级的重要保障。

4.1.2 绿色办奥需要科技打下环保底色

绿色科技创新是推动北京冬奥会创新发展的重要动力[②]。北京2022年冬奥会由北京、张家口联合举办，这成为奥运会发展史上新的里程碑。北京是首个双奥之城，北京冬奥会是在《奥林匹克2020议程》指导下全面落实可持续发展战略的成功典范。习近平总书记在筹办冬奥会过程中提出"绿色、共享、开放、廉洁"的办奥理念，2021年5月15日，《北京2022年冬奥会和冬残奥会可持续性发展计划》发布，该计划为北京冬奥会的举办提供了有力的政策参考，诠释了北京冬

---

① 郭瑶，裴华东，范娜. 浅谈科技治污在大气污染防治中的应用及建议[J]. 皮革制作与环保科技，2022，3（8）：95-97.
② 布特，李佼慕，邹新娴. 北京冬奥会绿色科技创新与生态文明遗产研究[J]. 科学管理研究，2022，40（1）：9-17.

奥会和冬残奥会的管理理念，明确了北京冬奥会的发展核心。

面对京张地区大气污染严重、水资源短缺、土壤脆弱等挑战，我们需要借助绿色技术创新的突破来破解绿色发展之难题，需要运用高新科技技术和环保生态技术来实现人与自然和谐发展之新格局[1]。北京冬奥会借科技之手，立足绿色办奥理念，在维护冬奥赛区自然生态系统完整性、多样性等方面实现了积极的生态价值。

利用绿色技术加强水环境联保联治。保护和高效使用水资源是成功举办"绿色"冬奥会的重要保障，北京冬奥会在场馆建设与造雪用雪上采用智能化造雪系统，守护了赛区的"青山绿水"，实现了"山林场馆、生态冬奥"的目标。北京冬奥组委先后印发的《北京2022年冬奥会和冬残奥会临时场馆与基础设施可持续性指南》《奥林匹克2020议程》中都在环境等方面强调了奥运会举办的全过程可持续性。在场馆建设上，应打造海绵赛区，实现水资源循环利用[2]。张家口赛区建立了雨水、地表水、融雪水三方收集系统，实现了冬夏双利用模式，减少了跨区域调水的需求，实现了场馆节水效益最大化。在造雪用水来源上，相关部门迁移使用海绵城市建设技术进行城管规划；在造雪工具利用上，研发"卡宾雪"造雪机进行智能造雪，建成了统一调蓄收集地表水、雨水、融雪水的造雪引水系统；在造雪结果评价上，研制出相关的检测工具，促进雪道的高效利用；在储雪机制探索上，试验"冬雪夏用"技术，形成赛区水环境的循环利用系统。

利用绿色技术加强土壤污染跨区域协同治理。绿色办奥是百年大计，在土壤污染协同治理视域下要遵循可持续发展原则、适地适树原则。基于此，延庆赛区组委始终坚持"生态第一"的指导思想，采用树木移植、表土剥离等创新技术，修复赛区185万平方米的建设用地，对其进行原土覆盖生态修复。延庆赛区在改建过程中，内部解决弃渣碎石总计约30万平方米，进行二次利用，实现土石方挖填平衡，为其他建筑物的建设奉献砖瓦。该技术不仅减少了废弃渣土，还为北方山村文化打上了环保底色[3]。在国家跳台中心建设过程中，优化了爆破技术，大大提高了岩石利用率，筛选碎石土壤形成支护体系，实现了张家口赛区生态保护的目标，是对"绿水青山就是金山银山"生态文明理念的生动实践。

---

[1] 习近平. 为建设世界科技强国而奋斗[N]. 人民日报, 2016-06-01（2）.
[2] 刘荣霞, 袁燕军, 童爱香. 北京冬奥会：探索科技应用示范新模式的实践[J]. 国际人才交流, 2022（4）：38-40.
[3] 王悦, 杨宛迪, 滕依辰, 等. 山林行居 六胜构景——延庆冬奥村景观设计探析[J]. 城市建筑空间, 2022, 29（2）：21-24.

4.2 科技支撑北京冬奥赛区生态环境改善的表现

生态环境是影响人类生存与发展的水资源、土地资源、生物资源及气候资源数量与质量的总称。自2015年北京申奥成功以来，京津冀及周边省市协同推进生态环境保护治理，实施治气、治沙、治水攻坚战，采取一系列精细化防控措施，持续改善区域生态环境，打造最美中国底色。在助力"天更蓝、水更清、地更绿"的道路上，在决战决胜冬奥会筹办和本地发展进程上，交出让人民满意的答卷。

4.2.1 科技支撑"天更蓝"

1. 绿色科技为建立大气污染区域联防联控体系提供保障

在申办冬奥会时，国际社会普遍担心北京雾霾问题。我国大气污染呈现区域性、复合性、综合性的特点，采用传统属地防治手段已不能对区域大气污染进行有效治理。要从根本上解决京津冀地区的大气污染问题，需要针对大气污染传输的特点，对传统的大气污染治理模式进行深刻反思，创新建立区域大气环境联防联控机制[1]。

2013年9月，国务院发布《大气污染防治行动计划》，该文件中提出"建立京津、冀、长三角区域大气污染防治协作机制"[2]。2014年4月，新修订的《中华人民共和国环境保护法》中正式提出重点区域联合防治协调机制。2018年7月，国务院办公厅印发的《国务院办公厅关于成立京津冀及周边地区大气污染防治领导小组的通知》中提出，为推动完善京津冀及周边地区大气污染联防联控协作机制，经党中央、国务院同意，将京津冀及周边地区大气污染防治协作小组调整为京津冀及周边地区大气污染防治领导小组。

国内大气生态环境面临严重污染，而二氧化碳排放是我国大气遭受污染的重要根源之一。在北京冬奥会筹办中，绿色科技保障了大气污染联防联控。国家相

---

[1] 李云燕，王立华，马靖宇，等. 京津冀地区大气污染联防联控协同机制研究[J]. 环境保护，2017，45（17）：45-50.

[2] 何伟，张文杰，王淑兰，等. 京津冀地区大气污染联防联控机制实施效果及完善建议[J]. 环境科学研究，2019，32（10）：1696-1703.

继出台了《国务院关于加快建立健全绿色低碳循环发展经济体系的指导意见》《"十四五"节能减排综合工作方案》等政策，为实现"绿色办奥"提供重要政策保障。

在大气污染防治层面，建设低碳、环保场馆是北京冬奥会践行绿色办奥理念的先决条件。北京冬奥会通过建造材料、建造技术创新，使新建室内场馆均达到环保标准。开发低碳能源是北京冬奥会秉承绿色办奥理念的物质保障。北京冬奥会通过张北柔性直流电网工程，调整能源结构布局，协调京张节能减排协同发展。绿色保护和修复生态技术是北京冬奥会贯彻生态冬奥理念的生态环境保障。北京冬奥会通过制订生态保护和修复工程专项计划，创新树木迁地保护机制，实现迁地智慧管理。成功举办"绿色"冬奥会离不开低碳交通和绿色出行的支持，因此燃料电池是北京冬奥会低碳出行的主要依托。北京冬奥会通过氢燃料电池技术提供低碳交通，实现100%绿色出行。

2. 智慧场馆建设为"天更蓝"生态目标保驾护航

北京冬奥会践行绿色办奥理念，通过建造材料技术创新、低碳能源技术开发、能源结构布局调整、燃料电池转型发展等，助力京津冀地区大气污染联防联治，为"天更蓝"生态目标保驾护航。

北京冬奥会场馆建设秉承可持续发展理念，在精细化赛事观赏服务、软硬件运维方面设置上千个传感器，应用BIM（Building Information Modeling，建筑信息模型）技术、机器人技术、GIS（Geographic Information System，地理信息系统）等智慧信息化技术来保障场所的绿色低碳运营。国家速滑馆、五棵松冰上训练中心、首都体育馆主馆及短道速滑训练馆、五棵松冰球训练馆的建设全部优先采用环保型制冷剂、二氧化碳跨临界直接制冷技术，实现温室气体排放量接近零。在场馆内还布设各类物联网传感器，捕捉室内外各类数据；在场馆屋顶布局气象站，使场馆可根据空气质量自主吸入室外空气；研发"超级大脑"系统，推进自动控制座椅送风、制冰温度、场地除湿、屋顶电动窗、防疫消杀等高效化运行，全方位降低场馆耗能[①]。

以国家速滑馆建设为例，研发建成全世界最大的12000平方米的二氧化碳跨临界直接蒸发制冷冰面，研制的冷凝热回收系统回收率高达86%，折合约节约电力180万千瓦时，减排约1795吨二氧化碳。绿色雪上运动场馆的建设在奥运历史

---

① 张骁，夏子麟."超级大脑"上线——国家速滑馆"冰丝带"建成智慧场馆[EB/OL].（2021-12-28）[2022-05-20]. http://www.news.cn/photo/2021-12/28/c_1128207846.htm.

上首次实现了赛时所有场馆100%绿电供应。根据预算，北京冬奥会3个赛区的场馆预计使用绿电4亿千瓦时，可以减少燃烧煤12.8万吨，减排二氧化碳32万吨[1]。此外，在延庆冬奥村建设过程中充分利用"节能保温系统、高性能门窗设计、规避冷热桥系统、优良气密性设计、高效热回收新风设计等超低能耗技术"[2]，保证了场馆保暖，降低了场馆能耗，有效保护了场馆周边生态环境。

3. 低碳能源技术促进节能减排

在北京冬奥会建设中开展碳中和实践，选取发达地区与欠发达地区跨区域实现绿色交易、碳汇交易，助力地区双向发展。当今时代，清洁能源成为各国能源转型的突破点。历经5年，全球能源互联网研究院带领我国众多科研团队突破了柔性直流电网核心技术，"研制并应用直流断流器、换流阀、控制保护等直流电网关键设备[3]"，建成了世界上首个柔性直流电网工程——张北工程。该工程每年输送140亿千瓦时清洁电能，可全面满足北京及张家口地区26个冬奥会场馆的用电需求，预计每年节约标准煤490万吨，减排二氧化碳1280万吨，为节能减排做出了重大贡献[4]。北京冬奥会场馆的照明、运行和交通所需电力由张家口市的光伏发电和风力发电设备提供，该电网工程大幅提升了北京地区清洁能源的消费比重，可节省北京等地区电量225亿千瓦时，折合节约北京市标煤780万吨、减排二氧化碳2040万吨。"科技冬奥"项目研制的清洁电力技术突破了高可靠供电关键技术，达到了99.999%供电可靠率硬核标准。

4. "氢能出行"实现冬奥绿色出行

氢气是一种来源广泛、清洁高效、应用场景丰富的二次能源，氢能及燃料电池的高效利用是双碳目标完成的主要依托。在北京冬奥会筹办中，相关部门开发新型能源，规模化应用氢能电车，通过智能化管理提升交通运行效率，创设"低碳奥运"微信小程序引导公众低碳出行，践行绿色低碳生活方式，建设低碳交通

---

[1] 陈杭.北京冬奥会场馆全部使用绿电 预计减排二氧化碳32万吨[EB/OL].（2022-01-13）[2023-10-14]. https://baijiahao.baidu.com/s?id=1721823777443432550&wfr=spider&for=pc.

[2] 佚名. 延庆冬奥村工程超低能耗打造落实绿色办奥理念[EB/OL].（2020-07-31）[2021-11-25]. http://ccnews.people.com.cn/n1/2020/0731/c141677-31806040.html.

[3] 栗清振,时宇琳.张北柔直工程核心技术和关键设备均实现国际首创[EB/OL].（2021-06-11）[2021-11-25]. http://www.cpnn.com.cn/dianli/dljs/dljsyw/202106/t20210611_1393461.html.

[4] 佚名. 建成投运张北柔性直流电网试验示范工程 服务绿色冬奥[J]. 华北电业，2021（1）：58-59.

体系，在北京冬奥会举办期间基本实现了清洁能源车辆保障。交通出行碳排放量占总排放量的15%，北京2022年冬奥组委围绕"氢能出行"任务对交通碳排放量制定了相关配置原则，规定北京赛区交通服务以纯电动、天然气车辆为主力军，延庆和张家口赛区主要使用氢燃料车辆。"科技冬奥"项目通过氢气"制、储、运、加、用"全链条关键技术攻关，突破了极寒环境、高原陡坡、快速暖机、长续航等一系列燃料电池客车及加氢站等关键技术，研制的"100%国产、100%绿氢、100%零碳"氢燃料电池客车可实现高强度、高寒、高海拔陡坡等特殊服务场景下的低碳、安全运营。北京冬奥会期间，212辆氢燃料电池客车投入使用，实现0.28升/千米·辆的节油效率，总节油量约9.6吨，总碳减排量约30吨，有力支撑冬奥绿色出行。

4.2.2 科技支撑"水更清"

新技术引领高质量发展，运用科技支撑"水环境"的治理与保护，使生态环境得到改善。科技支撑"水更清"，主要体现在各大赛区如何解决水资源重复利用的问题上。

1. 科技支撑水循环高效利用

在场馆建设方面，为了推进水资源的循环利用，在张家口打造海绵赛区。张家口赛区在竞赛场馆建设中以问题为突破口，设计、建设了雨水、地表水、融雪水收集系统，研发和引进全自动的造雪系统，最大限度地控制造雪过程中水资源的消耗，努力打造奥运会历史上第一个海绵赛区。同时，所有的场馆都将对污水进行全收集、全处理和再利用，力争实现水资源的高效利用[①]。

2. 依靠绿色雪务技术实现新突破

科技是冬奥赛区水资源供给和高效使用水资源的重要保障。从历史气象纪录来看，京张地区2月的气温、降雪量无法达到冬奥会滑雪道的高标准，必须以人工造雪来补充冰雪不足，从而达到赛事要求。借助绿色技术，北京冬奥会建设在雪务工作和水资源保护上成效显著：在造雪用水来源上，迁移使用海绵城市建设技术进行城馆规划，建成了由900米塘坝、1050米塘坝及1290米调蓄水池共同

---

① 张振达. 北京2022年冬奥会张家口赛区雪上场馆可持续利用研究[D]. 哈尔滨：哈尔滨体育学院，2022.

组成的造雪引水系统，以统一调蓄收集的地表水、雨水、融雪水，保障冬奥用水。在赛区用雪过程中，主要从造雪、保雪、储雪3个方面进行技术攻关，开展环境友好型造雪工作。北京冬奥会使用的造雪机，是在"科技冬奥"重点专项计划下研发的"卡宾雪"造雪机，其特点在于能够利用5G技术智能造雪，环境适应快，造雪效率高，能够有效节约用水量；由中国科学院牵头，研制出适应赛区气候的冰状雪及相关检测工具，有助于赛区的保雪和修复工作，促进雪道的高效利用；北京冬奥组委通过科技支持进行储雪试验，将大概60%的雪储存下来，实现了冬雪夏用。依靠绿色雪务技术，北京冬奥会造雪工作形成了高效循环、生态友好的特点，提高了赛区水环境的承载力，有效保护了京张地区的水平衡，体现了北京冬奥会在水资源保护上的先进经验，促进了赛区的水资源保护。同时，延庆赛区作为生态涵养区，在水资源的利用上十分注重生态保护。延庆赛区组委在野生动物栖息地保护、现有水源地保护等方面做出合理规划，以减少冬奥会活动对生态系统的影响，保护了赛区的青山绿水，进一步推动"冬奥蓝"目标的实现。除此之外，由中国环境科学研究院、广东省科学院生态环境与土壤研究所组成的研究团队以"纳米材料可控制备—原理与关键技术突破—工程示范应用"为主线，研发新型功能性工程纳米材料关键技术，在可控制备和高效利用技术方面均取得突破，在制备原理、高效水处理技术应用和工程示范、推广等方面也取得了重要进展。它的突破之处在于实现了新型功能性工程纳米材料的自主研发、环境应用和工程示范的有机融合，为深入打好碧水保卫战提供科技支撑[①]。

3. 赛区水环境实现质变

在污水处理方面，延庆赛区作为北京冬奥会三大赛区之一，自2015年以来为推进妫水河世园段水生态修复工程，已经治理了12千米河道，维护水面面积高达310公顷，使得妫水河的水生态得到质的飞跃。延庆赛区为全面推进水环境整治，通过实施建设城区和乡镇污水处理厂、农村治污、水生态及水环境保护等措施，铺开治水、护水的水生态之网。延庆赛区以水生态治理及水生态廊道建设为重点，打造官厅库滨湿地、野鸭湖湿地、孟庄湿地及滨水景观湿地节点，同时以流域为单元治理生态环境，实施水源保护区划定与管控，确定了官厅、白河堡等重要地表水源地的水源保护区和地下水源保护区，构筑"生态修复、生态治理、生态保

---

① 詹媛. 2021年度中国生态环境十大科技进展发布[N]. 光明日报，2022-06-06（3）.

护"三道防线,实施"污水、垃圾、厕所、河道、环境"同步治理。与此同时,延庆赛区强化治理机制,开展河道治理工作,完成了 8 条中小河道的治理,划定 46 条河道蓝线,为延庆赛区水治理夯实"链条"。延庆赛区内共有 26 家签约酒店,承担着上万名冬奥会相关人员的食宿保障工作,每天都会产生数万吨的生活污水。位于延庆赛区京礼高速东侧的北京龙庆首创水务有限责任公司下设 7 家水厂,日常负责延庆赛区 80%的污水处理工作。在北京冬奥会保障过程中,其下属的城西再生水厂作为延庆赛区保障级别最高、规模最大的冬奥污水处理厂,肩负着冬奥会延庆赛区 26 家签约酒店及配套设施的污水处理工作及部分酒店的再生水供水保障工作。该公司主要采用 MBR（Membrane Bio-Reactor,膜生物反应器）技术,即分离 MBR 膜单元,这是专门针对水污染处理的一种技术。该公司全力保障冬奥会赛事期间的用水,助力冬奥会成功举办,提升生态水务,打造北京生态文明成果展示窗口。

作为北京市后花园的张家口市,其水环境治理也是生态修复项目的重点考察类属之一。张家口市处于北京市西北塞外半湿润和半干旱的交界带,存在水资源较为紧缺、地区水量小、水污染程度不容乐观等问题。资料显示,2014 年张家口市人均水资源占有量低于 500 立方米,与全国人均水平存在差距[①]。在水资源监测方面,张家口市制定并实施了《张家口首都水源涵养功能区和生态环境支撑区建设规划（2019—2035 年）》,围绕《关于严格控制坝上新增农业灌溉井的通知》《关于严格取水井管理严控地下水开采的通知》《张家口市地下水超采综合治理工作计划（2018—2020 年）》等政策,不断推进和改善张家口水资源管理。此外,全市上下通过截污管线和污水管网建设等方式,逐步恢复河道生态功能。张家口市持续开展碧水保卫战,实施永定河上游、潮白河等流域的综合治理,其中张北县、怀来县入选全国第二批节水型社会建设达标县。2015—2020 年,张家口市地表水优良水质（Ⅰ~Ⅲ类）断面比例由 70%上升为 100%。除 2019 年外,张家口市主要流域水质监测断面功能区达标率始终保持 100%。2020 年,张家口主要流域水质均为良好,全市区域地表水整体水质为优良（表 4-1）。其中,作为北京冬奥会赛区的崇礼区在 2018 年地表水质达标率已为 100%,城镇居民及企业单位供水普及率也达到 100%。

---

① 黄日栋,李圣船.张家口:保障冬奥赛事区水源水质安全[J].人民法治,2019（16）:17-21.

表 4-1　张家口市水环境治理数据监控与对比表　　　　（单位：%）

时间/年	主要流域水质监测断面功能区达标率	地表水优良水质（Ⅰ～Ⅲ类）断面比例
2015	100	70.0
2016	100	100
2017	100	90.0
2018	100	81.8
2019	93.3	87.5
2020	100	100

2016年以来，张家口市秉承绿色发展的可持续发展理念，有序实施涵水蓄水、水网联通等工程，建设首都水源涵养功能区和生态环境支撑区，进一步改善首都上游水生态环境。整个河北省也非常重视水污染的治理与防治问题，其中，石家庄市联合清华大学、南开大学的专家团队开展了"2+26"城市"一市一策"跟踪研究，为精准管控提供技术支持，积极引"智"，强化治污防污技术保障。另外，石家庄市为了加快农村污水治理，采用"人工快渗污水处理技术"，推进农村生活污水治理。《张家口市2021年农村生活污水治理工作提升方案》中也提出要分类实施农村生活污水治理，推进重点流域治理，强化对水质断面数据的监控和分析，利用在线监测与手工监测相结合的方式实现水质情况全天候监控。

综上所述，国家为了推动冬奥会期间各赛区水资源的高效循环利用，编制了张家口赛区与延庆赛区水资源报告，制订了输水方案并付诸实施，通过构建多个塘坝和蓄水池，多方向回收、储存和利用雨水与融雪水，建设新型海绵赛区，推动赛区水资源高效、可持续利用。在上述行动的基础上，国家积极保护现有行洪通道，借助山洪滞蓄空间使延庆赛区和下游地区的防洪安全效果最大化。此外，各赛区应用智能化网络造雪技术等措施达到节水20%的效果。各赛区内污水得到全利用，各赛区将污水全部收集处理后用于改善周边地区的地表水环境。奥运村中生活用水器具全部采用环保型供水管材和高品质、高密封性阀门，以减少管网渗漏。从源头上减少赛区的环境波动，采用多种方式保护动植物，全面推进延庆赛区和张家口赛区生态环境的保护，这不仅顺应北京冬奥会办奥的可持续发展和生态发展理念，还为以后各国举办各大重要赛事提供了正确的经验及示范。

4.2.3 科技支撑"地更绿"

1. 加强土壤生态修复

在北京冬奥会成功申办的背景下,如何合理地建设场馆成为一大问题。"绿色"是办奥的理念,要求在建设场馆的过程中尽可能降低对周边生态环境的损伤。此时,需要将合理的科学技术运用到土壤的生态修复上,进一步保护周边生态环境,保持生物多样性。

延庆赛区组委采用相关技术修复土壤生态。例如,在国家高山滑雪中心的建设过程中采用了"表土剥离"等具有突出特色的山地生态保护技术。位于高海拔地区的延庆赛区,拥有丰富、珍贵的亚高山草甸物种,因此在工程建设过程中充分考虑到这点,采用亚高山草甸剥离技术,即剥离收集保护表土资源,并将剥离的表土用于赛区内的生态修复等工作,确保富含种子的土壤不流失,降低因场馆建设而对周边生态环境造成的影响。在延庆赛区场馆建设前,工作人员会事先采集表土,将表土装进由可降解材料制成的土袋中,然后存放于地势较高的位置;采用底部铺设垫木、表面苫盖雨布的方法进行贮存,最大限度地防止表土流失[1]。在延庆赛区建设中采用此方法,不仅能对土壤进行有效的保护,还能对土壤进行生态修复,体现了"绿色、可持续、发展"的理念。

延庆赛区在动植物保护方面,对受到影响的植物进行保护移栽,与此同时,为赛区内的珍稀植物搭建适合的栖息地,通过建立植物保护小区、近地保护小区、迁地保护基地等,对赛区植物进行原地保护及移栽保护,其中冬奥村原地保护树木 313 棵,赛区内迁地移植乔木 24272 棵,建成迁地保护基地近 300 亩(1 亩≈666.67 平方米),近地移植灌草 11027 株[2]。此外,延庆赛区在绿色办奥理念的引领下,深入实施百万亩造林绿化工程,造林、营林 125.2 万亩,人均公园绿地面积由 41.88 平方米增加至 46.84 平方米。其中,延庆赛区的生态修复由国家高山滑雪中心生态修复、国家雪车雪橇中心生态修复、赛区市政配套基础设施生态修复 3 部分组成。延庆赛区不仅追求生态优先,还在最大限度上实现对场馆周围动植物的恢复。截至 2021 年 6 月,该赛区已圆满完成生态修复工作,共计修复 214

---

[1] 佚名. 剥离回用保护富含种子的表土资源[J]. 节能与环保,2022(3):28-29.
[2] 史丽秀,关午军,朱燕辉. 近自然·巧因借——2022 北京冬奥会及冬残奥会延庆赛区总体生态修复规划设计[J]. 城市建筑空间,2022,29(2):11-15.

万平方米；已建成 5 个就地保护小区，共栽植乔木 6.12 万株、灌木 32.4 万株；在赛区周边完成营造和抚育林地总计 26054 公顷，并对动植物进行最大限度的保护与修复。

张家口赛区在土壤生态修复方面有着充分的考虑，坚持原来已有的基础地形条件，尽可能地保留现有植被，从而达到保证山地的连续性和完整性的目的，并以坚持原生态为原则，始终坚持将新增植被和原始林地植被进行完美融合。在河道生态修复方面，河流廊道种植土层采用有机质土或有机土，土层的一般厚度在 5~50 厘米，需要透水浸泡一次。对于河流内水土流失严重的地区，需要采用分层回填技术。张家口赛区的河道生态修复，不仅包括修复种植土层，还包括保护河岸植物的多样性。河岸植物多样性的修复包括对乔木、灌木、草本植物等的修复，可以有效地防止水土流失，同时也为生物提供良好的生活栖息地[①]。张家口赛区场馆建设采用格宾再造技术和台层式生态植生固土等技术，结合使用新型可降解纤维材料对受损边坡进行修复，使得植被的存活率进一步提高，从而在整体上提升环境展示的效果。

张家口崇礼区在土壤生态修复方面，主要结合张家口地区温带大陆性季风气候特点及自然环境条件，进行不同地区有针对性的生态修复。例如，流平寺斑块因道路建设开采砾石而导致山体破坏，土壤、植被严重受损，需要采用植物纤维毯技术和客土喷播技术进行生态修复；太子山斑块和凤凰山斑块因道路建设和水资源紧缺而造成生态退化，属于资源开发及生境退化型受损斑块，需要采用台地续坡式技术、框格客土绿化技术和近自然植被群落种植技术进行该区域的生态修复[②]。另外，在田园林果自然修复方面，张家口赛区主要通过绿色覆盖及生态重建，将生产性田园林与观光相融合，借景造势，打造绿色廊道[③]。

石家庄市在土污染治理方面，持续深化净土行动。首先，加强农业面源污染监控能力建设，开展农业面源污染定位监测，及时掌握农业面源污染动态变化，实现农业面源污染监测预警常态化、规范化。其次，进一步完善面源监测点、地膜监测点的管护和监测调查工作，充分发挥农业面源污染国控监测网的作用。最

---

① 汪雅璐，武颖，王雅馨，等. 冬奥背景下坝上河流廊道生态修复与景观营造——以张家口沽源河道为例[J]. 美与时代（城市版），2021（10）：55-56.

② 胡晶明，朱江，白伟岚，等. 京津冀受损生态空间 生态修复技术示范及应用——以张家口市示范工程建设为例[J]. 城乡建设，2021（8）：14-18.

③ 张毅杉，贺风春，平茜. 大地诗画 多彩雪乡——基于全域风景化营造的张家口绿色廊道及冬奥核心区绿化提升[J]. 城市建筑空间，2022，29（2）：39-42.

后，大力实施肥药控减计划，以节药、增效、控害技术为突破口，科学合理地使用高效、低毒、低残留农药，综合运用农业、生物、物理、化学防治相结合的绿色防控技术，大力推进专业化统防统治，减少农药用量，逐步实现化肥、农药用量零增长目标，开展可降解地膜试验示范研究，探索地膜污染解决路径。

石家庄市在化肥使用量方面，2016—2020年化肥减量15638吨，加强农业面源污染防治，实施化肥、农药减量增效工程，推进畜禽粪便、农作物秸秆和废旧地膜资源化利用；2016—2030年，以环境资源承载力为基准，深入开展作物秸秆"五化"（肥料化、饲料化、能源化、基料化、原料化）利用、规模化养殖畜禽粪便资源化高效利用、地膜回收利用和农业清洁生产。截至2023年，河北省秸秆基本实现全面综合利用，离田利用占比达到38%，为根治农业面源污染奠定基础。

石家庄市在矿产方面，严格控制矿产资源的开发，实行矿山有序退出，累计退出矿山449处，完成592处责任主体灭失矿山迹地修复治理，实现原有矿山80%左右有序退出，50%左右大中型矿山达到绿色矿山标准。在矿产资源污染源防治方面，石家庄市坚持"在保护中开发，在开发中保护"的指导方针，加强矿产资源勘查，调整和优化矿业经济结构，努力实现资源利用方式的根本转变，提高矿产资源对经济社会可持续发展的保障能力，建立矿山地质环境保护与恢复治理长效机制，发展绿色矿业，打造省会绿色生态屏障，加强矿产资源管理与调控，整顿和规范矿产资源开发秩序，实现矿产资源开发利用经济效益、资源效益、环境效益、社会效益协调统一。石家庄市针对矿山占用和破坏土地、引发地质灾害及矿业"三废"的环境污染问题进行综合整治，重点对井陉煤矿塌陷区等区域进行土地复垦。

在生态修复方面，自2021年以来，石家庄全市上下高质量推进生态建设，努力厚植生态优势，扎实推进绿地行动，抓好冬奥赛区和京张高铁、延崇高速等重要廊道的造林绿化工作，完成51.35万亩营造林任务；统筹山水林田湖草沙一体化保护和依法治理污染，大力实施"蓝天、碧水、增绿、净土"四大行动，为成功举办冬奥盛会营造良好生态环境，构筑首都绿色安全屏障。

2021年，石家庄市已完成营造林83.81万亩、草原生态治理6.5万亩，稳步推进自然保护地整合优化，对接"三区三线"空间布局，分类分段陆续启动各类自然保护地规划编制及修编工作。石家庄市全面推进湿地保护与修复，开展打击整治破坏鸟类等野生动物资源违法犯罪的"金网2021"专项行动、2021年野生动植物保护与湿地管理监督检查专项行动，进一步加强对野生动物的保护力度。

加快推进营造林、草原生态治理工作，加强后期管护力度和管护成效是石家庄市"绿色办奥"的又一重要保障。截至2021年，河北省完成营造林630万亩、退化草原修复治理42.37万亩，分别为目标任务的105%和117.7%。

2. 提升森林资源质量

自2015年以来，北京市的人工造林、封山育林面积显著增加。2015—2020年，北京市森林覆盖率由41.6%增长至44.4%；2022年，北京市森林覆盖率上涨了0.4个百分点，达到了44.8%。2020年6月，北京山区森林覆盖率达到58.8%，京津风沙源治理工程的贡献率达到90%以上（图4-1）。

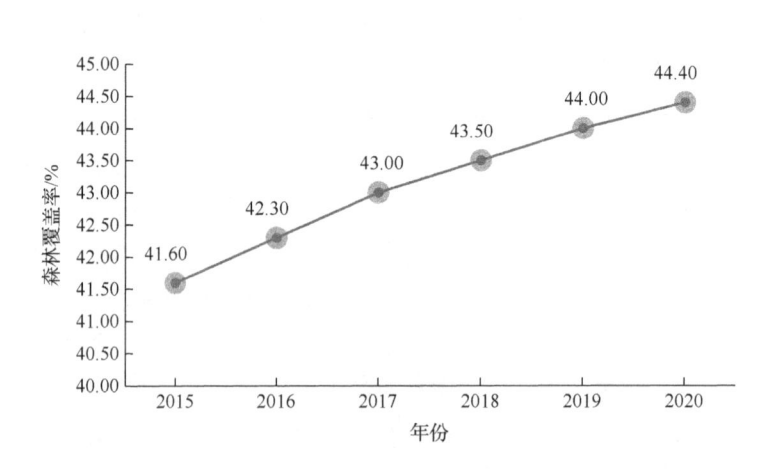

图4-1 北京市森林覆盖率变化趋势

石家庄全市上下将继续全面加强森林资源监管，继续扩大国家级公益林面积。石家庄市积极探索建立区域生态效益横向补偿机制。强化森林抚育和退化林修复，推进森林近自然、多功能经营，全面提高森林质量和效益。石家庄市按照施工地块精准、施工面积精准、栽植树种精准、栽植数量精准的要求，全面开展造林绿地设计工作，保障冬奥绿化造林用苗，推进农业清洁化生产，农作物秸秆综合利用率达到95%以上，化肥农药使用量分别减少2%和1%，全力守护青山绿地，提升森林资源质量。

张家口市崇礼区紧紧围绕冬奥景观绿化和创建森林城市，进一步推进首都水源涵养功能区和生态环境支撑区建设。截至2021年6月，崇礼区森林覆盖率达到

67%，比 2015 年提高 15 个百分点，其中仅 2020 年就完成造林绿化面积 7867 公顷。此外，崇礼区完成水土流失治理面积 74 平方千米，通过土地流转对低质低效耕地进行集中收储，完成坝上地区休耕种草面积 12.09 万公顷。

3. 扩展自然保护空间

提升自然保护区、湿地公园、森林公园、风景名胜区等的建设和管护水平，构建环首都自然保护地体系。政府加强京津冀湿地保护和修复力度，建立湿地保护协调和生态补偿机制，划定生态保护红线，合理配置水资源，共同推进永定河、潮白河等区域湿地保护与恢复。延庆区在推进密云水库、官厅水库、白洋淀上游流域综合治理与生态修复方面稳定提升水环境质量，加强地下水超采治理，在坝上地区退耕还草种草 180 万亩、退减水浇地 20 万亩，确保国考省考地表水断面水质优良比例稳定在 87.5% 以上。此外，石家庄市科学推进洋河、桑干河、大清河等主要河流两岸退耕还林还草，继续推进农药、化肥减量增效，严格禁用 0.01 毫米及以下厚度地膜。

4. 推进林业固碳工程

建立基于林业碳汇的北京冬奥会碳排放补偿机制，推动北京造林绿化和其他造林绿化项目增汇工程的建设，推动张家口京冀生态水源保护林建设，将期间工程产生的碳汇量捐赠给北京冬奥组委，用以中和北京冬奥会的温室气体排放量。北京 36000 公顷造林绿化工程和张家口 33335 公顷京冀生态水源保护林工程为北京冬奥会提供林业碳汇。

5. 科技支撑城市固废

"可持续发展"是我国的国家战略，也是《奥林匹克 2020 议程》三大主题之一，"绿色办奥"是重中之重。为应对北京冬奥会期间产生的垃圾问题，延庆区城管委通过 3 道防线筑牢清废安全屏障。第一道防线：分类防控，织牢"安全网"。前期，延庆区城管委制定《测试赛期间清废服务保障及疫情防控工作方案》，成立清废保障工作小组，提前与相关部门、单位沟通对接工作。第二道防线：规范作业，绷紧"安全弦"。按照规格收集垃圾，并放在指定地点。第三道防线：专线收运，把好"安全关"。垃圾均由专车专线运送。

垃圾经过二次回收后，通过破碎技术、压实技术、焚烧和热解技术、生物技术等方法，可使固体废弃物得到二次利用，在一定程度上减少了城市资源的浪费。在延庆区政府及区城管委的大力支持和推广下，将固体废弃物二次转化的再生水稳二灰及再生砖制品运用于延庆区道路工程建设、冬奥会环境建设及城市森林建设等工程中。另外，大榆树镇政府把符合市场要求的再生产品融入生活和设计中，利用EPC（Engineering Procurement Construction，工程采购施工）模式建设美丽乡村。

为贯彻落实国家、河北省生态环境保护大会精神，坚决打好污染防治攻坚战，强力推进生态文明建设，全面提高城乡生活垃圾治理水平，加强城乡生活垃圾处理设施建设，从根本上解决生活垃圾污染问题，石家庄全市上下坚持以习近平生态文明思想为指导，认真践行以人民为中心的发展思想，贯彻落实国家、河北省生态环境保护大会精神，将城乡生活垃圾处理作为重要的生态工程、民心工程、政治工程，进一步加大工作力度，全面提升全市垃圾处置能力。

石家庄全市上下继续贯彻落实坚持政府主导、市场运作，坚持城乡统筹、合理布局，坚持科学论证、因地制宜，坚持合理分类、源头治理，坚持正确引导、全民参与的基本原则，基本实现2020年生活垃圾处理设施全覆盖，平原地区生活垃圾应烧尽烧，山区生活垃圾无害化处理。石家庄市建成区实现原生垃圾零填埋，生活垃圾无害化处理率达到100%；其他县（市、区）城区生活垃圾无害化处理率达到98%以上；农村（建制镇和村庄）生活垃圾无害化处理率达到90%以上。该市具体做法如下。

（1）推行生活垃圾分类。遵循国家生活垃圾分类方法，落实生活垃圾分类工作实施方案，按照易腐垃圾、可回收垃圾、有害垃圾和其他垃圾4种垃圾类型对城市生活垃圾进行分类。石家庄市对党政机关、事业单位、公共场所管理单位、宾馆饭店、商场超市等公共机构和相关企业实施强制分类投放制度，明确管理责任，规范设置4类垃圾投放设施。石家庄市对城市居民实施鼓励垃圾分类投放制度。在农村探索推行垃圾处理源头减量化、收集分类化、处理资源化方式，从源头上将生活垃圾按照易腐垃圾、可回收垃圾、有害垃圾和其他垃圾分类，基本达到有完善设施设备、有成熟治理技术、有稳定保洁队伍、有完善监管制度、有可靠资金保障的"五有"标准。

（2）建设生活垃圾收转运体系。根据国家规范和标准，石家庄全市上下加快完善收转运体系，提高生活垃圾收集覆盖范围和运输装备水平。在垃圾收集点按照使用人口、垃圾产生量、收集频率等指标，在街道、公园、广场等公共场所合理设置满足需要的生活垃圾收集容器，全面整治淘汰脏、破、敞口、易散落等不达标收集容器。对于垃圾转运站，石家庄市科学谋划转运站点布局，推进现有不规范生活垃圾转运站升级改造，加快大中型标准化压缩转运站建设，提升转运效率；对于跨区域处理生活垃圾的县（市、区），要求加快谋划建设大型压缩转运站，进一步降低转运成本，有效减少运输过程中的二次污染；对于垃圾收运车辆，加速淘汰现有非机械、高耗能、密封性能差的生活垃圾收运车辆，向密闭化、机械化方向发展，保证生活垃圾收运过程无抛洒滴漏。

（3）健全农村生活垃圾收运体系。在垃圾收集点，根据村庄及周边、城乡接合部区域、公路（高速公路）用地范围、旅游景区和风景名胜区农村生活垃圾收集的需要，合理配备垃圾箱、垃圾投放点及垃圾清扫工具。在垃圾转运站方面，石家庄市针对农村生活垃圾转运以乡（镇）或景区为单位建设垃圾转运站，做到日收日运。各县（市、区）根据垃圾收运模式和运输半径合理建设垃圾转运站，集中连片、人口较少的若干乡（镇）可集中建设1座垃圾转运站，每个景区根据需要设置1座或若干座垃圾转运站，并配备相应的封闭式运输车辆。

截至2020年，石家庄全市计划新增生活垃圾收转运设施160座，新增运输车辆563辆，新增转运能力10230吨/日。其中，石家庄市区、下辖各县城计划新增转运设施81座（压缩式转运站50座），增加转运车辆376辆，提升转运能力7197吨/日；在农村计划新增转运设施79座，增加转运车辆187辆，提升转运能力3033吨/日。

（4）提升生活垃圾处理能力。各县（市、区）要以满足本地生活垃圾处理需求为主，兼顾周边县（市、区）及离市区较近的村镇生活垃圾处理需求，大力建设大型焚烧处理设施，实现垃圾全量化焚烧。同时，石家庄市鼓励地处山区的县（市、区）利用现有水泥厂对农村生活垃圾实行水泥窑协调处理，按照共建共享的原则，与周边县（市、区）统筹谋划建设焚烧处理设施；不具备区域统筹能力的县（市、区）以辖区为单位谋划建设生活垃圾处理设施，科学合理布点，实现城乡垃圾一体化处理。

石家庄市推进垃圾处理生态产业园建设，积极谋划建设技术先进、环境友好的集约式、公园式环卫综合基地。石家庄市科学选择生活垃圾处理技术路线，优先采用焚烧处理技术，在建设垃圾焚烧设施的同时，考虑建设垃圾焚烧残渣、飞灰处理等配套设施。推动城乡一体化垃圾处理模式，提升农村生活垃圾处理效果。处于平原地区的农村应采用"户分类、乡转运、县集中处理"的城乡一体化垃圾处理模式，对农村生活垃圾进行集中处理。地处山区、丘陵地区的农村应优先采用城乡一体化垃圾处理模式。距离市县垃圾处理厂（场）20千米以内的农村应采用城乡一体化垃圾处理模式，对农村生活垃圾进行集中处理；其他边远山区、分散的农村，确实不具备采用城乡一体化垃圾处理模式条件的，可通过村庄自建或与附近农村组团的方式建设处理设施，采取"户分类、村收集、村处理"的方式，实现农村生活垃圾的有效治理。截至2020年，石家庄全市共新建、扩建处理设施14座，其中焚烧设施有10座，日处理能力为11050吨；资源化利用项目有1个，日处理能力为700吨；其他项目有3个，日处理能力为2200吨。

6. 延庆赛区打造绿色奥运生态圈

延庆赛区是北京冬奥会的三大赛区之一，在科技全方位助力下实现了"建成最美冬奥城"的目标。正如"科技冬奥"项目总负责人李兴钢所言，延庆赛区的设计理念是"山林场馆、生态冬奥"，"科技冬奥项目主要是为了应对延庆赛区的四大挑战，一是技术方面的挑战，二是环境方面的挑战，三是可持续方面的挑战，四是文化方面的挑战"。从2018年8月开始，延庆赛区首先创建了国家高山滑雪中心、国家雪车雪橇中心的设计、建造、运维技术体系，同时创建了一种体育与生态共生的绿色奥运创新技术体系。另外，延庆赛区还结合冬奥场馆的全生命周期，创建了设计、建造、运行的技术体系。这些方面的工作使延庆赛区的场馆成为冬奥场馆中的绿色工程、典范工程。延庆赛区已经被打造成一幅大型的实地山水画卷。

总体来说，我国采取了以下举措：优化升级现有森林防火联防机制，建立三地森林防火联勤指挥部；建立和完善京津冀林业有害生物监测预警、检疫、御灾联防协作体系；针对热点、难点科技问题和共性关键技术开展联合攻关，筛选科技成果，三地共享，强化推广应用；加大国家和三省市人才交流的力度，完善研究资源、专家资源、科技资源的共享机制。

4.3 本 章 小 结

本章主要以"天更蓝""水更清""地更绿"为主线，阐述了科学技术助力改善北京冬奥赛区生态环境中的大气污染、水污染和土壤污染三大问题的途径、作用与意义。相关部门通过低碳材料和低碳技术的研发，推动了低碳场馆的建成与使用，进一步减轻了温室效应，减少了大气污染；通过采用绿色雪务技术，保障了北京冬奥赛区的用水与对水资源的重复使用，体现了科学技术在生态环境治理方面的意义，进一步保护了我国生态的完整性与系统性；通过绿色技术的创新使用，建设实现了树木迁地保护、亚高山草甸完整复原、山区表土资源循环利用、边坡脆弱地带有效管理，能够有效地改善土壤污染情况，提高了京张地区的环境承载力，极大地保护了北京冬奥赛区生物多样性和生态系统完整性。

5 科技支撑冬奥场馆智慧建设实现新突破

在人类文明发展历史上,科技革命以它独特的魅力深刻改变着整个世界,没有哪个行业可以抗拒这一变革,奥运场馆建设也不例外。在奥林匹克运动这一世界性的文化体系中,历届奥运会竞赛场馆的规划设计与建筑,都充分彰显着现代科技的成就。

本章将介绍北京2022年冬奥会北京赛区、延庆赛区、张家口赛区各竞赛场馆的建造过程、科技亮点和可持续发展。中国科技不仅在设计理念、技术工艺、材料选取、场馆运营等方面实现了多项创新突破,还为世界贡献了由中国设计、中国材料、中国制造、中国建造组成的奥运场馆建设中国方案。一座座北京冬奥会场馆因科技支撑而变得既时尚又智慧,聚集了最前沿的信息技术、最精巧的建筑技巧、最安全的疫情防控设施、最优质的观众体验、最精细的管理机制,不仅成为城市新地标,还成为"双奥之城"北京乃至中国发展的缩影,体现了中国与世界更加紧密的联系。

5.1 科技支撑奥运场馆的作用机理

奥运场馆,一直是一个城市的金色名片和地标。无论是在筹办奥运会的过程中,还是在奥运会赛时及赛后,这些场馆都成为整个地区或者城市非常重要的开展文化、体育、国际交往、经济等活动的交汇地。

2016年3月18日,习近平总书记在听取北京冬奥会、冬残奥会筹办工作情况汇报时强调,场馆和基础设施建设是筹办工作的重中之重,周期长、任务重、要求高,要加快工作进度,充分考虑赛事需求和赛后利用,充分利用现有场馆设施,注重利用先进科技手段,注重实用、保护生态,坚持节约原则,不搞铺张奢华，不搞重复建设。2017年1月，习近平总书记在张家口市考察冬奥会筹办工作时强调，各项规划都要体现节约集约利用资源、最大限度发挥资金使用效益的原则，不要贪大求全、乱铺摊子。随后他又在北京考察工作时明确指出，要坚持生态优先、资源节约、环境友好，为冬奥会打下美丽中国底色。2021年1月18日，习近平总书记考察调研国家高山滑雪中心时强调，要突出绿色办奥理念，把发展体育事业同促进生态文明建设结合起来，让体育设施同自然景观和谐相融，确保人们既能尽享冰雪运动的无穷魅力，又能尽览大自然的生态之美。

按照习近平总书记的指示，冬奥场馆建设在总体规划和建设技艺上与国际接轨，始终坚持高起点、高标准、高水平的要求，加强主要功能区块设计，坚持科学技术自主创新，彰显时代感、科技感和功能性，体现中国特色和城市魅力，让各场馆极具"中国风格"和"中国气派"。

5.2 科技支撑"北京双奥"场馆的智慧转换

5.2.1 "最美的冰"——首都体育馆

1. 修旧如旧，弘扬历史底蕴

首都体育馆于1968年建成，是国内第一座人工室内冰场，曾举办北京2008年奥运会排球比赛，从20世纪80年代中期开始，它就成为中国短道速滑队和花样滑冰队的训练基地之一。2018年11月16日，国家体育总局冬季运动管理中心主持的首都体育馆、首体综合馆、首都滑冰馆、运动员公寓和冬奥赛事中心5个项目正式开工，这标志着首都体育馆场馆群改造工程全面开启，这是北京2022年冬奥会场馆改造中第一批启动的项目，按照"传承保护、立足赛后、确保赛时、绿色科技"的策略，在满足北京冬奥会需求的基础上，充分传承与利用现有场馆的设施。北京2022年冬奥会举办期间，首都体育馆是短道速滑和花样滑冰的比赛场馆，"修旧如旧"是首都体育馆改造特色之一，不但场馆外观延续经典，而且南侧观众出入口及北侧贵宾接待入口的台阶原样保留。

2. 研发"最美的冰"，营造低碳赛场

有50多年历史的首都体育馆像一座桥梁，连接起中国体育的过去与未来。它的外观虽是旧时模样，但内里已经焕然一新。如今，首都体育馆有利于弹跳的地板，已经换成了 30 米×61 米的多功能冰面，朝气蓬勃，与时俱进。

通过科技，首都体育馆内诞生了世界第一块二氧化碳跨临界制冷制冰冰面，制冷过程中产生的余热回收可每年省电 100 多万千瓦时。制冷过程中采用二氧化碳跨临界直冷技术制冰，这种世界上最为环保的制冰技术碳排放趋近于零，不仅减少了传统制冷剂对臭氧层的破坏，还大幅降低了制冷系统能耗，与传统制冷方式相比，可实现节能 30%以上。同时，首都体育馆加强了运行能耗和碳排放智能化管理，利用大数据和人工智能分析对场馆内的水、电、气、热等能耗数据进行实时采集、记录分析和调节，实现可视化、智慧化的建筑能耗和碳排放监测管理，降低了场馆运维整体能耗。

通过在场地四角布设激光投影仪，将灯光和画面投影至场馆顶部的巨型屏幕上，在冬奥比赛时提供更好的观赛体验，增加冰雪运动的吸引力。在综合视频显示系统中，最引人注目的是场馆顶部的 1360 平方米的天幕，它由 36 块网格膜组成，是目前国内最大的室内视频显示系统。花滑比赛时，选手在天幕下进行表演，人与场馆的艺术感交相辉映，选手和观众仿佛与现场融为一体。这样的声光电系统不仅在北京冬奥会花样滑冰和短道速滑比赛时营造出梦幻的竞赛环境，还为赛后群众性冰雪运动提供优异的运动氛围和观众视觉引导。另外，为了营造更好的观赛氛围，体育馆还改造了除湿、送风系统及看台座椅等，原本能容纳 18000 人，改造之后能容纳 15000 人，加宽了观众座椅，让观众观赛更加舒适，同时增加了 80 多个无障碍的座席，能够满足不同人群的观赛需求，大大提升了场馆安全性能。

3. 快速转换新挑战，赛后建设运动园区

回望北京 2022 年冬奥会日程，首都体育馆承办的花样滑冰和短道比赛有在同一天进行的安排，两项比赛间隔不到 5 个半小时，2 小时内快速转换是首都体育馆战胜的新挑战，它快速适应了赛时花样滑冰和短道速滑两种不同的比赛要求。

未来的首都体育馆运动园区包含 1 个竞赛场馆、2 个训练场馆（首都滑冰馆和首体综合馆），以及综合训练馆、运动员公寓和赛事中心 3 个配套场馆，共 6 个主要建筑。首都体育馆赛后既可承接冰上项目赛事，也可转换为夏季项目场地。首都滑冰馆赛后将作为全民冰雪运动普及和推广基地定期开放。该运动园区日后将成为群众冰雪运动体验和举办赛事的场所，极大化提高利用率，实现比赛、科研训练及群众健身的功能全覆盖。首都体育馆可持续利用时间线如图 5-1 所示。

科技支撑冬奥场馆智慧建设实现新突破 | 5

1968年	首都体育馆建成
1985年	成为中国短道速滑队和花样滑冰队的训练基地
2008年	北京奥运会期间承接排球比赛
2018年11月16日	首都体育馆场馆群全面开启改造工程
2020年12月25日	首都体育馆改扩建工程、首都滑冰馆、首体冬奥赛事中心和运动员公寓4个冬奥项目完工
2021年10月13—17日	举办"相约北京"亚洲花样滑冰公开赛
2021年10月21—24日	举办"相约北京"短道速滑世界杯
2022年1月	完成历史上第三次"闭关"改造
2022年2月	短道速滑和花样滑冰比赛项目
赛后	既可承接冰上项目赛事，也可转换为夏季项目场地

图 5-1　首都体育馆可持续利用时间线

5.2.2 "水立方"转"冰立方"——国家游泳中心

1. "水冰"相遇，再续奥运之缘

国家游泳中心又称"水立方"，如今又被称为"冰立方"，位于北京奥林匹克公园内，是北京为2008年夏季奥运会修建的主游泳馆，承担了游泳、跳水、花样游泳等水上比赛项目。北京冬奥会和冬残奥会举办期间，通过"水冰转换"，国家游泳中心承接了冰壶和轮椅冰壶比赛项目。"冰立方"成为世界首个泳池上架设冰壶赛道的双奥场馆，也是冬奥会史上首个在临时冰面上铺设赛道的双奥场馆。

2. "水冰"转换，建设双奥示范场馆

"既能在水中游，也能在冰上滑"，这是国家游泳中心的新使命。国家游泳中心是全球首个通过"水冰转换"变为兼具游泳馆和冰壶馆功能的场馆。此前，历届冬奥会冰壶比赛场地都是在混凝土结构上进行制冰，而国家游泳中心成为国际上首座在泳池上架设冰壶赛道的场馆，即通过在泳池搭上钢架和支撑板，先铺上保温层、防水层，再建设高精度的冰壶赛道开展冰壶比赛，转换时间约为13天。改造后的国家游泳中心比赛大厅中部搭建了可转换结构，安装了可拆装制冰系统，先把游泳池的水放空、排干，再把钢结构支撑体系和混凝土面板安装完成，铺上制冰管道，制冰后就形成具有4条标准赛道的冰壶场地。"水冰"转换模式不仅将"水立方"变成了"冰立方"，还实现了转换材料的重复利用，大幅降低了后期拆

除改造成本。经过转换，国家游泳中心比赛大厅具备了冰上赛事、水上赛事及大型商业活动的承办条件。

3. 夏奥冬奥齐发展，助力百姓上冰雪

"水冰转换"的黑科技既满足了冬季冰上运动需要，也保留了场馆承担夏季运动项目的功能，大幅拓展了场馆的功能。赛后国家游泳中心将成为既能满足大众冬季冰上运动需要，又保留夏季游泳运动功能的"全天候双轮驱动"场馆，形成"三季供水，一季供冰"的四季使用服务模式。国家游泳中心在春夏秋3个季节将成为"水立方"，用于开展水上运动；冬季则变身为"冰立方"，用于开展冰上运动，成为奥运场馆可持续利用的典范。国家游泳中心可持续利用时间线如图 5-2 所示。

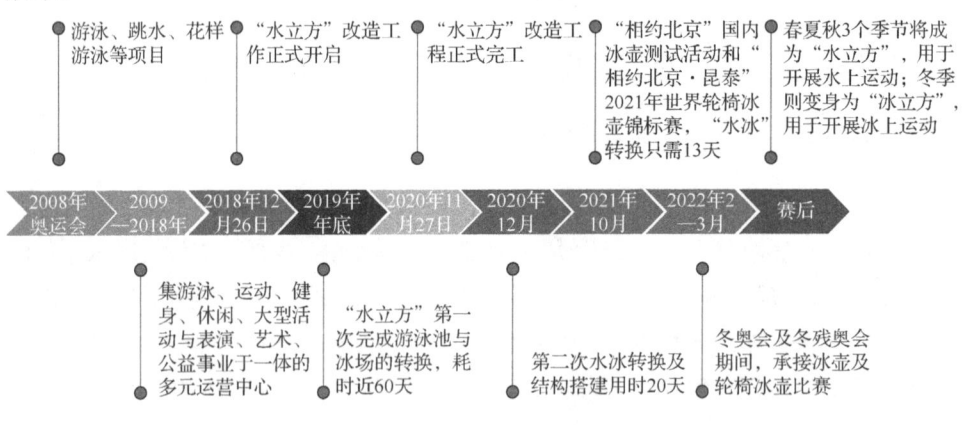

图 5-2 国家游泳中心可持续利用时间线

北京冬奥会结束后，"冰立方"内的冬奥形象景观、赛时看台、冰壶赛道得到全面保留；赛时的体育展示演出继续上演；吉祥物"冰墩墩""雪容融""继续上班"，这些设施、知识、文化将持续给公众带来价值，把"赛场感"还原给来参观的大众。另外，升级版"水立方"无边际泳池重新营业，可以适时举办冬泳活动，满足冬泳爱好者的需求。新建的南广场地下冰场在冬奥会期间提供配套服务，供观赛人群体验冰壶运动。地下冰场将成为冬奥会重要的"遗产"，供人民群众参与冰上运动的培训和体验活动，还将永久服务于推广冰壶运动和群众冰上健身，每年可接待 10 万冰上运动爱好者。

5.2.3 篮球圣地成冰球地标——五棵松体育中心

1. 未雨绸缪成就"双奥梦"

五棵松体育中心改造前常被叫作"五棵松体育馆",坐落于北京长安街沿线五棵松桥附近,建筑面积为 6.3 万平方米,可容纳 18000 人,在北京奥运会后发展为北京文体活动地标式场馆。作为京城的篮球胜地,五棵松体育中心承载着很多人的篮球梦。在北京 2008 年奥运会期间,五棵松体育中心作为国内为数不多的专为篮球项目设计的比赛场馆,见证了中国男篮获得奥运会第八名的好成绩。北京 2022 年冬奥会举办期间,五棵松体育中心承担了女子冰球和部分男子冰球的比赛。其实,早在 2006 年投建之初,五棵松体育中心就在场馆内预埋了制冰管道,具备了承担冬季和夏季运动项目的"两栖"能力,具备了篮球和冰球项目场地双向转换的功能。

2. 多个"首次",打造超低能耗示范建筑

五棵松体育中心的科学改造包括更换新制冰机组,设计改建球员更衣室、兴奋剂检测室和洗衣房等功能性房间,并创造性地利用"冰坝"技术,将原有尺寸为 30 米×60 米的冰场改为适应北京冬奥会要求的 26 米×60 米冰场。改造完成后,这两种尺寸可按需切换,在 6 小时内就能完成篮球、冰球两种比赛模式的场地转换,同时还成为能承办冰球、短道速滑、花样滑冰 3 项赛事的通用型场馆,这在国内尚属首次。

和首都体育馆一样,五棵松体育中心也采用了二氧化碳跨临界直冷技术制冰碳排放智能化管理技术。五棵松冰球训练馆将整个 38960 平方米的场馆打造为超低能耗示范建筑,首次大面积采用传热系数低于 1.0 的高性能玻璃幕墙,在地下室、外部墙体等安装隔气膜、气密性胶带等,减少室内外空间换气次数,冬季充分利用太阳辐射热取暖,夏季则减少因太阳辐射及室内设备散热而造成的热量,实现超低能耗,并首次在冰场区域采用先进的溶液除湿机组,利用化学方式将空气中的水分吸收、干燥,降低 50% 的能耗。

3. 实现"冰篮转换"双目标,为城市添加新活力

"6 小时冰篮转换"技术一直是五棵松体育中心最大的建设亮点,这一技术大

大节约了场馆运营成本，同时提高了场馆利用率。五棵松体育中心及周边配套设施在北京 2008 年奥运会期间举办了篮球和棒球比赛，其篮球比赛场地成为北京 2022 年冬奥会冰球比赛场地，其棒球比赛场地作为临建场馆，已在北京 2008 年奥运会比赛后拆除，打造为五棵松体育中心配套商业服务设施，融合了篮球、电竞、文化展演、休闲、餐饮、商业等，成为城市新地标。目前，五棵松体育中心是全国首家冰篮双主场体育场馆，可实现篮球、冰球、文化演出 3 种模式 6 小时转换。五棵松体育中心可持续利用时间线如图 5-3 所示。

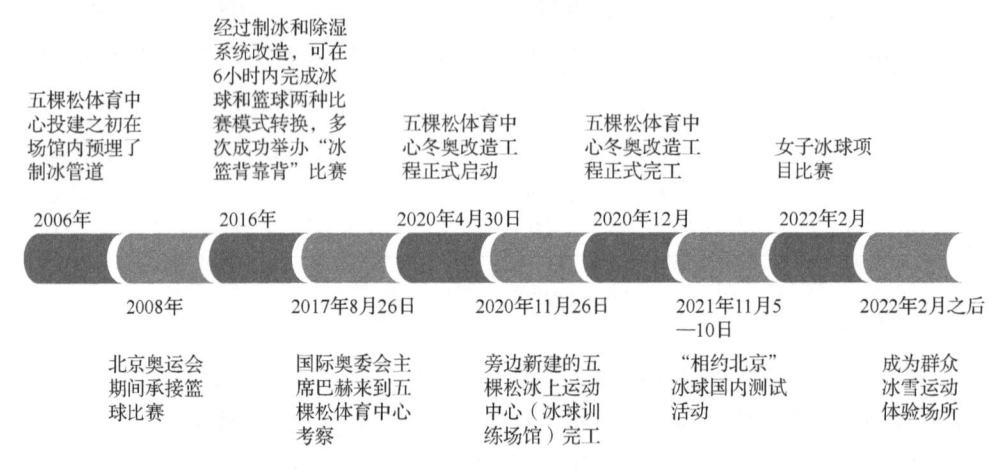

2006年	2016年	2020年4月30日	2020年12月	2022年2月
五棵松体育中心投建之初在场馆内预埋了制冰管道	经过制冰和除湿系统改造，可在6小时内完成冰球和篮球两种比赛模式转换，多次成功举办"冰篮背靠背"比赛	五棵松体育中心冬奥改造工程正式启动	五棵松体育中心冬奥改造工程正式完工	女子冰球项目比赛
2008年	2017年8月26日	2020年11月26日	2021年11月5—10日	2022年2月之后
北京奥运会期间承接篮球比赛	国际奥委会主席巴赫来到五棵松体育中心考察	旁边新建的五棵松冰上运动中心（冰球训练场馆）完工	"相约北京"冰球国内测试活动	成为群众冰雪运动体验场所

图 5-3 五棵松体育中心可持续利用时间线

赛后，五棵松体育中心场馆集群将发展为包括冰篮场馆、篮球公园、冰上运动中心、商业街区、体育广场等在内的文化体育休闲娱乐综合体，成为城市活力中心，成为带动京西文化体育发展的重要引擎。

5.3 科技支撑北京新建场馆打造"金色名片"

5.3.1 冰上律动之"冰丝带"——国家速滑馆

1. "冰丝带"屡破纪录，"最快的冰"展现魔力

国家速滑馆又称"冰丝带"，是北京 2022 年冬奥会北京赛区标志性的唯一新建竞赛场馆，其主场馆建筑面积约为 8 万平方米，高度为 33 米，能容纳约 1.2 万

名观众，在冬奥会期间承担了速度滑冰项目的比赛。国家速滑馆复用了北京2008年奥运会曲棍球、射箭的场地，土地的再次利用本身就是一种奥运情缘的继承。在北京2022年冬奥会上，"冰丝带"共举行了8项赛事，产生14枚金牌，是本届冬奥会产生金牌数量最多的单个场馆，有来自27个国家和地区的166名运动员在此参赛，13次刷新奥运会纪录，其中1次打破世界纪录。如此多的纪录被刷新，让"冰丝带"成为名副其实的"最快的冰"。

"冰丝带"采用了全冰面设计，是目前亚洲最大的冰面，它成为"最快的冰"依靠的是大型冰场人工环境营造、二氧化碳跨临界直冷制冰技术。

人工环境营造是指运用数字化+AR技术研究场馆内部温度场、湿度场、气流组织、空气质量等环境因素，采用发射率小于0.3（常规为0.9）的Low-E涂层膜结构吊顶，降低热损失，针对1.2万平方米超大冰面场地的照明要求，运用数字化与AR技术对灯具数量、角度、眩光、照度等进行数字模拟研究，满足了高规格国际冰上赛事照明和8K高清视频转播的要求，为实现"最快的冰"创造了良好的环境条件。

二氧化碳跨临界直冷制冰技术是目前世界上最先进、最环保和最高效的制冰技术之一，碳排放趋近于零。"冰丝带"冰面采用分区制冷，精准温控，冰面温差可控制在0.5℃以内，远低于国际滑联不超过1.5℃的要求。为了确保冰面平整度，研发了基于三维扫描的复杂环境下制冰排管形态高精度检测技术和基于惯性导航的地坪超高精度连续标高面快速测量技术，实现了制冰排管安装过程中的快速数据获取处理和对地面平整度的全面测量，确保了整体冰板平整度≤3毫米，远小于国际滑联整体冰≤板平整度5毫米的要求，同时采用了环保性和安全性更佳的自然冷媒（其无异味、不可燃、不助燃，是可持续性最好的冷媒之一），比传统制冷系统的能效提升20%以上，在全冰面运行模式下1年可省电200万千瓦时，且具备高效的全热回收能力。场馆制冷产生的余热可用于提供运动员生活热水、融冰池融冰等。同时"冰丝带"利用无处不在的空气能，为3000平方米场馆管理用房供暖。另外，制冷拔管采用了自动焊接的施工工艺，全自动自熔、打底、填充、盖面一次成活，焊口一次合格率超过99%，有效保障了"冰丝带"冰面混凝土施工的质量和效率。科研人员通过对混凝土配合比，不同种类添加剂作用，温度场、应力场分布等进行深入研究，研发了超大平面薄层混凝土抗裂建造技术，实现了镜面混凝土效果[1]。这些扎实的工艺和科技为制作"最快的冰"打下了坚实的基础。

2. 科技支撑，打造"智慧的馆"

除了二氧化碳跨临界直冷制冰技术，作为北京2022年冬奥会标志性场馆，国家速滑馆的建设还采用了超大跨度的索网结构、曲面玻璃幕墙和单元式柔性屋面系统，打造了智慧场馆集成应用，实现了建筑和结构的完美统一，创造了建筑工艺美学的新高度。具体如下。

（1）智慧建造及管理技术。国家速滑馆建设基于BIM智慧建造技术，有效节约了建筑成本。弯曲的马鞍形屋顶既满足节能需要，也让布局更紧凑，使观众席合理分布，形成钢索结构受力最有效的形状，首创的单层椭圆马鞍形索网+环桁架+幕墙斜拉索结构体系，非常轻薄，大大节省了钢材用量，减少了玻璃幕墙、空调设备，缩短了工期。在安装过程中，应用了计算机控制的大落差马鞍形环桁架高低位变轨滑移技术及单层正交索网同步张拉技术。我国自主研制的大直径高钒密闭索，产品性能达到欧洲标准，打破了国外同类产品的垄断，使密闭索价格显著降低、供货期明显缩短，促进了相关产业发展。在场馆运行过程中，采用智能化集成管理平台，实现了集数据采集、趋势分析、预警决策为一体的智慧管理。该场馆具有感应、反馈和动态调节的智慧系统，通过传感器能实时测量冰的温度、空气温湿度等环境参数，通过设备自动化调节和数字冰场技术为运动员提供实时数据和分析。观众和场馆的客户群都可以使用室内外一体化的导航服务到达自己的座位和工作区。

（2）基于5G的高速传播网络。作为北京冬奥会重点建设项目及国家重点工程，国家速滑馆项目工期紧、赛时观众密度高，因此对有线网络传输延时、无线网络并发承载能力及速率要求高。新华三集团在场馆中部署了高密无线网络接入点产品，采用吊顶方式安装，通过定向天线实现信号阶梯状覆盖，为国家速滑馆智能化的运动管理系统、观众观赛管理和场馆管理系统等数字化系统建设提供了支持[2]。2008年，当时北京奥运会传输通路的带宽是622MB，只能传输压缩的标清视频。北京2022年冬奥会的宽带是600GB，满足了4K视频信号的传输需求。

（3）基于云网雾端的VR观赛。借助场馆内的5G基础网络，借鉴国外先进

---

[1] 李久林，陈利敏，徐浩. 国家速滑馆"冰丝带"高效高精度建造关键技术[J]. 世界建筑，2022（6）：46-47.
[2] 李国庆. 2022冬奥观察智慧体育场馆建设迎来黄金加速期[J]. 电气时代，2022（2）：16-18.

的智慧化场馆理念，基于国内比较发达的视频OTT（Over The Top，通过互联网向用户提供各种应用服务，即网络机顶盒）业务体验，"冰丝带"在国内首次创新提出了"云-网-雾-端"（"云-馆-端"）的智慧场馆架构。利用场馆下沉的UPF（User Plane Function，用户平面功能）实现分流满足业务灵活性，将场内媒体流回传，保证播放的安全管控和低时延特性，基于移动边缘计算（Mobile Edge Computing，MEC）技术的雾计算能力提升了低时延优势，终端侧采用轻量化手机软件集成，并提供软件开发工具包，进一步增强用户体验，经多次测试，实现了现场与手机仅差600毫秒的低时延视角定制服务。

3. 提前谋划，铸就奥运级别群众冰场

国家速滑馆赛后运营将重点放在以冰雪为中心的体育竞赛、群众健身、文化休闲、展览展示和体育公益5个方面。北京冬奥会结束后，这里将作为我国运动员冬奥会冰上项目永久性训练场地，同时也是一座可以四季运营的冰上活动中心。一方面可以举办滑冰、冰球、冰壶等训练和比赛，举办各种冰上演出；另一方面对群众开放，满足他们冬季运动的需求，场馆运动员区的更衣室、训练场地、健身设备都将成为群众冰雪运动训练场地的一部分，其全冰面的设计将使群众在四季都可以享受到奥运级别的"后海冰场"。国家速滑馆可持续利用时间线如图5-4所示。

图5-4 国家速滑馆可持续利用时间线

5.3.2 "雪飞天"跨越创新——首钢滑雪大跳台

1. 旧场新建再利用,工业奥运同发展

在科学设计、科技加持下,北京冬奥组委总部办公场所由首钢园区原有工业遗存改造而成。首钢滑雪大跳台位于有着 100 年历史的首钢园区,场馆设计灵感来源于世界文化遗产——敦煌壁画中的"飞天","飞天"飘带在空中飞舞的形态与大跳台曲线十分契合,因此首钢滑雪大跳台得名"雪飞天"。

首钢滑雪大跳台是北京 2022 年冬奥会北京赛区唯一一个雪上竞赛场馆,在赛时承担了自由式滑雪大跳台和单板滑雪大跳台两个比赛项目,产生 4 枚金牌。巴赫多次来到首钢大跳台,他表示"我见证了这个伟大建筑的诞生。它实现了竞赛场馆与工业遗产再利用、城市更新的完美结合"。首钢滑雪大跳台在建设之初充分考虑了旧厂房工业遗存价值和赛后利用,向中外人士展示了钢铁园区发展体育的绿色转型实践、在城区推广滑雪运动的使命愿景。对首钢原有工业厂房进行改造再利用,实现了工业遗产向冬奥会赛场的有效转化与完美结合,让老工业区焕发新的生机活力。首钢周边老厂房和工业构筑物经过修缮改造,具备了赛事配套服务功能。原首钢冷却泵站在北京冬奥会赛时作为安检楼,赛后改造为多功能办公楼;原首钢制氧主厂房改造为观众服务中心;大跳台附近的 4 座冷却塔改造为礼堂和多功能厅,这些改造满足了比赛、转播、观众服务、赛后利用等多项需求。

2. 自主研发建场馆,攻坚克难筑"飞天"

首钢滑雪大跳台由赛道、裁判塔和看台区域 3 个部分组成,主体结构为大跨度复杂空间结构。在首钢滑雪大跳台建设过程中,面临诸多难题,具体如下:大跳台作为滑雪项目比赛地点,选手需要在其上完成空翻、回转等高难度技术动作,这对赛道曲线成型的精度要求高;由于赛道钢桁架、飘带管桁架为空间弯扭结构,结构制作及焊接变形控制难度大;大跳台的配套斜行电梯设备对电梯尺寸精度要求高,赛道钢桁架及飘带桁架线型复杂,高空安装及测量定位难度大;大跳台主体结构单根杆件质量大,传统技术难以实现,需要研发新的技术体系,在保障建筑控制精度的同时,降低高空作业风险,提高施工效率。

(1)预制装配式技术。该项目团队围绕滑雪大跳台预制装配式技术开展科技攻关,将结构分为单元标准模块,研发了大构件分段制作、模块化安装技术、精密测量技术、赛道线形控制技术等，在高精度控制赛道设施曲线的同时，提升了施工质量和施工效率，保障了施工安全，支撑了世界首座永久性滑雪跳台的建设工作，对冬奥场馆未来建设有着重要的示范意义。

首钢滑雪大跳台体量巨大，建造时结合其整体结构形式，并且综合考虑工业生产、交通运输、拆装方便等多种因素，化繁为简，将大跳台划分为一种或多种标准化单元模块，提前制作，统一拼装，从而满足建筑单元模块化及建筑形式多样化的需求。在工程施工准备阶段，先使用Tekla（钢结构详图设计软件）建模，综合考虑大跳台结构的特点及施工、运输等因素，进行结构形式和模块化深化设计。首钢滑雪大跳台被分为变截面V型钢柱、赛道桁架、斜箱型格构柱、下丝带、上飘带5个部分，结合现场各专业施工实际情况分段吊装[①]。在安装的同时，采用厚板焊接技术、大部件模块化地面拼装技术、大部件单元吊装技术、同步分级卸载技术及精密测量技术，使用3D激光扫描技术测量赛道表面平整度，并将实测的赛道线型理论模型进行对比，发现与理论模型误差在±30毫米以内，满足建造精度要求。

（2）绿色照明背后的科技。首钢滑雪大跳台的整个照明系统与其竞赛剖面曲线相结合，采用智能化控制系统，可以在保持均匀度不变的前提下为场地照明，提供从满足高清电视转播需求到满足运动员训练比赛需求等多种不同强度的灯光。选用新型智能LED灯具，节能效率高达65%以上，设置多种演绎模式，为比赛前和比赛间隙的氛围照明烘托提供技术支持。在灯具安装过程中，首创玛斯柯万向接头和瞄准刻度盘，采用与大跳台主体结构相符的集约型短杆照明，既节省初期投资和后期维护的成本，又使灯具与建筑的结合更为紧密[②]，达到节能减排的效果。严格控制灯具配光系统的灯具透镜、内部反射器等配件，焊接翅散热片采用智能机器人操作，配合对流冷却技术优化热管理系统，减少能源消耗。

3. 赛后实现可持续利用，为城市景观添"飘带"

作为北京冬奥会竞赛永久设施，首钢滑雪大跳台是全球范围内第一座单板滑雪大跳台项目的永久跳台，也是冬奥历史上第一座与工业遗产再利用直接结合的竞赛场馆。首钢滑雪大跳台的预制装配式技术系列研究成果为冬奥场馆的安全建造及可持续运维提供了宝贵的经验，对于我国继续推广冰雪运动具有十分重要的

---

① 许庆, 潘睿, 王一维, 等. 预制装配式技术在冬奥场馆建设中的开发与应用[J]. 世界建筑, 2022（6）：80.
② 王树栋, 王翠霞, 齐立丰. 世界首座永久保留和使用的滑雪大跳台——首钢滑雪大跳台赛事照明工程[J]. 照明工程学报, 2022, 33（1）：227-228.

意义。首钢滑雪大跳台可持续利用时间线如图 5-5 所示。

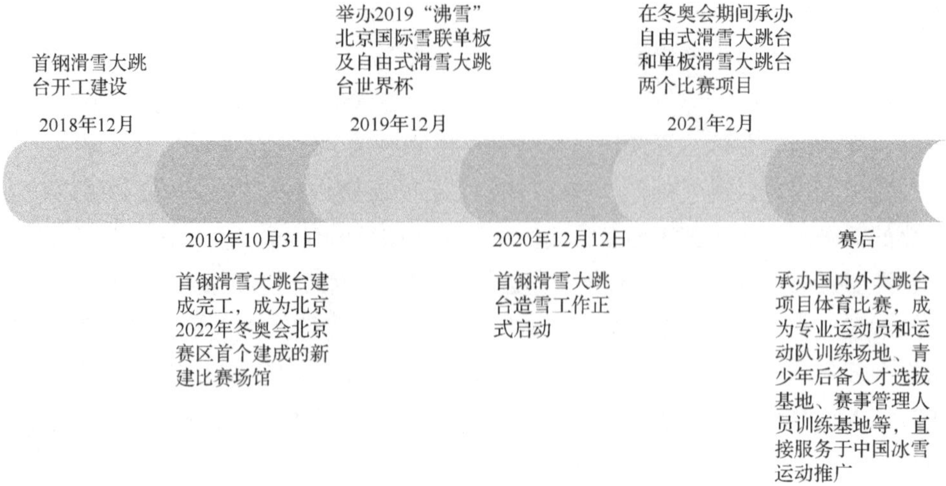

```
首钢滑雪大跳          举办2019"沸雪"        在冬奥会期间承办
台开工建设            北京国际雪联单板      自由式滑雪大跳台
                      及自由式滑雪大跳      和单板滑雪大跳台
                      台世界杯              两个比赛项目

2018年12月            2019年12月            2021年2月

          2019年10月31日        2020年12月12日        赛后
          首钢滑雪大跳台建      首钢滑雪大跳          承办国内外大跳台
          成完工,成为北京      台造雪工作正          项目体育比赛,成
          2022年冬奥会北京      式启动                为专业运动员和运
          赛区首个建成的新                            动队训练场地、青
          建比赛场馆                                  少年后备人才选拔
                                                      基地、赛事管理人
                                                      员训练基地等,直
                                                      接服务于中国冰雪
                                                      运动推广
```

图 5-5　首钢滑雪大跳台可持续利用时间线

北京冬奥会结束后,首钢滑雪大跳台可承办国内外大跳台项目体育比赛,作为专业运动员和运动队训练场地、青少年后备人才选拔基地、赛事管理人员训练基地等,直接服务于中国冰雪运动推广。同时,首钢滑雪大跳台还将成为向公众开放的冬奥会标志性景观旅游景点和休闲健身活动场地,"变身"为服务大众的体育主题公园。与此同时,首钢滑雪大跳台赛道在建设时预留了出水口,未来可以根据需求改造,承办滑水、滑草等更多项目。首钢滑雪大跳台下方的体育广场和观众区域中丰富的"氛围照明"系统,在赛后可以用于举办演唱会等大型活动,给观众带来酷炫的观赏体验。

首钢滑雪大跳台还将带动周边区域的景观提升,首钢滑雪大跳台外观的彩色在首钢园整体偏灰的工业背景下显得跳脱而不突兀,别具工业特色的冷却塔是大跳台的附属背景,远处的石景山和永定河则是其环境背景,紧邻的群明湖在冬季可提供约 20 公顷的天然冰面,湖光山色之间尽显建筑之美。首钢滑雪大跳台和石景山、群明湖、工业厂房一同构成永定河东岸壮丽的天际线。

5.4 科技支撑延庆赛区场馆打造"中国传奇"

5.4.1 "雪游龙"——国家雪车雪橇中心

1. 如龙赛道穿山过，建筑造型"中国风"

国家雪车雪橇中心是北京 2022 年冬奥会雪车、雪橇、钢架雪车项目的比赛场地。场馆坐落在北京延庆区小海坨山南麓，位于北京延庆区西北部、冬奥会延庆赛区西南侧，是北京 2022 年冬奥会中设计难度最大、施工难度最大、施工工艺最为复杂的新建比赛场馆之一，在借鉴国外赛场设计建设经验的基础上，结合自主科技创新，解决了地形复杂、功能复杂、场馆复杂等诸多难题，向世界展现了中国智慧与中国力量。国家雪车雪橇中心是世界第 17 条、亚洲第 3 条、国内首条雪车雪橇赛道，其赛道造型极具中国气质，外观宛如一条游龙飞腾于山脊之上，若隐若现，嬉游于山林之间，被形象地称为"雪游龙"。

2. 多项"首创"填空白，屋顶步道显神通

国家雪车雪橇中心是全球第一条位于南坡的赛道，对温度和环境的要求与以往有所不同。为解决太阳直射辐射全冰面赛道造成的冰面软硬不一问题，降低冰面融化速度，避免影响赛道安全性和运动员竞技水平，该项目团队依托海坨山的天然地形优势，结合赛道形状、自然地形和人工地形、遮阳屋顶等，创立了独特的"山地气候保护系统"，有效保护赛道不受阳光、风雪的影响，实现了 98% 以上赛道免受太阳辐射及其他气候因素影响，实现了"南坡变北坡"的节能目标，保障了运动员高水平的发挥，同时大幅降低能耗，给观众提供更舒适的观赛体验，确保赛事高质量进行。该项目团队还创新研发了狭窄山脊选址条件下雪车雪橇赛道数字化选型技术，实现了安全性、竞技性及工程建设可行性的平衡，拓宽了世界车橇赛道及场馆的选址限制；创新研发了超长薄壳赛道混凝土三维数字化生成及一体化成型技术，满足了延庆高烈度区赛道高标准抗震设防要求[①]；首创了单边超大悬挑装配式钢木组合雪车雪橇赛道遮阳棚结构体系；自主开发了基于 BIM 的雪上场馆

---

① 李兴钢. 山林场馆、生态冬奥——"复杂山地条件下冬奥雪上场馆设计建造运维关键技术"项目概况[J]. 世界建筑，2022（6）：32-37.

信息化运维管理平台。除此之外，该项目团队还采用多种方式保护赛区动植物，针对不同情况制定就地、近地、迁地3种保护策略。延庆赛区建成了5个近地保护小区，建成了300亩左右的迁地保护基地，保护了从赛区山地移植的2.4万余株乔木，还建立了11座野生动物通道，在赛区周边布设了约600个人工鸟巢，有效改善野生动物生存环境，最大限度地减少场馆建设对野生动物原有栖息地的影响。

在国家雪车雪橇中心赛道的屋顶修建了步行小道，步行小道虽看似微小，却发挥了大作用。它首先是木梁结构的"配重"，可作为检修屋顶用的工作通道；其次，方便观众不断通过屋顶两侧的楼梯和步道来跨越赛道，以观看不同弯道处的比赛；最后，它也可以作为赛后人们上山的一种特殊步道。参观者可以顺着不断升高的屋顶爬山，一边欣赏周围的景观，一边感受中国人民的建筑智慧。

这些科学创新打破了国外的技术垄断，填补了我国在此工程建设领域的空白，引领了国际雪车雪橇场馆发展的新方向，同时为成功举办北京冬奥会和发展、提升我国雪车雪橇运动项目打下了坚实基础。

3. 山中游龙留遗产，双重属性同发展

后奥运时代，国家雪车雪橇中心作为冬奥重要的遗产，将成为兼具大型赛事举办与大众休闲体验双重属性的特色场馆，既为运动员提供高水平的训练场地，又为人民群众提供休闲娱乐场所。具体如下：一方面，该中心将用于举办国内国际赛事，持续服务于专业训练、比赛及商业化运营，为国际单项协会组织举行的世界级比赛提供保障，同时也为中国运动员提供训练场地。另一方面，赛道预留了大众体验出发口，便于赛后大众在专业安全保障情况下体验雪车雪橇项目。为了满足游客的观光需求，该中心还在360°螺旋弯处设置了游客体验的出发区。国家雪车雪橇中心可持续利用时间线如图5-6所示。2023年1月17日，国家雪车雪橇中心正式开售滑行体验票，大众可在"冰屋"中体验训练冰道，"冰屋"内设3条短冰道，用于国家队进行比赛出发训练，大众在此可以亲身感受"冰上F1"的速度与激情。在此之前，"雪游龙"已经开放参观游览，大众可乘摆渡车进行游览。2023年2月4日，北京冬奥会成功举办一周年之际，又恰逢立春连元宵的周末假期，延庆奥林匹克园区迎来开园以来的最大客流，单日到访游客近4000人，不少游客在国家雪车雪橇中心参加了钢架滑行体验活动[①]。

---

① 崔紫阳. 单日到访近4000游客！延庆奥林匹克园区迎来开园以来最大客流[EB/OL]．（2023-02-05）[2023-02-20]. https://mp.weixin.qq.com/s/HcZDMAm_cluZU5GMiF_2bA.

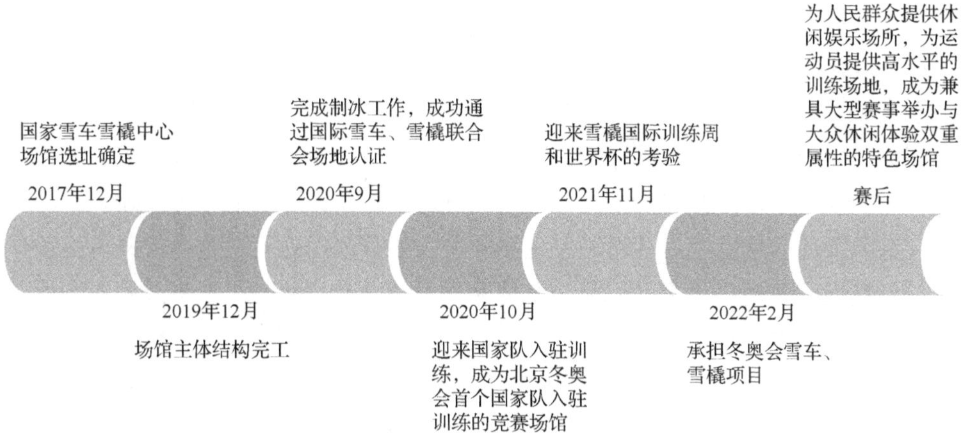

科技支撑冬奥场馆智慧建设实现新突破 | 5

2017年12月	2020年9月	2021年11月	赛后
国家雪车雪橇中心场馆选址确定	完成制冰工作，成功通过国际雪车、雪橇联合会场地认证	迎来雪橇国际训练周和世界杯的考验	为人民群众提供休闲娱乐场所，为运动员提供高水平的训练场地，成为兼具大型赛事举办与大众休闲体验双重属性的特色场馆

2019年12月	2020年10月	2022年2月
场馆主体结构完工	迎来国家队入驻训练，成为北京冬奥会首个国家队入驻训练的竞赛场馆	承担冬奥会雪车、雪橇项目

图 5-6　国家雪车雪橇中心可持续利用时间线

5.4.2　"雪飞燕"——国家高山滑雪中心

1. 文化交流碰撞，"飞燕"驰雪而来

国家高山滑雪中心是北京 2022 年冬奥会及残奥会延庆赛区的四大场馆之一，为高山滑雪比赛场地，承担了滑降、超级大回转、大回转、回转、滑降等 11 个滑雪比赛项目，可同时容纳 8000 人观赛。

国家高山滑雪中心整体轮廓像一只振翅欲飞的"燕子"，运动员滑行时也犹如飞燕驰雪，故又称国家高山滑雪中心为"雪飞燕"。"王次仲落羽化山"的传说中描述，海陀山是大鹏鸟落下的羽毛变化而成的。"雪"是冬奥元素，"飞燕"是吉祥之鸟，"雪飞燕"生动形象地描绘了场馆和项目的特点，是对冬奥文化和传统文化的精彩诠释。

2. 科技与文化完美融合，人与自然和谐共处

国家高山滑雪中心是世界独有的高山峡谷地段赛道，起点高程最高、赛道最长、落差最大，从草甸到松林、从山脊到峡谷，跌宕起伏，变化多端，充分展示了高山滑雪运动的惊险与刺激，是世界上极具难度、挑战性的高山滑雪赛道。为了克服地形的困难，该项目团队研发了"顺形势"高山滑雪赛道与场地高拟合度技术，使赛道与自然场地拟合度超过 70%；开创了复杂山地环境下场馆精细化抗风设计理论并成功实践；首创并实践了基于北斗卫星定位系统的毫米级高山雪上场馆形变监测成套关键技术，全天候连续实时高程监测精度达到±3毫米；研发了适应高海拔、极低温的高山滑雪中心沥青路面主动融雪技术；研发了高山滑雪赛道新型施工运输装置及赛道施工验收标准。国家高山滑雪中心被打造为我国在此工程建设领域的样板，被国际滑雪联合会评价为世界领先的高山滑雪场馆，为成功举办北京冬奥会和发展、提升我国高山滑雪运动项目打下了坚实基础。

该项目团队秉持"山林场馆、生态冬奥"的设计理念，以绿色低碳可持续作为建设铁律。造雪用水来自佛峪口水库和白河堡水库，通过7.5千米的地下综合管廊，先把造雪用水送往小海陀山海拔1050米的塘坝和海拔1290米的蓄水池进行蓄存，再通过三级泵站将造雪用水分别注入各雪道造雪系统，最终到达小海陀山海拔2198米最高点附近的出发平台。同时，国家高山滑雪中心还建设了完善的融雪水、雨水回收利用系统，对回收的水资源将实现重复利用，实现回收水资源的重复利用，该系统是中国山水文化与冬奥文化结合的完美载体。

3. 四季冰雪场地开放，趣味冬奥活动多样

赛后，国家高山滑雪中心将四季运营，在雪季将继续举办高山滑雪赛事，为专业滑雪队提供训练场地；开放相对平缓的赛道，并建设多条大众雪道，向高级别滑雪技能爱好者开放，为广大群众提供舒适且富有趣味性的滑雪运动场地；在非雪季作为山地观光和户外运动场所，可以进行山地探险活动，包括山地越野跑、自行车、滑索、攀岩等多种方式。国家高山滑雪中心可持续利用时间线如图5-7所示。

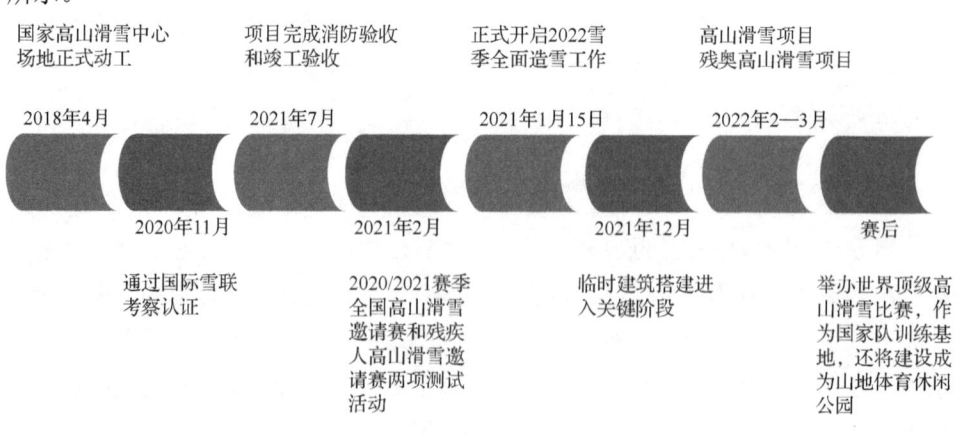

国家高山滑雪中心场地正式动工	项目完成消防验收和竣工验收	正式开启2022雪季全面造雪工作	高山滑雪项目残奥高山滑雪项目
2018年4月	2021年7月	2021年1月15日	2022年2—3月
2020年11月	2021年2月	2021年12月	赛后
通过国际雪联考察认证	2020/2021赛季全国高山滑雪邀请赛和残疾人高山滑雪邀请赛两项测试活动	临时建筑搭建进入关键阶段	举办世界顶级高山滑雪比赛，作为国家队训练基地，还将建设成为山地体育休闲公园

图5-7 国家高山滑雪中心可持续利用时间线

5.5 科技支撑张家口赛区场馆打造"天人合一"

5.5.1 "山野之趣"——国家越野滑雪中心

1. 沿山建立自然赛道,感受山林野营韵味

国家越野滑雪中心是北京 2022 年冬奥会越野滑雪和北欧两项的比赛场地。该场馆位于张家口市崇礼区太子城东南侧山谷、古杨树场馆群东南侧,距离奥运村 2.5 千米。该场馆赛道依山势而建,由西向东依次为场馆运营综合区、运动员综合区、场馆技术楼、场馆媒体中心和转播综合区。北京冬奥会期间,国家越野滑雪中心承办了 2 个分项 15 个小项的比赛,有来自近 60 个国家的 296 名越野滑雪运动员和 55 名北欧两项运动员在此参赛,共产生 15 枚金牌,其中 2022 年 2 月 5 日的越野滑雪女子双追逐(7.5 公里传统技术+7.5 公里自由技术)和 2 月 20 日的越野滑雪女子 30 公里集体出发(自由技术)项目产生的金牌分别为北京 2022 年冬奥会产生的首枚和最后一枚金牌。

国家越野滑雪中心的最大亮点在于它的赛道沿山体自然地形而建,赛道距离明长城遗址最近处只有十几米,可以在长城脚下滑雪,夜间在赛场能看到被灯光点亮的长城,感受到跨越历史的厚重感。国家越野滑雪中心的赛道不仅是古杨树场馆群中赛道最长的竞赛场馆(总长度为 9.7 千米,包括东侧山谷的竞赛赛道和南侧山谷的训练赛道),还巧妙借助了场地的地势起伏和原生树木,营造了山野之趣。

2. 赛时裁判难点多,北斗定位来助力

越野滑雪是冬季运动项目中的"马拉松"。由于其具有赛道路线长、地形复杂、比赛时间长、速度快等特点,裁判员很难用肉眼快速准确地识别运动员在比赛过程中的技术犯规,往往要在赛后看录像才能做出执裁决定。越野滑雪裁判辅助系统解决了这一问题,提升了判罚工作的效率与准确性。由首都体育学院与汉朗科技(北京)有限责任公司联合研发的越野滑雪裁判辅助系统结合北斗卫星定位系统的精准定位功能与 5G 高速传送特性,在运动员易出现犯规行为的地段提前布置可视化平板计算机,跟踪运动员赛时情况,每 15 秒回传比赛视频,为裁判员提供及时的赛时画面和执裁依据,让比赛全过程尽收眼底,尤其是使赛事转播的死角、赛道较为偏僻的赛段均变得可视化,提升了裁判员裁定的效率。

3. 打造全季山地公园，开展丰富文体活动

赛后，国家越野滑雪中心将被打造成"山地公园"及"户外冰上娱乐中心"，冬季可举办冰雪小剧场、雪地摩托车比赛等；夏季可转换为森林剧场，举办山地音乐会；设立马术俱乐部，打造马术训练场，计划承办马术、户外野营等体育休闲活动；依托 3 千米长的"冰玉环"，开展"崇礼跑"、自行车表演等文化体育活动，发掘其文化娱乐的作用。C 字形的廊道"冰玉环"是整个古杨树场馆群的点睛之笔，它取材于瑞士设计公司的环形连接廊设计，经过中方设计团队和施工人员的完善，最终成为连接国家跳台滑雪中心、国家冬季两项中心和国家越野滑雪中心的廊道。国家越野滑雪中心可持续利用时间线如图 5-8 所示。

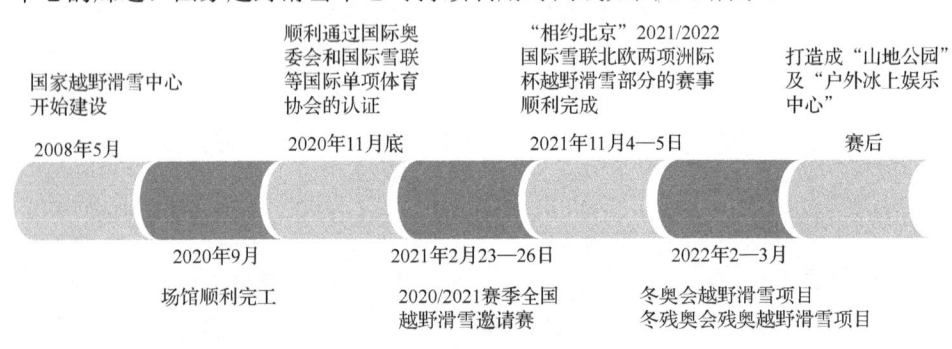

国家越野滑雪中心开始建设		顺利通过国际奥委会和国际雪联等国际单项体育协会的认证		"相约北京"2021/2022国际雪联北欧两项洲际杯越野滑雪部分的赛事顺利完成		打造成"山地公园"及"户外冰上娱乐中心"
2008年5月		2020年11月底		2021年11月4—5日		赛后
	2020年9月		2021年2月23—26日		2022年2—3月	
	场馆顺利完工		2020/2021赛季全国越野滑雪邀请赛		冬奥会越野滑雪项目冬残奥会残奥越野滑雪项目	

图 5-8 国家越野滑雪中心可持续利用时间线

5.5.2 "穿越古今"——国家冬季两项中心

1. 利用自然地理优势，打造"滑雪狩猎"场地

国家冬季两项中心位于张家口赛区古杨树场馆群东北的山谷中，山谷整体东高西低，赛道依托自然地形设置，热身赛道延伸至明长城遗址脚下，实现了长城文化与冬奥文化的相互融合、交相辉映，展现了中国特有的长城文化，为观众和运动员了解中国传统文化创造了机会。

场馆建设距离奥运村 2.5 千米，占地面积为 132 公顷，自北向南依次布置靶场、赛道与起终点区、场馆技术楼等。其中，赛道总长 8.7 千米，沿山体自然地形而建，分为竞赛主赛道、残奥坐姿赛道及训练赛道等；场馆技术楼共有地上 4 层，建筑面积为 5200 平方米，主要功能为赛事管理和技术用房；在东西两侧还有地下连接通廊横穿赛道出发区，连接技术楼、设备存放区与靶场。

2. 建筑技巧减能耗，电子靶台巧思多

国家冬季两项中心技术楼的建造融合了各种建筑妙招，具体如下：外墙装饰使用了 20 毫米厚的玻璃纤维增强混凝土，防水性能更好；用水磨石面代替地砖，防潮防水也防尘；楼内的内隔墙使用加气混凝土砌块砖建成，在保温、隔热、质轻、抗压的同时还能让施工更便捷；大量采用中空玻璃幕墙工艺，便于裁判员、技术官员在技术楼里观察赛场情况，还能满足场馆对于抗风压性、水密性及气密性的要求，在保温的同时降低能耗。

冬季两项比赛是越野滑雪和射击相结合的运动，比赛时运动员身着越野滑雪装备，背负专用小口径步枪，每滑行一段距离进行一次射击，最先到达终点者为优胜，这也是冬奥比赛中唯一存在射击内容的项目，因此，国家冬季两项中心建有最具特色的靶场。靶场中所有的射击靶均采用世界上最先进的电子靶后台切换模式，运动员在站姿和卧姿射击时靶心的孔径变化是由后台来完成的，卧姿靶心小，立姿靶心大，运动员击中靶心后，靶心就会与下部挡板进行联动，从而展示命中与否。借助该套系统，当运动员采用不同姿势射击时，靶心能够实现智能转换。另外，射击靶的上下部都安装了辅助照明系统，能够保证在不同的天气和时间实现无差别的照明效果。

3. 增加城市冰雪风情，坚持绿色可持续发展

国家冬季两项中心的规划建设充分体现了绿色、可持续的理念，统筹赛时需求与赛后利用。安保综合区、运动员综合区等采用棚房或集装箱临时建筑形式，既可直接装配使用，也可在赛后拆卸搬走，继续回收利用。在造雪蓄水方面，充分利用现有地形，将场馆内的古树、泉眼、溪流等做成景观湖，既可满足造雪需要，又可作为形象景观，减少对自然环境的影响。国家冬季两项中心可持续利用时间线如图 5-9 所示。

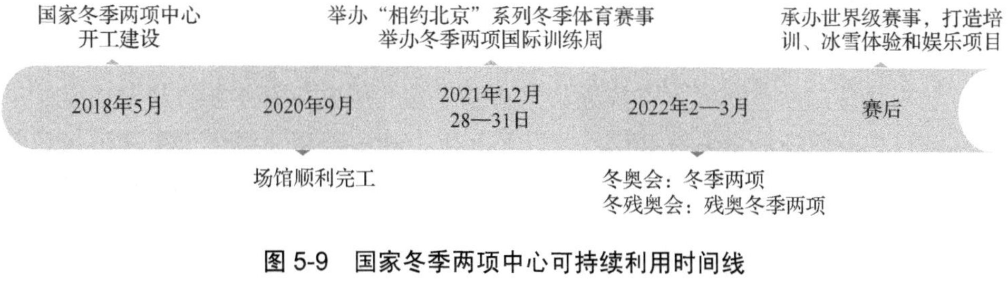

国家冬季两项中心开工建设		举办"相约北京"系列冬季体育赛事举办冬季两项国际训练周		承办世界级赛事，打造培训、冰雪体验和娱乐项目
2018年5月	2020年9月	2021年12月28-31日	2022年2—3月	赛后
	场馆顺利完工		冬奥会：冬季两项 冬残奥会：残奥冬季两项	

图 5-9 国家冬季两项中心可持续利用时间线

在后奥运时代，国家冬季两项中心将继续承办世界级赛事，并具备夏冬两季项目举办能力。此外，该中心将作为国家训练推广基地使用，打造培训、冰雪体验和娱乐项目，继续服务于群众生活。该中心在冬奥会赛后将保留部分功能用房和赛道，冬季在满足国家体育专项训练和赛事的同时，打造适合儿童及青少年的滑雪培训和冰雪体验基地；夏季改造为户外活动中心，增设自行车越野、配套餐饮、小剧场等娱乐类项目和设施，开展马术、山地自行车、山地轮滑等体育休闲项目。

5.5.3 腾飞的"雪如意"——国家跳台滑雪中心

1. 科技攻关，中国"雪如意"雄踞山巅

国家跳台滑雪中心是北京2022年冬奥会跳台滑雪和北欧两项项目的比赛场地，是张家口赛区标志性新建场馆，距奥运村2.5千米，占地面积为62公顷，场馆容量为6000人，由顶峰俱乐部、出发区、滑道区、看台区组成，设置8个比赛项目，产生8枚金牌。该中心赛场有两条赛道，分别为落差136.2米的大跳台赛道和落差114.7米的标准跳台赛道，位于山下的看台区可容纳1万人观赛，其面积相当于一个标准足球场。跳台剖面因与中国传统吉祥饰物"如意"的形态契合，故被称为"雪如意"。

国家跳台滑雪中心是我国首座符合国际标准的跳台滑雪场地，也是张家口赛区冬奥会场馆群建设中工程量最大、技术难度最高的竞赛场馆。该中心赛道依据山体走势而建，且自身自重大，长期处于低温、冰冻环境，交通、运输、安装多有不便，此起彼伏的地形及变幻莫测的气候条件使得山地风特性十分复杂。同时，可以借鉴的国内外相关施工规范严重不足。面对重重困难，该项目团队不断进行科技攻关，开创性地运用了各种新技术。具体如下。

（1）研发箱式装配式临建技术。该项目团队以实现场馆的安全建造及可持续运营为目标，选用8项国内规范、9项国际规范，形成适用于北京冬奥会的临时建筑标准体系，基于临时建筑标准体系，研发了箱式装配式临时建筑技术。箱式临时房建筑由顶盖、底座、角柱及若干块可更换的墙板组成；采用模块化设计，所有零部件及整体均采取标准化尺寸，便于生产加工及现场组装或整体吊装；以箱体为基本单元，框架全部采用特殊冷弯镀锌型钢构件，维护材料采用防火材料，水暖电器、装饰装潢及功能配套全部在工厂预制完成。箱式临时建筑充分考虑了冬奥会环境下临时建筑的服役环境、服役目标等要求，实现了高度集成化、模块化，满足了工业化生产要求；室内空间具备可扩展性，可按设计需求进行灵活组合，满足员工宿舍、办公室、临时酒店、展厅等多场景应用需求，且可反复利用，符合"绿色办奥"可持续发展的设计理念[1]。围绕临时建筑及设施和临时支撑体系等方面，该项目团队开展科技攻关，为保证顶峰俱乐部钢结构的稳固与精度，特别设计了以钢管格构柱为主要支架的格构式临时装配式支架体系。为保证混凝土浇筑的安全及质量，该项目团队发明了钢管贝雷梁转换架体作为支撑体系，解决山体基地标高不一的问题，同时满足大跨度、大荷载混凝土构件支撑架承载力的要求，为实现场馆的绿色建造、保障冬奥会赛事的顺利进行提供了重要技术支撑。

（2）人工剖面赛道类场馆新型建造、维护与运营技术。针对冬奥会人工剖面赛道类场馆精确几何剖面建设的要求，该项目团队研究不同材料构型下的赛道基准面精确控制和精准建造关键技术；研究跳台滑雪赛道助滑道冰面智能铺设、修复、监控等一体化设施和技术；研究加速（助滑）道的气候防护、加速、结构、动感照明和智能监测一体化技术；研究局部山体切削面的生态再造格宾支护体系；研究赛道沿线动力、造（补）雪和环境感应技术；研究比赛起点区、裁判塔和转播台的模块化装配与循环利用技术；研究永久赛道设施的全季训练与休闲利用技术；研究基于新型材料的冬季室外环境局部热舒适营造技术；研究基于同一场馆的跳跃类项目训练、比赛共享可变剖面赛道建设技术；研究室外人工剖面赛道制冰系统节能新技术[2]。

（3）国内首个变角度斜行电梯。运动员们在国家跳台滑雪中心完成一跳后，需要尽快回到出发区，此时他们需要乘坐世界上运行长度最长的大载重变角度斜行电梯，这也是国内首个变角度斜行电梯，专门根据"雪如意"的比赛需求量身定制。电梯轨道依山体走势而建，总长为259米。斜行电梯要在相差近20°的变坡角度上平稳快速运行，经过一系列复杂的设备改进和技术调试，其速度可达到每秒25米，是目前常见变坡斜行电梯速度的5倍，并且能够在陡坡和缓坡段保持匀速水平运行。

（4）精妙布局的防风网。"雪如意"被周围山峦拥抱，山巅的5道防风网迎风而展。在跳台滑雪比赛中，运动员要在高空中进行技术展示，因此这项运动观赏性较强，但运动员的技术动作极易受到风的影响，甚至有安全隐患。"雪如意"所

---

[1] 许庆，潘睿，王一维，等. 预制装配式技术在冬奥场馆建设中的开发与应用[J]. 世界建筑，2022（6）：76-81.
[2] 佚名. 科技冬奥中的那些高科技[J]. 现代国企研究，2022，192（3）：30-34.

在的场地从高空俯瞰，就像一个半握拳的手掌，把"雪如意"捧在手心里，这样的山体构造能够屏蔽或减弱大部分的冬季主导风。为了达到最好的防风效果，给运动员营造安全的比赛环境，北京冬奥组委聘请 Alpina 公司为"雪如意"量身定制防风网。通过一系列对场地和风环境的模拟测试，"雪如意"周边设置了 5 道防风网，能够在赛时将风速降到每秒 2 米以下，成功克服风的影响，保障运动员的竞赛成绩和观众观赛的舒适度。不仅如此，"雪如意"还使用了跳台滑雪助滑道冰面温度位移智能监控系统。该系统既保证了监控的实时性和准确性，又实现了系统本身对助滑道设施的零干扰。

2. 保护生态，与自然和谐共处

"雪如意"是建设绿色低碳可持续场馆的典范，其建设融入崇礼区绿色植被之中，采用了可再生能源的风电利用、山体生态修复、建筑自然采光自然通风、市政管线集中地下管廊设置、利用透气防渗材料实现水体净化等新技术。"雪如意"支撑体系主龙骨采用铝合金复合型材，避免了传统施工工艺中使用木方作为主龙骨对材料的浪费、对自然环境的破坏，节约木方约 315 立方米。"雪如意"依山而建，减少了对山体土方的破坏，土方开挖后，把土进行储存，避免了土方的外运，未来可对其进行再回收。在整个建造过程中，注重对野生动物的保护，制作的临时鸟笼和洞穴给野生动物创造了良好的生存环境，对于周边山体植被也在建设过程中同步进行了恢复；注重水资源的保护和利用，地下建有硅砂蜂巢雨水自净化系统，通过地表水收集技术，先对积雪融水和雨水进行净化，再将其作为场馆及其周边的日常用水。

3. 四季运营，打造世界旅游胜地

后冬奥时代，国际跳台滑雪中心将作为当地公共艺术的标识物融入周边环境，在满足国家体育专项训练和赛事的同时，开设会议、餐饮等高档旅游观光项目，为人们提供运动休闲消费场所，提供多元化的城市功能。国家跳台滑雪中心可持续利用时间线如图 5-10 所示。场馆顶部的多功能空间和下方足球场大小的区域综合设计，除了用于承接高水平赛事，还可以开展文化、旅游、休闲活动。该场馆顶部将打造成高端会议中心，可举办会议、召开发布会。竞赛区和山下看台将面向来自世界各地的专业滑雪爱好者，不定期地邀请奥运滑雪冠军进行专业的跳台滑雪展示或培训，满足滑雪爱好者挑战专业雪道的需求；设置大众跳台滑雪培训课程，让有滑雪基础的人进行专业培训，挑战自我；夏季设立跳台冒险乐园，增加攀岩、滑索等项目，滑道设置滑草等相关娱乐项目，并承办夏季演唱会、音乐节等大型文娱活动。该场馆赛道两边可攀爬的楼梯，在冬奥会赛后被开发为极限旅游项目，让游客漫步于"雪如意"中，体验建筑的宏伟壮观。2023年3月11日，为期两天的2022—2023赛季全国跳台滑雪冠军赛拉开帷幕，这是北京冬奥会后在"雪如意"举办的首场跳台滑雪赛事。

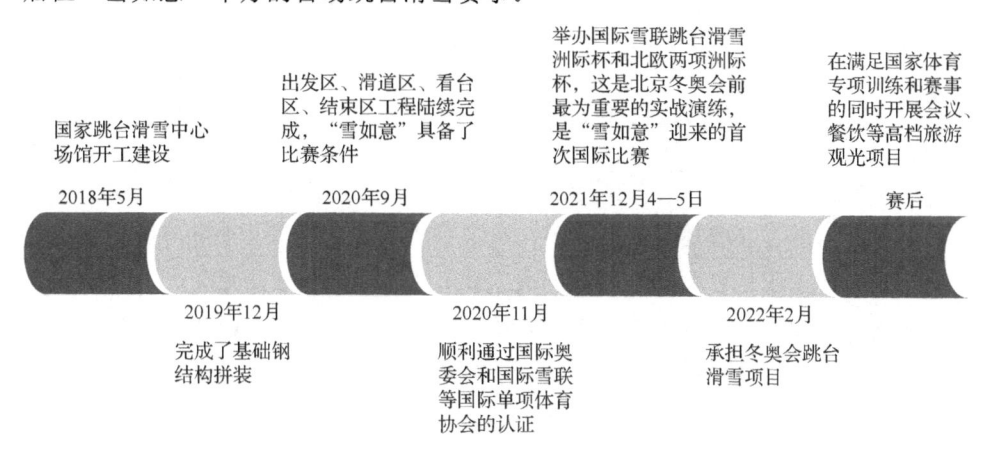

图 5-10　国家跳台滑雪中心可持续利用时间线

5.6　科技支撑冬奥场馆"智慧化"管理

5.6.1　冬奥场馆资源管理系统

北京冬奥会期间，"场馆大脑"助力奥运场馆实现场馆内系统、设备等信息的动态采集和管理，将人员、空间、设备、能源与数据流无缝结合，显著提升了场馆运营和维护效率，这背后依靠的是强大的高科技元素，其中最重要的是让场馆的管理系统时刻不掉线。为了保障北京冬奥会顺利进行，冬奥通信运行指挥中心提供7×24小时技术支撑服务，运用数字孪生技术让北京冬奥会三大赛区通信运维可视化，实现故障"秒级"派单，其中冬奥场馆资源管理系统是最强的黑科技，实现了真正意义上的数字孪生和通信资源的可视化。冬奥通信运行指挥中心还打造了全新的冬奥通信综合监控系统、综合故障调度系统及网络数字运营平台，可以对北京、张家口两地三赛区全部奥运场馆及设施的通信信息网络，实行实时的统一监控（自动巡检）、统一调度、统一响应和统一服务。其中，最新投入使用的网络数字运营平台，可以针对场馆资源、北京冬奥组委 OBS（Olympic Broadcasting Services，奥林匹克广播服务公司）业务、冬奥租线大客户、媒体大巴、机场高速和信息安全指标进行统一监控，并对 5G 切片业务、公网对讲、媒体+业务等智慧冬奥创新应用进行保障。这些高新技术和服务作为"奥运遗产"被保留下来，未来将加载到日常的业务中，运用到大众的实际生活中，方便更多人。

5.6.2 雪上场馆智慧建筑集成管理平台

张家口赛区"三场一村"区域（国家跳台滑雪中心、国家越野滑雪中心、国家冬季两项中心 3 个竞赛场馆和冬奥村、冬残奥村）建设了雪上场馆智慧建筑集成管理平台，基于物联网、大数据、人工智能等技术，将安防系统、能耗系统等统一接入、统一管理，为智慧场馆提供场馆内基本环境、设施设备、人员行为及异常事件等管理工具，构建了可以实时动态监控的智慧场馆，打造真正的"智慧冬奥园区"[①]。其中，能效监管系统融合了实时数据采集、物联网通信、分布式数据处理、数据特征提取，以及数据趋势预测等多种高端科技。借助该系统，"三场一村"的每一度电都有"绿色身份证"。在奥运村参会人员居住的 2000 多户套间里，水能、电能及公共区域的每一路照明回路的用能情况，就像拥有了"身份证"，都在兴海物联设计的系统里实现了可视化。对于水能、电能及公共区域使用的每一路照明回路的用能情况，均可通过数据实时监测，有效做出能耗调优决策。

5.6.3 运行能耗和碳排放智能化管控中心

国家速滑馆、国家游泳中心、主媒体中心、五棵松冰球训练馆等多数场馆均围绕绿色建筑、智能场馆等重点领域，组织开展科技创新，设立能源管控中心。利用大数据和人工智能分析，对场馆内的水、电、气、热等能耗数据进行实时采集、记录和分析，实现可视化、智慧化的建筑能耗和碳排放监测管理。

---

① 深圳市兴海物联科技有限公司. 为冬奥盛会贡献智慧力量[J]. 中国物业管理，2022（2）：33.

5.6.4 设备检测预警平台

中核集团同方股份有限公司（以下简称中核同方）依托设备监控预警平台，在"冰丝带"搭建了设备检测预警平台，让场馆内的重要设备"状态可知、故障可控、预知维护"[①]。通过对馆内的冷却塔、冷却机组和空调机组等大型暖通装备的运行情况进行实时监测，确保比赛期间冰面赛道的温差控制在0.5℃，让冰面始终"容光焕发"，实现智慧场馆"有感知、有记忆、会思考"；采用中核同方与清华大学共同参与研发的"十三五"专项课题群智能技术，实现场馆温湿度精准调节，助力国家游泳中心"冰立方"第一个完成场馆改造，使其成为奥运历史上首个"冰水双驱"的智慧场馆。

5.6.5 5G网络技术

5G技术服务于北京冬奥会办赛、参赛和观赛等环节，是"科技冬奥"的主要技术构成之一。该项目团队依托5G网络，结合北斗卫星定位系统的精准定位和环境全域感知技术，基于车路云协同的一体化体系，在比赛场馆周围成功设置了5G智能车联网和无人驾驶服务，在赛事期间提供安全绿色、高效便捷的交通出行、物流配送、商品零售、环境清扫等服务保障。在北京冬奥村"电力/物流/清废/值机"区域部署了5G无人清扫创新业务设备，利用5G网络将场端感知信息及云端数据的分析结果实时发送给无人清扫车，为车辆装上"千里眼"和"顺风耳"[②]。在首钢园区部署了17个5G基站、1个北斗地基增强站、近200台智能路侧设备单元等设备，覆盖面积超过100万平方米，服务于基于5G智能车联网的无人接驳、自主泊车、无人零售、无人配送、无人清扫等10余项应用。

5.7 本章小结

本章逐一梳理了科技如何助力北京冬奥会场馆的智慧建设和智慧管理，指出当代先进科技力量在赋能冬奥赛场的同时，更加注重科技奥运与人文奥运、绿色

---

① 国防科工局科技与质量司. 军工技术助力"科技冬奥"熠熠生辉[J]. 国防科技工业，2022（3）：28-31.
② 李玲，韦广林，张林林."科技冬奥"给5G智慧文旅带来的新启示[J]. 黑龙江科学，2022，13（12）：150-155，158.

奥运的融合发展，科技支撑冰雪场馆绿电 100%全覆盖。冬奥场馆作为承载国际最高级别体育竞赛的奥运场馆，是独一无二的存在。它们不同于其他建筑，社会关注度高，技术难度大，具有示范性意义，能够带动区域经济发展。它们体现的文化艺术导向、智慧科技水准、绿色低碳理念为北京市乃至全国的场馆设计提供了新标准，同时向全世界展示了未来奥运场馆的设计和可持续利用方向。北京市作为 2022 年冬奥会的举办城市，其各项场馆和基础设施的建设体现了文化中心和国际交往中心的定位，符合北京城市新总规的要求，彰显了文明古都的魅力；张家口市通过冬奥会，在精心建设各项冬奥场馆的同时，充分发挥地域优势，打造冰雪产业的聚集区，为崇礼区插上了冬奥的翅膀，助力地区经济的腾飞。

6 科技支撑赛事转播和观赛跨入新阶段

大型体育赛事因其具有高关注度、高影响力、跨度时间长、项目多、赛事密集、情况复杂等特点而成为集中展示顶尖科技的舞台。其中，对赛事的转播也在每次技术革命中扮演着异常重要的角色，大型体育赛事成为转播技术革新的重要应用场景。

伴随着网络与信息技术、音视频技术等相关技术的发展，大型体育赛事的电视转播走过了漫漫长路，画面从黑白到彩色，再到新兴的VR、8K超高清沉浸式视频，信号传输从微波到卫星，再到如今的云转播，转播技术的不断革新为赛事转播在内容、渠道、方式、效果等方面的高质量发展提供了保证，也满足了观众对于赛事转播效果越来越高的要求。当前，以5G、云计算、超高清及人工智能为代表的新兴技术在大型体育赛事中的应用，从人、生产、内容、渠道、发布、终端覆盖、用户体验等方面全方位、持续性地对赛事转播进行体系化重构[1]。

6.1 科技支撑赛事转播和观赛的作用机理

6.1.1 大型赛事转播和观赛为科技提供应用场景

在柏林1936年奥运会上，主办方实现了人类历史上第一次电视实况转播，但信号传播范围只限于柏林地区。在罗马1960年奥运会上，主办方首次实现了欧洲区域的电视实况转播，因为所有电视信号只能通过微波中继的方式进行传输，所以需要每50千米修建一座中继站。欧洲各国为了让尽可能多的人通过电视机观看

---

[1] 杜俊. 媒体技术赋能北京冬奥赛事转播——浅谈大型综合赛事转播技术的变化[J]. 广播电视信息，2022（S1）：94-98.

奥运赛事，付出了高昂的经济代价[1]。在东京1964年奥运会上，主办方首次实现了卫星电视的全球直播。这是由于美国研制出了可以传输电视信号的"辛科姆"卫星并发射升空，第一次为覆盖全球的电视转播创造了条件。在洛杉矶1984年奥运会上，主办方首次采用大型电子信息服务系统，因此这届奥运会被称为"计算机奥运会"。在巴塞罗那1992年奥运会上，主办方首次试用高清晰度电视信号，实现了计时计分系统与电视视频系统的联合数字化节目制作[2]。1996年是国际互联网发展最重要的一个阶段，在亚特兰大奥运会上不仅有大面积的网络建设，还建立了3个主要网站：一是IBM（International Business Machines Corporation，国际商业机器公司）与奥委会为发布奥运会信息共同设立的网站；二是国际奥委会官方网站；三是NBC（National Broadcasting Company，国家广播公司）奥运会网站。本届奥运会的转播中渗透着先进的网络通信技术，因此人们认为奥运会与因特网的联姻自此开始，奥运会的转播也由此进入网络奥运的新时代。在雅典2004年奥运会期间，3G服务在雅典等主要奥运场馆所在城市开通，据统计，使用3G服务的人数达到500万人次[3]。在北京2008年奥运会上首次全部采用高清信号转播。在伦敦2012年奥运会上首次进行了3D电视转播。里约2016年奥运会是一届新技术、新媒体、新报道方式大量涌现的奥运会，运用4K/8K超高清、VR、针对手机用户和PC用户的新媒体发布平台及工具OVP（Olympic Video Player，奥运视频播放器）等手段，实现了奥运会多媒体转播与报道的科技创新[4]。在东京2020年奥运会上，5G技术初显身手，主办方首次采用云计算为奥运转播服务。在北京2022年冬奥会上，"5G+4K/8K+AI"技术得到广泛应用。

奥运转播史上的科技里程碑（不完全统计）如表6-1所示。

表6-1 奥运转播史上的科技里程碑（不完全统计）

年份	届数	举办地	科技里程碑
1936	11	柏林	首次实现电视实况转播
1960	17	罗马	首次实现全球电视实况转播
1964	18	东京	首次实现卫星电视的全球直播，并将结果存入计算机中

---

[1] 中国工程院新闻办公室. 院士讲科学：成就孩子科学素养（小学版）[M]. 北京：中国科学技术出版社，2019.
[2] 张立，张宇航，陈晓龙，等. 奥运史中的信息技术应用及其技术特点和发展特征[J]. 北京体育大学学报，2006（12）：1606-1608.
[3] 石宇，黄璐，朱东华. 从科技奥运里程碑看奥运对科技的促进[J]. 决策探索（下半月），2008（7）：47.
[4] 何瑾，路朝晖，史强，等. 里约奥运会新技术应用及发展趋势[J]. 现代电视技术，2016（10）：26-30.

续表

年份	届数	举办地	科技里程碑
1984	23	洛杉矶	首次采用大型电子信息服务系统
1992	25	巴塞罗那	首次使用高清晰度电视信号
1996	26	亚特兰大	首次将互联网引入比赛转播中,第一次使用数字移动通信系统
2004	28	雅典	首次实现3G上网
2008	29	北京	首次全部采用高清转播
2012	30	伦敦	首次实现3D转播
2016	31	里约	首次采用VR技术等转播
2020	32	东京	5G技术初显身手,首次采用云计算

从奥运会转播的发展与技术应用的关系来看,很多机构会借助奥运会等大型体育赛事的影响力,推出和运用新技术。大型体育赛事既是体育健儿同场竞技、不断挑战自我的大舞台,也是转播新技术应用的舞台和"实验场"。体育赛事转播的发展史,既是全球体育运动的发展史,也是转播技术的发展史。

6.1.2 科技为大型赛事转播和观赛提供技术保障

科技为大型赛事转播和观赛提供技术保障体现在赛事转播的方方面面。网络与信息技术的进步为信号传输的远距离、便捷性和高质量奠定了基础;音视频摄录、制作技术的进步在促进赛事转播内容的全面性,转播空间的全方位、多角度和完整性上功不可没;新媒体技术的发展和社交媒体的兴起,使解说形式、收看范围和收看时空都发生改变。与之相呼应的是,观众的奥运观赛体验也从被动观看到主动选择,从固定观看到移动伴随,从二维到沉浸式,从大场面到小细节,从稍纵即逝到回放与定格随意等,观赛的空间、时间、内容、质量不断趋于完美。

以奥运会观众人数和传播范围的变化为例,科技支撑使体育场的看台无限扩大,为体育赛事提供了越来越多的观众。1936年第11届柏林奥运会是首次使用电视转播的奥运会,但由于转播技术的局限,收看人数仅限于柏林地区,为16.2万人次。到1948年第14届伦敦奥运会,观众范围扩展到了伦敦周围50英里(1英里≈1.61千米),约有50万人次。在1964年第18届东京奥运会上,首次实现了卫星电视的全球直播,将奥运会的观众范围扩展到全世界,观众人数达到5亿人次。之后,随着奥运赛事影响的不断扩大及转播技术的不断革新,奥运会观众人数呈逐渐上升的趋势。到北京2008年奥运会,电视观众人数创历史新高,达到

47亿人次。东京2020年奥运会由于疫情影响，推迟至2021年举行，尽管比赛现场对观赛人员进行了限制，但仍有30.5亿人次的观众通过电视和各种新媒体平台观看比赛。1936—2020年奥运会全球观众人数增长情况（不完全统计）如表6-2所示。

表6-2　1936—2020年奥运会全球观众人数增长情况（不完全统计）

年份	届数	举办地	观众人数/人次	范围
1936	11	柏林	16.2万	柏林地区
1948	14	伦敦	50万	伦敦周围
1964	18	东京	5亿	40个国家和地区
1984	23	洛杉矶	25亿	156个国家和地区
1996	26	亚特兰大	33亿	214个国家和地区
2000	27	悉尼	36亿	220个国家和地区
2004	28	雅典	39亿	全球300多个电视频道
2008	29	北京	47亿	全球
2016	31	里约	36亿	全球
2020	32	东京	30.5亿	全球

6.2　北京冬奥会转播的基本情况

6.2.1　北京冬奥会公共信号制作团队

按照国际奥委会的规定，从2008年开始，奥运会的转播由国际奥委会设立的专门负责奥运会电视公共信号制作的公司——OBS将所有赛场信息制作成电视公共信号并提供给各持权转播商，持权转播商支付一定费用向国际奥委会购买电视信号并完成后期制作和分发。

实现高质量的转播首先要组建一个高质量的转播团队。OBS日常运营不需要较多人员，但公共信号制作团队是一个庞大而复杂的团队，一般不可能由一个国家或一家媒体完成，往往是由不同国家和不同媒体的有过公共信号制作经验的精兵强将来完成，并且团队成员不仅仅限于拍摄、制作、传输等专业人员，还会涉及与转播有关的方方面面的人员。因此，每届奥运会的转播都是OBS根据奥运会举办城市电视台的转播技术和实力及夏奥、冬奥等项目特点，在全球范围内招募制作团队，制作公共信号，其中举办城市电视台的转播技术和转播实力很关键。

负责北京冬奥会广播电视信号制作的团队成员来自60多个国家和地区，总人数达到4000多人，其中有约1/3来自中国。全部赛事公共信号（包括开闭幕式和颁奖典礼、所有比赛场馆、城市风光风貌摄像机信号等）共计43路，其中有36路信号同时提供超高清信号。整个冬奥会报道内容超过6000小时，公共信号总时长达到1000小时（其中8K转播信号时长超过200小时）。每个赛区的公共信号制作都是先进技术的应用和国际团队密切合作的结果。例如，云顶滑雪公园的音频公共信号制作团队就由中国的中央广播电视总台与来自德国的设备技术提供方、来自西班牙的场馆技术管理团队、来自美国的共用麦克风制作团队、来自俄罗斯的在雪道上"穿线埋管"的团队等共同组成[①]。

6.2.2　北京冬奥会转播媒体规模及转播平台

转播北京冬奥会的一级持权转播商共有24家，分享到播出版权的非持权转播商有300多家，参加注册的媒体人数为9398人，其中转播商人数约为7447人。

媒体技术及媒体环境各方面的变化，使得北京冬奥会的转播呈现向数字媒体和社交媒体的转向。针对这些改变，OBS首席执行官伊阿尼斯·埃克萨科斯（Lanis Exsacos）认为："我们要吸引年轻人参与，将奥林匹克的价值传播出去。技术只是我们实现这一目标的方式，因此我们不会把自己限制在传统的电视平台上，我们会越来越重视在数字平台和社交平台的传播。"国际奥委会自身运营的数字频道（Olympics.com）及一些数字平台的冬奥会官方频道等，为70多个国家和地区的用户提供了丰富的现场直播和赛事集锦，使用奥林匹克官网和冬奥会版应用程序的人数达到6400多万人次，并产生了数十亿次数字平台互动。在我国，拥有版权的中国中央电视台（以下简称央视）一方面通过3个频道的直播稳稳抓牢电视端观众，另一方面通过央视频App进行分屏直播，再加上一些即时报道和常态化直播节目，吸引了大量移动端用户。咪咕视频、快手、腾讯3家新媒体平台与央视合作，取得了版权优势，为观众提供赛事直播、即时报道和整合报道的"场景传播"服务。

---

① 降碧桐. 冬奥雪花飘落，总台人居然记录下了五种"声音"？[EB/OL].（2022-02-17）[2022-04-15]. https://mp.weixin.qq.com/s?__biz=MjM5MTExMTMwOQ%3D%3D&mid=2705817111&idx=1&sn=fe388ab7f820ad86cc71a9aeb0bcd353&scene=45#wechat_redirect.

6.2.3　北京冬奥会转播交通中枢：主媒体中心

在节俭办赛目标的指引下，北京冬奥会对以往奥运转播中的主新闻中心（Main Press Centre，MPC）和国际广播中心（International Broadcast Centre，IBC）的功能和区域进行整合，合并为主媒体中心（Media Management Center，MMC）。"在往届奥运会中，主新闻中心是文字、摄影记者的'家'，也是国际奥委会和奥组委新闻运行的指挥中心，而国际广播中心则是转播商的运行指挥中心。"[1]整合以后，主媒体中心成为媒体交通中枢和媒体服务的总汇，既是注册平面媒体和转播商的赛时总部，也是国际奥委会、北京冬奥组委及各国（地区）奥委会官方信息的发布中心。

根据赛区的地理分布，北京冬奥组委建立了以北京IBC为主、以张家口山地转播中心（Zhangjiakou Mountain Broadcast Centre，ZBC）为辅的双中心模式。对内，信号传输从两个中心向各场馆辐射，场馆与双中心之间的连接网络是高速宽带光纤网络；对外，北京IBC/ZBC双中心与位于香港、东京、纽约、伦敦、法兰克福等5个国际城市的全球网络服务接入点（Point-of-Presence，PoP）进行连接[2]。

北京冬奥会主媒体中心的面积有60000平方米，其中35000平方米供转播商使用，共设置了6个集中技术区（Centralized Technical Area，CTA）。38家转播商设立了独立的转播区，10家转播商在国家体育场（鸟巢）旁的外景演播室和播报位进行节目制作。张家口山地转播中心的面积有12000平方米，其中7000平方米供转播商使用，设置了2个集中技术区。设立独立转播区的转播商有16家，在外景演播室和播报位进行节目制作的转播商有6家。

6.2.4　北京冬奥会转播的设备设施

北京冬奥会共有12个竞赛场馆（北京冬残奥会共有5个竞赛场馆），在所有场馆铺设的电视转播线缆长达8684千米，有转播车15辆、虚拟转播车系统1台、现场电子节目制作（Electronic Field Production，EFP）系统9套、移动卫星地面站传输系统1套。

比赛现场共架设摄像机660台，其中特殊摄像机有148台，VR摄像机有33台（其中直播机有15台、新闻采集系统有18台），设置了摄像机位（子弹时间）

---

[1] 姬烨,汪涌,王梦.节俭办赛新创方案 北京冬奥会主新闻中心和国际广播中心合并[EB/OL].（2020-10-10）[2022-04-15].http://sports.people.com.cn/n1/2020/1010/c419056-31886182.html.

[2] 韩强.科技冬奥与转播创新——兼论北京冬奥会对体育赛事转播的未来影响[J].中国广播电视学刊,2022（4）：18-23.

回放系统10多套、飞猫索道摄像系统11套、轨道摄像系统13套、高速转向镜（High Speed Steerable Mirror，HSSM）摄像机38台、ENG（Electronic News Gathering，电子新闻采集）摄像机制作套件25台，布设专业拾音麦克风1624支，还在北京IBC设置了2个沉浸式音频质量控制室。

6.3 科技支撑北京冬奥会和冬残奥会赛事转播的表现

6.3.1 5G网络全覆盖助力转播信号"更快、更高、更强"

5G通信技术具有高速度、低时延、广覆盖、低功耗、万物互联等特点。北京冬奥会是首次实现5G网络全覆盖的冬奥会，内容信息传输的速度更快、质量更高、信号更强。北京冬奥会所有场馆和连接场馆的道路都有5G信号覆盖，甚至高速行驶的京张高铁上也有连续的、稳定的5G信号，为超高清视频、智能服务等新的技术应用场景提供了必要的网络连接。除此之外，北京冬奥会一共使用了约30台支持5G数据传输技术的摄像机进行现场直播，其中包括延庆赛区的高山滑雪项目和张家口赛区的越野滑雪项目等多个室外项目。5G传输技术具有强大的能力，在公共基础设施的支持下可以实现低延迟和高带宽直播传输，这种技术优势给室外雪上项目的信号制作带来很大的便利。

6.3.2 8K超高清技术助力画面更清晰、更真实

根据ITU（International Telecommunication Union，国际电信联盟）的标准，超高清视频分为4K和8K两个规格。4K超高清（UHD4K）标准如下：水平清晰度为3840，垂直清晰度为2160，宽高比为16∶9，总像素数约为830万。8K超高清（UHD8K）标准如下：水平清晰度为7680，垂直清晰度为4320，宽高比为16∶9，总像素数约为3320万[1]。这是迄今为止最接近"人眼真实"的超高清技术，分辨率是高清的16倍，同时在色域、量化、帧率等方面有全方位提升，能带给观众"身临其境"的体验[2]。

---

[1] 孙颖.科技冬奥助力中国 超高清视频产业8K零突破[EB/OL].（2022-02-11）[2022-04-15]. https://baijiahao.baidu.com/s?id=1724426214215799720&wfr=spider&for=pc.

[2] 网事洞察.云上奥运的时代来了！北京冬奥会转播将全面"上云"，向全球转播6000小时4K内容[EB/OL].（2022-02-04）[2022-04-15]. http://news.sohu.com/a/520582118_817267.

作为电视转播技术的实验场，第一次 8K 技术验证发生在 2016 年的巴西里约奥运会的转播中，日本的转播小组将从里约拍摄的 8K 清晰度信号传到了日本，实现了人类第一次"8K 奥运"[①]。在东京 2020 年奥运会上实现了比较广泛的 8K 拍摄与制作，包括开幕式、闭幕式、游泳、柔道、乒乓球、田径、足球、排球等的拍摄。显而易见，8K 技术让东京奥运会的转播画面更清晰。

北京冬奥会首次为持权转播商提供 8K 公共信号，对开闭幕式、短道速滑、跳台滑雪、花样滑冰等进行 8K 制作或直播，首次将 8K 技术规模化应用到开幕式直播和重点赛事报道。北京冬奥会的 8K 超高清直播涉及采集制作、编码传输、终端呈现等一系列制播流程。在采集制作方面，8K 超高清摄像机既可以满足一些运动速度极快的运动画面的采集任务，如短道速滑顶尖运动员速度可达 70 千米/小时，而 8K 超高清摄像机拍摄时速可达 90 千米/小时；还可以对采集到的内容进行包装、调色、三维声制作等，使高亮的冰雪画面层次更丰富、画面质感更细腻、运动员主体更突出，还原更真实的视觉效果。在编码传输方面，8K 超高清视频数据量巨大，只有进行编码压缩，才能减少传输带宽的压力，并使信号传输速度更快。在终端呈现方面，对于国内的观众来说，央视通过面向全国公共大屏的"8K 超高清电视 IP 集成分发平台"，对信号进行调度、监管、切换、分发。全国多地的城市大屏采用 8K 超高清电视专业解码终端，进行信号的接收、解码、处理和输出。2022 年 2 月 4 日晚，在北京、上海、成都、南京、厦门等地的中国移动营业厅和咪咕咖啡店等冬奥会开幕 8K 转播点，不少观众首次通过 8K 超高清大屏直播直击了唯美、浪漫的开幕式。对于国外的观众来说，为了满足持权转播商的不同技术要求，OBS 开发的直播电视制作工作流程可以同时提供画面内容相同的超高清高动态范围和高清标准动态范围 2 种信号格式。如果主转播商制作的信号是超高清高动态范围格式，那么即使转播商转换为高清信号，也会同时提升高清格式的输出画质。

6.3.3 云转播技术助力转播实现低成本、高速率、灵活性

5G 背包"替代"传统转播车的云转播服务，节省了转播设施的搭建时间和转播机构的转播成本，在转播时延、带宽、灵活性等方面都有明显的优势。

转播车是具有摄、录、编等功能的载有电视转播设备的专用汽车，具有可移

---

① ZOL 中关村在线.东京奥运 8K 转播 为何我们还看不到？[EB/OL].（2021-07-27）[2022-04-15]. https://tech.ifeng.com/c/88CgmfKouAi.

动、全功能、灵活性强、活动范围大等特点，常常用于远距离、大场面的大型活动的现场录像、现场编辑等工作，如大型体育赛事的每个赛场都要启用转播车。北京2008年奥运会启用了约65辆高清转播车，为全世界拥有版权的电视台提供了全部高清标准的电视转播信号。当时的大型高清转播车是世界最新高清电视尖端设备，其中用于北京奥运会开闭幕式的5辆高清转播车是当时世界上最大的电视特种转播车辆。这批世界上最为先进的电视转播车来自英国、意大利、比利时等国家，是北京奥林匹克转播有限公司为了对北京2008年奥运会、残奥会开幕式、闭幕式及其他重大赛事活动进行现场直播而租赁的[①]。

14年后，北京冬奥会的转播"在奥运史上首次实现全面上云，转播也不再仅依赖卫星传输，而是通过奥运转播云走向全球观众"[②]。所谓云转播即现场信号通过5G背包，利用5G网络传输到云转播平台，只需要借助笔记本计算机等轻量级设备，就可以实现12路信号的云上导播切换，替代了传统转播车的大部分功能。OBS将云服务与奥运电视转播的内容一起打包，提供给持权转播商使用，支持在公共云空间上进行制作和分发等。持权转播商可以从世界各地访问赛事片段和直播内容，减少了现场人员，降低了工作成本，极大简化了持权转播商制作赛事集锦的工作流程和制作时间，提高了制作效率。北京冬奥会转播内容总量超过6000小时，创冬奥会历史新高，但与上届冬奥会相比，来到北京的转播商人数减少了32%，转播信号质量却没有因人缺席现场而受到影响，并且信号的延时性更低、灵活性更强。

与此同时，云转播服务、云技术给奥运转播带来的变化还体现在转播内容更加公平和公正方面。例如，每个国家和地区观众看到的内容往往是由授权转播商剪辑后传输的画面，一些参赛运动员较少、没有持权转播商的国家可能无法获得本国运动员的单独画面。云转播是把所有摄像机拍下的画面都输送到云平台，便于各国家的观众及时看到本国运动员的风采。

6.3.4 智能跟踪拍摄技术助力转播内容更完整、更立体

智能跟踪拍摄技术与二维图像跟踪技术等满足了内容呈现的及时性、完整性

[①] 曹因图. 57辆北京奥运会电视转播车抵达北京[EB/OL]. (2008-07-25) [2022-04-15]. https://news.sohu.com/20080725/n258376405.shtml.

[②] 上观新闻. 北京冬奥会首次全面云转播,相当于一秒传输500部高清电影[EB/OL].(2022-02-04)[2022-04-15]. https://new.qq.com/rain/a/20220204A0941J00.

和立体化要求。"高速运动目标跟踪拍摄系统"是内容采集端的新技术，可锁定500米外时速170千米的高速运动目标并跟踪拍摄，解决了室外、高速、大落差等滑雪项目中的人工拍摄速度慢、环境恶劣、操作难度大等问题。这一技术是通过摄像机智能控制中台，将镜头自动对焦到运动员，并通过人工智能算法对高速运动目标进行自动捕捉与智能跟踪拍摄[1]。

二维图像跟踪技术也被形象地称为运动员图钉。该技术基于先进的图像处理技术来确定运动员的位置移动，将计算机系统为每名运动员创建的"标签"像图钉一样贴在已识别的运动员身上，将这些实时数据提供给字幕渲染平台后进行包装处理，使评论员和观众可以第一时间在屏幕上看到每名运动员在比赛中的确切位置和数据信息。

实时速度测量技术为评论员提供了针对特定赛事和分项比赛的补充数据，让转播内容更全面。将速度测量数据作为电视字幕信息的一部分引入公共信号制作始于索契2014年冬奥会的高山滑雪赛事转播，但当时由于技术原因，在测量位置和测量时间上都有很大的局限性。在北京冬奥会上，OBS与合作机构一起部署了很多信号接收能力更强的全新开发的天线，这些天线能够在滑降赛道上的更大范围内捕获更多数据，确保了运动员数据的准确性。实时测量的数据包括高度、速度、持续时间、滑雪板角度等比赛信息，将这些数据信息传送给制作团队后，制作团队以可视化字幕形式将这些数据呈现在公共信号中，为评论员的解说提供重要的补充信息。

6.4　科技支撑提升北京冬奥会智慧观赛体验的表现

6.4.1　北京冬奥会的观众人数与观赛平台

在北京冬奥会上共制作全部赛事公共信号1000小时，整个冬奥会报道内容超过6000小时，与平昌2018年冬奥会的5600小时相比，增加了7%以上，成为历届冬奥会转播之最[1]。2022年10月20日，国际奥委会发布研究报告，称北京2022年冬奥会的全球转播观众人数超过20亿，比平昌冬奥会观看人数增长了5%。世

---

[1] 张璐，王苗苗. 智能追踪拍摄、超级现场，北京冬奥会拍摄转播将用上这些高科技[EB/OL]. (2021-09-18) [2022-04-15]. https://new.qq.com/rain/a/20210918A0FK5J00.

界各地的观众通过奥委会授权的频道观看了总计7130亿分钟的奥运会报道，比平昌2018年冬奥会增加了18%[①]。

这些数字背后反映的是北京冬奥会转播团队的努力，他们在科技力量的加持下，为全球观众呈现了精彩纷呈的冬奥赛事。20亿观众不仅"看了"北京冬奥会，还实现了沉浸式地观看，其观赛体验更美妙、更专业。

除了传统的电视平台，数字媒体也成为观众获取北京冬奥会信息的重要途径之一，北京冬奥会是数字媒体平台观看人数最多的一届冬奥会，以数字形式观看北京冬奥会的人数比平昌冬奥会增加了123.5%。国际奥委会发布的《北京冬奥会市场营销报告》显示，国际奥委会授权频道在数字平台的总播出时长达到创纪录的120670小时，奥运社交媒体在赛事期间的互动量达到了32亿次，在各平台上吸引了超过1100万的新粉丝[②]。

6.4.2 交互式多维度观赛体验技术让观赛视角更自由、更多元

与以往观赛不同的是，北京冬奥会的观众无须考虑冰雪项目的特殊性及转播工作的难度会影响信号传输质量、速率、效果等问题。璀璨的前沿科技为北京冬奥会的转播插上了智慧的"翅膀"，把赛场内的实况实时传送到世界各角落，保证观众无论身在何处都能同步收看赛事[③]。

运用人工智能技术的虚拟视角和场景重建实现了转播中接近360°旋转的"自由视点"，可以把比赛时的精彩瞬间、球员站位等画面"冻结"，仿佛让时间静止。与以往只能依靠视频画面显示的单个固定视点观看不同，这一技术让观众拥有了"自由视角"，实现了多视点观赛。用户在观看比赛的过程中，既可以自由改变观看点位，从不同的角度去看同一场比赛或同一瞬间，又可以决定自己的视点，选择自己最佳的视角。例如，在双人滑短节目的角逐中，中国组合隋文静/韩聪组合动作难度系数大、完成质量高，但比赛过程和优美的动作转瞬即逝，而"自由视角"技术可以帮助观众在回看比赛时选择从不同的视角欣赏运动员的风采。

---

① 佚名.国际奥委会：北京冬奥会全球转播观众人数超20亿[EB/OL].(2022-10-21)[2022-04-15]. https://news.cctv.com/2022/10/21/ARTIaKszOL9sYDJqR1CZr6HV221021.shtml.

② 佚名.央视财经.创历史新高!观众人数超20亿!其中有你[EB/OL].(2022-10-21)[2022-10-28]. https://finance.sina.com.cn/wm/2022-10-21/doc-imqqsmrp3358142.shtml.

③ 赵婷婷.5G云转播8K观赛 科技让冬奥观赛更清晰、更便捷[EB/OL].(2022-02-05)[2022-04-15]. http://ent.people.com.cn/n1/2022/0205/c1012-32345598.html.

为了让国内观众与冬奥、与赛场、与运动员"同框"只在一屏之间，央视还首次推出8K/VR沉浸式观赛体验。观众戴上指定设备，就可以通过VR应用享受超过80小时的8K超高清信号内容，沉浸式地观看现场直播/点播。

6.4.3 "飞猫""猎豹""时间切片""子弹时间"等让观赛更有层次感

"飞猫"既是转播短道速滑比赛的摄像系统，也是索道摄像系统技术的别名。短道速滑比赛的摄像系统由40台4K超高清摄影机阵列加上3台8K/VR摄像头构成，组成多机位超高清的摄影机阵列，能做到视角全覆盖，在转播画面之余还能辅助裁判员做出判罚。

"猎豹"是央视历时5年研发的包括轨道车、陀螺仪、360米长的U形轨道3个部分的庞大超高速4K轨道摄像机系统，被安装在国家速度滑冰馆赛道的最外侧。在一些速度比赛的项目如速度滑冰比赛中，运动员的速度可达到15～18米/秒，而犹如"猎豹"般快速追击的摄像技术速度标准达到25米/秒，可实时跟踪运动员的位置，捕捉现场画面，还能够及时捕捉到运动员在比赛过程中的表情、姿态。

"时间切片"是将运动员在空中飞跃的几秒影像剪切成数片内容，短到用"帧"（1帧=1/25秒）的形式将运动员腾空的精彩瞬间呈现给观众。对观众来说，在家就可以和在现场的摄影师一样，一帧一帧地回放运动员高清的精彩瞬间。在谷爱凌夺得第三枚金牌的自由式滑雪女子大跳台决赛转播中，观众通过视频回放能够直观看到谷爱凌从腾空跃起到稳稳落地的轨迹在同一画面中定格，这得益于"时间切片"技术。

"子弹时间"是指高速滑动中的运动突然定格，并能进行多角度全方位回看，让观众从多个角度看到运动员动作中的身体控制、动作细节、表情细节、技术细节等。由大量高速4K摄像机组成矩阵的多摄像机回放技术，既可以拍摄运动员运动过程中任何时间点的动作，又可以在任意时刻暂停。比赛场地和项目不同，摄像机矩阵的数量也不同，如冰球场地布置了120台摄像机。赛前，制作团队提前选定4K摄像机的位置，以相同间隔将其固定，确保摄像机在任何方向围绕运动员精确横摇和竖摇拍摄，从而取得更好的拍摄效果。每台摄像机都被安装在可以远程控制的遥控平台上。北京冬奥会共有10个比赛项目使用了多摄像机回放系统，让观众从不同视角身临其境地体验冬季运动。例如，在张家口国家跳台滑雪中心，安装在靠近跳台起飞坡道末端位置的多摄像机回放系统可以全方位捕捉跳台滑雪选手腾空时的瞬间动作，让观众一饱眼福。

6.4.4 虚拟技术让交互更多元

虚拟技术的应用也为运动员与体育迷的及时互动奠定了基础。在北京冬奥会上，虚拟技术除了在冰壶比赛中用于对冰壶接触点、位置、距离、轨迹等进行快速流畅的数据分析，还广泛应用于球迷互动环节。

北京冬奥会是在全球疫情下举办的一届奥运会，疫情防控的要求非常高，现场观赛的人员有限，国外观众更不能到场为自己国家的运动员加油助威。因此，北京冬奥会在东京奥运会的基础上，升级了虚拟体育迷互动应用程序，吸引体育爱好者与参赛运动员进行互动，确保无论观众身在何处都可以在线上表达自己对运动员的鼓励与支持。观众将自己录制的视频信息和加油鼓励的话语上传后，这些内容被传送至各冬奥场馆、奥林匹克网站和持权转播商的数字平台上进行播放。

"运动员时刻"是北京冬奥会颁奖仪式上基于虚拟技术增加的一个亮点环节。颁奖（获颁发纪念品）仪式结束后，运动员将要走下舞台时，可通过舞台侧面的屏幕立即与家人和朋友取得联系，进行实时互动，分享喜悦与激动的心情，每人时长为20~30秒。虽然这一环节始于东京奥运会，但这次是首次出现在冬奥会上。主转播商OBS在"运动员时刻"专门设置了摄像机位，把运动员的激动心情及与家人的互动也分享给观众，带给观众不一样的体验。

北京冬奥会的精彩赛事让电视观众的观赛体验与以往不同，与央视合作转播的咪咕、快手、腾讯等网络视频平台也让观众感受到新技术带来的观赛新体验。例如，中国移动咪咕演播室在AR虚拟技术加持下，可随时根据直播内容变换场景，仿佛向比赛场地"延伸"，这也让解说嘉宾仿佛置身于不同的比赛场地，增强了解说的专业性和可看性；还上线了多路解说视角，配合视频多屏同看功能，实现了多路解说多屏同看、千人千面看比赛的精彩效果。央视还推出了人工智能手语数智人主播"聆语"，它通过手臂动作、唇动、表情等多模态联动，准确、清晰、易懂地翻译赛事信息，让听障人士更好地理解手语表意。"聆语"在整个赛事期间共完成手语手势2000个，服务人次超216万，实现金牌赛事100%覆盖。咪咕视频为了照顾听力有缺陷的观众，依托语音识别技术，结合神经网络算法，首次上线了"智能字幕"功能，满足多国家、地区用户观看直播的需求，让解说"听得见"更"看得清"①。智能字幕功能覆盖短道速滑、花样滑冰、自由式滑雪、单板滑雪等项目的数百个场次。

6.4.5 AVS3编解码技术助力移动端观赛更精彩

北京冬奥会转播不仅让电视机前的观众体验到身临其境的感觉，还让移动端的用户同样享受到8K超高清下冬奥比赛的精彩瞬间。例如，中国移动咪咕携手北京大学、上海交通大学，将AVS3编解码标准应用在咪咕视频赛事直播中。这也是AVS3标准在移动端直播场景中的首次应用及落地。AVS3的编码性能比国际视频编码标准HEVC提升了近30%，意味着同样画面质量的信号传输数据量变小，终端软解码能力从原来的25帧/秒提升到50帧/秒，经过同样的数据解码后画面质量更高。在AVS3编解码技术加持下，冬奥会赛场上冰雪健儿由远及近、从起跳到落地的精彩画面，赛道上飞驰电掣般的速度，每一帧都清晰可见，犹如近在眼前。

数字音视频编解码技术标准（Audio Video Coding Standard，AVS）是2002年由北京大学牵头研发的具有自主知识产权的音视频编解码技术标准。AVS制定的音视频编解码技术标准，包括系统、视频、音频、数字版权管理4个主要技术标准和符合性测试支撑标准，AVS3是其第3代。这一标准在分辨率、多种位率和质量要求的高效视频压缩方法的解码过程中具有较强的适应性，在解码效率上具有明显的优势。

6.5 本章小结

科学技术的突破和创新，首先是在实验室里对基础前沿科学领域做更深的探索和更广的拓展。但仅有实验室的研究是不够的，只有将科学技术转化、应用或嵌入对应的生产、生活领域中，实现从技术前沿拓展到后端应用的"落地"，才能兑现科技成果的价值。大型体育赛事为网络与信息技术、音视频技术等提供了价值兑现的实验场。转播技术的不断革新也为赛事转播在内容、渠道、方式、效果等方面的高质量探索和追求提供了保证，满足了观众对于赛事转播效果越来越高

---

① 佚名. 为了将2022冬奥冰雪盛会真实地呈现在观众眼前[EB/OL]. （2022-02-09）[2022-04-15]. http://www.geceo.com/keji/2202/117878.html.

的要求。

北京冬奥会一级持权转播商共有 24 家，非持权转播商 300 多家，参加注册的媒体人数为 9398。北京冬奥会所有 12 个竞赛场馆铺设的电视转播线缆长达 8684 千米，有转播车 15 辆、虚拟转播车系统 1 台、现场节目制作（EFP）系统 9 套、移动卫星地面站传输系统 1 套。在北京冬奥会上共制作全部赛事公共信号 1000 小时，报道内容超过 6000 小时，全球转播观众人数超过 20 亿。世界各地的观众在由奥委会授权的频道上观看了总计 7130 亿分钟的奥运会报道。所有这一切，都离不开科技的力量与推动作用。

在北京冬奥会和冬残奥会赛事转播方面，科技助力主要体现为 5G 网络全覆盖助力转播信号"更快、更高、更强"，8K 超高清技术助力画面更清晰、更真实，云转播技术助力转播低成本、高速率、灵活性，智能跟踪拍摄技术助力转播内容更完整、更立体；在提升北京冬奥会智慧观赛体验方面，科技助力主要体现为交互式多维度观赛体验技术让观赛视角更自由、更多元，"飞猫""猎豹""时间切片""子弹时间"等技术让观赛更有层次感，虚拟技术让交互更多元，AVS3 编解码技术助力移动端观赛更精彩。

7 科技支撑奥运会仪式庆典铸就新辉煌

现代奥林匹克运动因其仪式价值和文化属性而在100多年的发展过程中始终维持其核心理念，同时充分借助外在的工具力量和组织变革不断发展。究其根本原因，在于奥林匹克运动始终保持着价值理性与工具理性的微妙博弈和有机融合，一方面通过仪式庆典坚持与人的本质和核心需求保持贴近，另一方面通过科技力量推动组织形式和呈现方式的与时俱进。仪式庆典本身属于文化的内容和范畴，但科技手段赋予仪式庆典更为丰富的呈现形式，使文化的价值与意义突破时间和空间的限制，呈现出更加长久和良好的效果。同时，奥运会的仪式庆典也为科学技术提供了顶级的展示舞台，将科技成果充分融入仪式庆典的现实活动场景之中。因此，最终呈现在观众和镜头面前的大型体育赛事仪式庆典等活动场景是科技与人文的有机融合。在奥运会仪式庆典的各种展示环节中，开闭幕式、圣火接力和颁奖仪式是体现科技支撑及科技与人文融合的焦点场景。

7.1 科技支撑奥运会仪式庆典的作用机理

"科技奥运"与"人文奥运"在北京2008年夏季奥运会中被列为办奥理念，并在奥运会筹备和办赛过程中实现了相得益彰的融合与创新。科技与人文的交汇及融合在北京2022年冬奥会上再次被赋予非同凡响的意义，北京2022年冬奥会从筹办伊始，就确定了以科技创新赋能北京冬奥会的办赛思路。中国在国家层面成立了"科技冬奥"领导小组，以创新驱动发展战略为指导，以京津冀协同发展战略为依托，制定实施了《科技冬奥（2022）行动计划》，旨在攻克一批核心关键技术、示范一批前沿引领技术、转化一批绿色低碳技术、催生一批新产业，将北京2022年冬奥会办成一届创新、绿色、开放、共享的科技盛会。《科技冬奥（2022）

行动计划》主要围绕场馆、运行、指挥、安保、医疗、气象、交通、转播等关键场景，开展科技研发与成果创新，并借助科技创新的成果助力北京冬奥会的筹办和举办工作。从北京2022年冬奥会筹备及"科技冬奥"开展和实施的情况来看，北京2022年冬奥会各项目团队通过对北京冬奥会各场景的文化设计和应用示范，进一步完善科技创新，将科技成果充分应用到奥林匹克文化推广和仪式庆典活动中，形成了良好的社会效应。科学技术助力奥运会仪式庆典的工作模式和作用机理主要表现在以下方面：一方面，科技丰富了奥运会仪式庆典的文化内涵和呈现方式，科技支撑北京冬奥会仪式庆典铸就新的辉煌；另一方面，奥运会仪式庆典也为科技提供了展示舞台和应用场景，对科学技术的持续创新发展提出新的要求和发展方向。

7.1.1 仪式庆典的社会意义和符号象征

仪式庆典通常被看作诠释人类现象的经验性"社会文本"[1]。解构主义者认为仪式并非一种恒久的存在，不应被看作一种本身存在的东西。有关仪式的生成，社会学家杜尔凯姆（Durkheim）指出，"任何社会都会感到，它有必要按时定期地强化和确认集体情感和集体意义，只有这种情感和意识才能使社会获得其统一性和人格性。这种精神的重新铸造只有通过聚合、聚集和聚会等手段才能实现……于是就产生了仪典"[2]。仪式首先是具有特殊形式的社会行为，广义的仪式包括从日常问候的礼节到教会的隆重仪式等各种各样的行为。从行为目的和发生频率来看，仪式行为是与惯常行为特征相悖的超常态行为，最具代表性的仪式是构建传统或仪式规则的活动，无论这些活动属于宗教还是世俗的范畴。还有证据表明，仪式活动不但具有实质性，而且具有情境性，是关乎选择做什么及在特定情境下如何去做的问题，而不是随时随地规约仪式的固定活动或固有原则[3]。仪式作为一种社会行为，其载体不仅体现在人的行为方面，还体现在具体的器物方面，以及在此基础上形成的制度和精神力量方面。

作为人类本质特征的象征性行为与符号化表达，仪式庆典活动通常弥漫于人们的日常生活中，同时又被视为当然或者被视而不见。英国人类学家詹姆斯·乔

---

[1] 兰德尔·柯林斯. 互动仪式链[M]. 林聚任, 王鹏, 宋丽君, 译. 北京: 商务印书馆, 2009.
[2] 埃米尔·杜尔凯姆. 宗教生活的基本形式[M]. 渠东, 汲喆, 译. 北京: 商务印书馆, 2015.
[3] BELL C M. Ritual: Perspectives and dimensions[M]. New York: Oxford University Press, 2009.

治・弗雷泽（James George Frazer,）认为，人是庆典仪式的动物[①]。体育竞赛在古代社会经常作为宗教仪式的依附形式而存在，而随着人类社会的现代化和世俗化，体育竞赛逐渐发展为一种独立的人类群体活动方式，并逐渐发展为现代社会最为常见和普遍的社会文化现象。在现代体育赛事中，仪式广义上的表现形式包括任何人际之间的互动性身体活动，而在狭义上仪式主要指开幕式、闭幕式、圣火传递、颁奖仪式等体育赛事中具体的仪式性庆典活动。以奥运会为代表的现代体育赛事所构筑的全球体育仪式庆典，借助其宏大的叙事模式和符号象征体系，通过精心设计仪式过程及吸引参与主体的认同意识，形成了世界范围内的集体欢腾，产生了共同参与的集体意识，从而实现参与主体的普遍认同和集体归属[②]。在神性泯灭、人性彰显的现代社会，当宗教祭祀无法再唤起人类的神圣情感后，人类内心神圣的创造力就转向了文化艺术的表现方面。在艺术表演无法凭借身体姿态直接传达的场景下，科学技术彰显了其开拓创新和托举助力的价值和作用。借助科学技术的力量，仪式庆典的符号化表达破解了时间和空间的限制，为集体意识、狂欢属性和景观展示赋予了更加真实的仪式氛围和庆典效果。

7.1.2 科技丰富了奥运会仪式庆典的文化内涵

仪式在本质上是一个身体经历的过程，任何发生相互关注的两个或多个个体只有共处于同一仪式互动空间，实现身体在同一地点的聚集，才有可能产生互动仪式。对于全球追捧和万众瞩目的奥运会来说，电视、网络、AR、VR等技术的发展使得远程观看比赛和参与仪式活动成为可能，并且观看和参与的技术越来越成熟。

自20世纪中叶以来，科技的进步加速了文化传播工具尤其是电视的普及，使得竞技场面的视觉呈现首次突破了空间的限制，人们不需要经历古代奥运会和现代奥运会早期那样的长途跋涉和舟车劳顿，即可实现原地观赛。科技使远程观赛成为可能，同时促使举办方以更加个性化的特点来呈现属于自己的文化创意。近几届奥运会不断将现代舞美、灯光、音响、3D、5G、VR、AR等科技手段，特别是最新的5G+8K+VR转播技术系统广泛应用于仪式庆典中。通过电视或网络转播观看的观众可以随着摄像镜头关注赛场和仪式庆典，并在心理上模拟出身体在场

[①] 詹姆斯·乔治·弗雷泽. 金枝[M]. 王培基, 译. 北京：商务印书馆，2013.
[②] 叶欣. 体育庆典"集体欢腾"的形态、阐释及其反思——以奥运庆典仪式为例[J]. 河海大学学报（哲学社会科学版），2016（3）：84-88.

的场景。成熟和尖端的科学技术可以将这种间接的赛场参与和身体共在变得更为逼真，使观众产生更加真实的情感体验和能量传递。

但是，在电视和网络转播的效果和技术手段越来越出色的前提条件下，现场观赛的人数并未减少。一些狂热的观众甚至在场外或电视荧屏前聚集在一起来分享共同的情感，体验身体共在带来的集体兴奋的感觉。身体共在不但提高了参与人员在兴奋状态下发生身体接触的可能性，而且可以满足他们将这种兴奋通过语言传递给他人的需要。按照美国社会学家兰德尔·柯林斯（Randall Collins）的说法，竞赛场面最根本的诱惑在于，参与人员的情绪被周围喧嚣的人群所点燃并引发瞬间的愉悦感。因而，对于奥运会等大型体育赛事中成功的互动仪式来说，同处体育赛场（无论是直接的还是间接的）都是赛场互动仪式产生的必要组成要素，科学技术的作用在于将这种身体共在的情景营造和呈现得愈发逼真。

7.1.3 奥运会仪式庆典为科技提供了展示舞台

随着体育在当今社会发展中的作用越来越凸显，科技在体育领域的应用愈加受到关注和重视。事实上，体育领域为科学技术的应用提供了大量难得的文化应用场景和产业发展机遇，科学技术与体育、文化相结合必将推动体育事业发展，助力体育事业的全面转型升级，推动赛事活动组织的多元化、特色化。现代奥林匹克运动的与科学技术的进步紧密相连，仪式庆典需要展示手段和呈现方式，科技需要应用场景和展示舞台，而奥运会成为现代科技的展示窗口和交流平台。科技创新可以极大提升体育竞技、身体审美和艺术创作的水平，给人们奉献更加精彩的开幕式、闭幕式、圣火传递和颁奖典礼等活动，不仅节省了大量的人力、物力和财力，还借助赛博空间和赛博时间架构的虚拟空间及虚拟现实，突破现实物理空间的局限，将人们带进无尽的宇宙、无边的海洋和久远的历史[①]。

7.1.4 奥运会仪式庆典是科技与人文的有机融合

仪式庆典属于宏观层面的概念，以结果和目的为导向，而科学技术属于微观层面的概念，以过程和手段为导向。霍尔格·普罗伊斯（Holger Preuss）将体育赛事的遗产结构分为"软结构"和"硬结构"两种，前者包括知识（如组织、安

---

① 贺幸辉. 奥运会·虚拟时代·人类庆典方式：里约奥运会启示录——《体育与科学》学术工作坊"里约奥运会主题沙龙"综述[J]. 体育与科学，2016，37（5）：1-7.

全、技术知识等)、网络(如政治、体育联合会、安全网络等)和文化产品(如文化身份、文化思想、共同记忆等),后者包括第一结构(体育设施、训练场地等)、第二结构(运动员村、技术官员和新闻媒体等)和第三结构(安全、发电厂、通信网络、文化景观等)[①]。柯林斯在论述竞赛与仪式关系时指出,"竞赛是自然的仪式,因为它们不是有意识地或刻意地形成了成功仪式所需的因素。但是它们仍然被计划、预测与精心构思(运用仪式技巧产生一些可称为人为的仪式体验),它们把一群人聚集成一个共同体,没有其他相关的事,也没有其他目的,只是体验仪式情感本身的高潮"。科技与文化两者密不可分并相得益彰,而仪式庆典则是科技与人文有机融合的场景。第十届全国人大常委会副委员长的许嘉璐教授在2002年5月苏州海峡两岸中华传统文化与现代化研讨会开幕式上的讲话中谈到,"无科技无以强国,无文化足以亡种"[②]。

奥林匹克运动受到广泛关注的原因还在于其特有的庆典活动的狂欢属性。在4年一度、为期两周的赛会期间,除了精彩的体育竞赛活动,各类文化展览和艺术表演活动也营造了一种节日娱乐狂欢氛围,这种娱乐和狂欢属于人类需求的本性释放。体育赛事在其历史演进过程中从农业社会的庆典转化为工业社会的景观,其庆典强调的是平等和参与,而景观突出的是界限与旁观,现代体育赛事在世界范围内展现出来的是两者的共存与融合。冬奥会的竞赛和仪式庆典既是体育和文化概念的结合,也是科学技术的展示,两者在仪式庆典中的融合充分展示了价值理性与工具理性的有机统一。

7.2 科技支撑北京冬奥会仪式庆典的表现

奥林匹克仪式庆典的具体形态按照举行的时间先后序列包括圣火传递、开幕式、颁奖典礼和闭幕式[③]。科学技术在这些仪式庆典中起到了推广助力的作用。

[①] PREUSS H. The conceptualisation and measurement of mega sport event legacies[J]. Journal of sport & tourism, 2007 (3-4): 208.
[②] 许嘉璐. 未了集——许嘉璐讲演录[M]. 贵阳: 贵州人民出版社, 2002.
[③] 任海. 顾拜旦与奥林匹克仪式[J]. 中国体育科技, 2001 (3): 9-11.

7.2.1 科技支撑圣火接力传递文化自信

火种采集和圣火传递在奥林匹克运动和仪式庆典活动中具有神圣的意义和不可或缺的作用。1896 年，第 1 届现代奥运会恢复了古代奥运会中运动员手执火把入场的活动，但真正意义上的点燃圣火仪式开始于阿姆斯特丹 1928 年奥运会，而在柏林 1936 年奥运会上正式开始举办圣火传递仪式。现代奥运会的第一次圣火采集是在奥林匹亚的赫拉神庙遗址进行的，并点燃了第一个火炬，这个火炬由经过抛光处理的不锈钢制成，并由以镁为主的物质提供燃料。按照柏林奥运会的设计，火炬从奥林匹亚出发，按照每人 1 千米的距离进行传递，在完成 3075 千米的传递活动之后，最终抵达柏林。冬奥会的第一次圣火采集是在现代滑雪之父挪威人桑德雷·诺海姆（Sondre Norheim）家里的炉火中进行的，并最终传递至 1952 年冬奥会举办地挪威的奥斯陆。自因斯布鲁克 1964 年冬奥会开始，冬奥会圣火采集仪式开始与夏季奥运会保持一致，即从希腊的奥林匹亚采集火种。自此，圣火传递成为现代奥运会的一个必备节目和传统。

奥运会火种灯和火炬的制作，以及圣火传递的方式随着科技发展呈现出不同的时代特点。赫尔辛基 1952 年奥运会的圣火火种保存在一个矿灯中，通过飞机运至丹麦，并通过自行车、马背、划艇等不同交通方式传递了共 7870 千米，最终抵达举办地赫尔辛基。罗马 1960 年奥运会的火炬由铜铝合金制成，燃料是天然树脂松香，火炬的外壳既可以防风防雨，也可以防止树脂流出。蒙特利尔 1972 年奥运会的火炬由重量较轻的铝材质制成，燃料是经过特殊处理的橄榄油。本届奥运会依靠科技力量实施了一次颠覆性的圣火点燃方式，通过传感器捕捉离子化的火焰微粒，并转换成可以通过人造卫星传输的脉冲信号，直接将信号从希腊传递到渥太华。洛杉矶 1984 年奥运会的火炬由铝铜合金制成，并以丙烷作为清洁燃料。悉尼 2000 年奥运会的火炬经过了特殊化学处理，并借助科技力量在澳大利亚东北部海底实现了奥运会历史上的首次水下圣火传递。雅典 2004 年奥运会的火炬形似一个卷起的橄榄树叶，里边包着火炬盘和燃料盒，下边则是橄榄原木做成的手柄，而外壳则由镁金属制成。北京 2008 年奥运会的"祥云"火炬外壳由可回收的铝合金材料制成，燃料也是符合环保要求的丙烷，其主要成分是碳和氢，燃烧后只会产生不会污染大气的二氧化碳和水。北京 2008 年奥运会火种灯的创意来自传统的中国宫灯，圣火盆采用天圆地方的设计理念，以中国古代的青铜器鼎和祥云图案为设计元素，火炬展示支架则借鉴了厚重大气的汉唐建筑风格，与整体的祥云图案设计遥相呼应、首尾一致[1]。

北京2022年冬奥会火炬名为"飞扬"，创意源自中国传统文化"道法自然，天人合一"的理念，火炬的整体造型源于叶子，充分展示了自然界充满生机的流线力量。火炬的主体采用螺旋设计，外形颜色从红色渐变为银色，看上去像一条舞动的丝带。北京2022年冬奥会与北京2008年夏季奥运会的纹饰设计遥相呼应，火炬图案从祥云纹样过渡到剪纸风格的雪花图案，体现了北京"双奥之城"的独特魅力。火炬由碳纤维和复合材质制作而成，强度高、重量轻、耐摩擦、耐高温、抗极寒、耐紫外线辐射，且可防十级大风和暴雨。火炬采用了液体火箭发动机的氢能技术，主要燃料为氢气，属于世界上首套高压储氢火炬。火炬内部采用轻量化技术，为燃烧系统腾出足够的空间来储存燃料。火炬拆装结构类似中国传统的孔明锁，只有达到特定角度才能实现开合。

北京2022年冬奥会火种灯的创意源自号称"中华第一灯"的西汉长信宫灯，其文化意蕴为永恒的信念，代表人们对光明、希望的追求和向往。仪式火种灯顶部采用了飞舞的红色丝带环绕的设计，与北京2022年冬奥会火炬"飞扬"构成视觉上的统一，象征着拼搏的奥运精神。火种灯体采用可回收铝合金材质，外部涂层为水性陶瓷涂料，这种涂料无毒无烟且具有耐火功能。火种灯的内部采用双层玻璃结构，自上向下的空间被打通，当灯具上部有气压产生时，腔体内的二氧化碳即可从侧壁排出，保证火种灯在低温、严寒、大风等环境下不会熄灭。火种灯的燃料为清洁的丙烷气体，燃烧后可以转化成不会产生污染的二氧化碳和水。

北京2022年冬奥会的仪式火种台顶部也采用了环保的水性陶瓷涂料，这种涂料属于具有耐火特性的无烟无毒涂料，火种台的燃料是丙烷气体，燃料产生的是二氧化碳和水，属于环保的清洁能源。此外，北京2022年冬奥会火炬接力标志的灵感源自中国神话故事和传统书法艺术，展示了中国人民共建人类命运共同体的美好愿望，也凝练出跨越地界和文化领域的奥林匹克精神。火炬接力标志的红黄两种颜色分别取自中国国旗的颜色，代表了活力、热情与奋进。2022年2月2—4日，在北京、延庆、张家口3个赛区开展的火炬传递活动中，共有约1200名火炬手参与传递。同时，火炬接力活动还包括火种展示和网络传递，在"科技冬奥"多机器人跨域协同的火炬接力环节中，两名"机器人"火炬手惊艳地完成了水下

---

① 王成. 奥林匹克圣火传递的历史研究[D]. 南京：南京师范大学，2008.

接力活动。

7.2.2 科技支撑开幕式"微火"照亮世界

历届奥运会的点火仪式竞相采用高科技力量作为支撑，艺术和文化的创意设计大同小异，但科技支撑的展示途径千变万化。电视转播技术的出现和不断提升首先打破了体育赛事和仪式活动的空间限制，使得奥运会的声音和画面不再局限于奥运会举办地和比赛活动现场。同时，奥运会竞技场面和仪式活动的远程传播，逐步提高了对开幕式视觉美感的技术要求，整个开幕式日益发展为一场大型的科技视觉盛宴。科技对开幕式的支撑和保障主要体现在声、光效果及场地布景方面。由电子视像技术支撑的视觉文化形态，随着电子视觉传播技术的迅速发展，不仅影响着艺术形态和观念的变革，还深刻改变着科技的介入方式和世界的运行秩序。冬奥会的第一次现场直播发生在科尔蒂纳丹佩佐 1956 年冬奥会上，同年的墨尔本夏季奥运会也拍摄了大量的黑白纪录片，东京 1964 年夏季奥运会首次在全球实行电视转播，格勒诺布尔 1968 年冬奥会首次使用彩电技术向全世界转播。网络技术的发展使得奥运会的视觉呈现和信息传播进一步迅速拓展，洛杉矶 1984 年夏季奥运会开幕式上第一次使用计算机管理演出者的数据库，巴塞罗那 1992 年夏季奥运会首次采用数字电视信号对赛事进行直播，亚特兰大 1994 年夏季奥运会推出了"网络奥运会"，将奥运会信息上网，悉尼 2000 年夏季奥运会仅官网点击率就达到了上亿次。

在北京冬奥会开幕式中，数字科技完美地融入独特的艺术创意之中。LED 屏显技术被应用到 1200 平方米的冰瀑布、晶莹剔透的 600 平方米冰立方中，打造了世界上最大的 LED 三维立体舞台，并独创性地被应用到主火炬的设计中。与历届奥运会的常规主火炬不同，北京 2022 年冬奥会主火炬别出心裁地采用由小雪花和橄榄枝组成的小火炬，小雪花和橄榄枝均为全彩 LED 直显屏，每个发光点的颜色和亮度都可以独立控制。北京冬奥会的主火炬设计和点燃仪式均以一种匪夷所思、出人意料的方式呈现在全世界的观众面前，本届冬奥会设计出历届奥运会中最小的主火炬，由最后一棒火炬手直接手持插放到璀璨的雪花中央。主火炬的地面核心装置系统将"雪花"升至空中，奥运圣火与 96 朵晶莹的雪花和 6 条飘逸的橄榄枝交相辉映，为开幕式画上了圆满句号。北京冬奥会以"微火"取代熊熊大火作为奥运会的主火炬，这是奥运史上全新的创意设计，充分实现了传递低碳、环保的绿色奥运理念。

7.2.3 科技支撑颁奖典礼彰显礼仪之邦

由于冬奥会举办季节的寒冷天气，加上每日的奖牌数量与夏奥会相比较少，自长野1998年冬奥会起，就形成了冬奥会颁奖典礼在颁奖广场举办的传统。除了颁发奖牌的环节会安排在比赛现场，正式的颁发奖牌、升国旗、奏国歌等颁奖典礼环节每天集中在颁奖广场举办。北京冬奥会共设立了北京、延庆和张家口3个颁奖广场，其中北京颁奖广场舞台以"美美与共"命名，承载着喜迎八方客同过春节的诚意；延庆冬残奥颁奖广场舞台以"生命之树"命名，充分体现冬残奥会运动员雪中"生长"的顽强生命力；而张家口颁奖广场舞台以"激情逐梦"命名，旨在结合滑雪的优美姿态与雪山造型，在亦动亦静中展现雪的安静和纯洁，以及运动员的灵动与活跃。

北京冬奥会颁奖台以北京冬奥会色彩系统中的天霁蓝为主体颜色，由核心图形与冰雪线条组合而成，整体形象呈现简约、大方的风格。颁奖台的箱体材料为可回收的环保材料，箱体结构为蜂窝状内芯，既可增强承重力，又可减轻自身重量，台面铺设了可以抗低温的防滑软垫，符合冰雪项目的使用要求。颁奖台采用模块化组合拼插方式，针对单人项目和多人项目，可以实现快速转换和拼装，并迅速转运至颁奖场地。冬残奥会颁奖台外观设计与冬奥会保持一致，同时针对残疾运动员的实际情况，增设了无障碍坡道。

北京冬奥会的颁奖礼服共有3套方案，分别为"瑞雪祥云""鸿运山水""唐花飞雪"。"瑞雪祥云"的设计以"瑞雪""祥云"两个中国传统吉祥符号为主题，以北京冬奥会的天霁蓝和霞光红为主体色彩，将中国传统服饰风格与现代服装设计理念相结合，在提炼冬奥核心图形元素的同时，也将中国传统绘画中"金碧山水"的技法转化为刺绣形式，礼服整体以现代简约的手法展现中国传统韵味。3个系列的颁奖服装都包括引领员服装和托盘员服装，两类服装分别以蓝色和红色来进行区分，每套颁奖服装都包括外套、帽子、手套、防滑长靴、自发热保暖内衣等不同套件。

北京冬奥会和冬残奥会颁奖采用上海市非物质文化遗产代表性项目——"海派绒线编结技艺"手工制作而成的绒线花。这种绒线花不同于传统意义上的平面钩花，是利用各色毛线精妙钩织而成的花束，花的层次分明、质感蓬松、立体感强、形象逼真。绒线制作的颁奖花束针法细腻、色泽柔和、容易清洗且不易变色。绒线花一方面遵循了奥运颁奖仪式中花束的传统，另一方面别出心裁地将中国传统文化融入花束制作和仪式活动当中，并且充分践行了北京冬奥会的绿色办奥理念。北京冬奥会现场播放的颁奖仪式音乐巧妙使用了"编钟"等具有代表性的中国传统乐器，仪式过程中播放的颁奖音乐形象且充分地展现了中国元素，使获奖运动员在荣登颁奖台的瞬间感受到来自主办国的文化氛围和诚挚祝福。

7.2.4 科技支撑闭幕式演绎中国式惜别

奥运会的闭幕式虽不像开幕式那样盛大和隆重，但同样属于一个完整仪式活动中的重要环节。按照通过仪式的理论，体育赛事在结束之后进入聚合仪式阶段，闭幕式通常标志着从边缘仪式到聚合仪式的跨越[1]。事实上，闭幕式既是奥林匹克仪式活动的构成环节，也是奥运竞赛的组成部分。按照冬奥会的传统，越野滑雪女子30公里、男子50公里集体出发项目的颁奖仪式通常会安排在闭幕式上举办，形成体育赛事与仪式活动的完美融合。闭幕式不但融入比赛的环节中，而且把文艺表演、圣火熄灭等活动完美地融合在一起。在奥运会闭幕式活动中，文艺表演和仪式活动通常以交错进行的方式开展，各项程序如交接、运动员入场、降奥运会旗、升希腊国旗和下一届主办国国旗等相继开展，并通过文艺表演来突出回忆、快乐、告别和相约等仪式主题[2]。与此同时，奥运会闭幕式也是上下两届奥运会连接和承启的重要环节，下一届奥运会的主办方通常会在上届奥运会闭幕式上举行长约8分钟的文化展演，并在这个环节正式发出举办下一届奥运会的口头邀约。

北京冬奥会的开闭幕式以"一朵雪花的故事"为主线，娓娓讲述了一场体育盛会的过程，北京冬奥会的雪花故事始于2022年2月4日的中国传统立春节气，并在2月20日中国农历元宵节这一天正式结束。为了更好地呈现中国传统文化在新春佳节告别的场景，北京冬奥会闭幕式充分借助科技手段，演绎了一场世界范围的中国式惜别情景。在闭幕式现场，脚蹬生肖冰鞋的孩子们在冰面上愉快地飞舞滑行，由AR技术生成的无数条美丽红丝带从四面八方汇入鸟巢，将场内悬挂的雪花火炬台装点成一个巨大的红色中国结，生肖冰鞋车滑动出的轨迹也逐渐汇聚为一个中国结。当空中和地面的两个中国结完全相融在一起时，悠扬的中国传

---

[1] 维克多•特纳. 仪式过程：结构与反结构[M]. 黄剑波，柳博赟，译. 北京：商务印书馆，2012.
[2] 王慧. 北京奥运会开闭幕式文艺表演研究[D]. 福州：福建师范大学，2010.

统乐曲《送别》在所有观众的耳畔响起，由 365 位不同年龄和不同职业的舞者手捧晶莹发光的柳枝，轻盈缓步进入场地，即刻绘制出一幅精致逼真的"垂柳图"，现场所有的青年男女手持具有象征意义的柳枝，以"折柳寄情"的画面来寄托中国传统诗歌中的依依惜别场景。

7.3 本章小结

本章主要从仪式庆典的社会意义和符号象征、科技与奥运仪式庆典的互动关系等角度阐释了科技支撑奥运仪式庆典的作用机理，同时从科技与圣火接力、开幕式、颁奖典礼、闭幕式之间的关系方面进一步说明了科技支撑北京冬奥会仪式庆典的表现。在科技与人文全面融合的北京冬奥会上，人文理念和文化自信始终贯穿于北京冬奥会的仪式庆典过程中，同时科技力量也呈现出人文价值的延伸与扩展。奥林匹克运动的生命力和吸引力在于其始终维持了价值理性与工具理性的有机融合，一方面通过仪式庆典坚持满足人的需要，另一方面采用科技的手段进行呈现。文化和仪式是奥林匹克运动的核心，但科技又在呈现方式上赋予文化理念以跨越时空的技术和手段。北京冬奥会借助科技的力量铸就了仪式庆典的新辉煌，一方面通过科技丰富了仪式庆典的文化内涵，另一方面仪式庆典为科技提供了展示舞台，同时实现了科技与人文的有机融合。在科技支撑北京冬奥会仪式庆典的呈现方式中，圣火接力传递了文化自信，开幕式的"微火"照亮了世界，颁奖典礼彰显了中国礼仪之邦的特色，闭幕式演绎了一场中国式惜别场景。北京冬奥会淋漓尽致地展示了科技与人文的交融，有效实现了价值理性与工具理性的有机统一。

8 科技支撑安全办赛打造卓越冬奥盛会

安全稳定是国家兴盛的重要标志，也是国家长远发展的根本基础。习近平总书记曾在多个场合强调"国家安全""安全生产""国泰民安""健康安全"等安全问题。2021年1月20日，习近平总书记在人民大会堂主持召开北京2022年冬奥会和冬残奥会筹办工作汇报会时强调，"要突出'简约、安全、精彩'的办赛要求，全面防范化解各种风险，精心做好赛事组织、赛会服务、科技应用、文化活动等各项筹办工作，最大限度降低疫情风险"。在北京冬奥会开赛前1个月，习近平总书记在考察筹办工作时再次强调，要健全统一指挥、统筹调度、有机衔接、运行顺畅、反应快速、果断处置的体制机制，完善各类工作规程和突发情况应对预案。"安全"成为北京冬奥会的重要标签。与此同时，国际奥委会历来将安全看作举办冬奥会和冬残奥会的头等大事[1]。因此筹办北京冬奥会和冬残奥会必须牢固树立"安全"意识。这种"安全"意识直接体现了在疫情下对所有奥林匹克运动参与者的人文关怀，诠释了以人为本的思想。同时，在冰雪运动比赛项目本身具有潜在危险性，以及疫情具有极强传染性的前提下，北京冬奥会提出的"安全"办赛要求具有重要的现实意义。

为深入落实习近平总书记的指示要求，在北京冬奥会和冬残奥会筹办期间，所有项目工作加强测试演练，查隐患、堵漏洞、强弱项、补短板、抓统筹、促协调，着力抓好政治安全、赛事安全、防疫安全、舆论安全、城市安全，全面梳理了336个风险点，防范化解各类风险。各部门精心做好赛事安全保障，统筹规划细化各场馆的安保措施、细化网络安全、无线电管理等工作，确保赛事组织、赛会服务、赛事活动等各项工作安全、顺利、高效落实。北京冬奥会和冬残奥会安全办赛涉及方方面面，概括来说，主要包括竞赛活动安全、疫情防控安全、人身健康安全、公共风险安全、网络舆论安全，以及其他方面的安全，而科技则成为

---

[1] 孙葆丽，闫伟华. 习近平关于北京冬奥会和冬残奥会办赛要求的论述研究[J]. 北京体育大学学报，2021，44（6）：26-32.

打造"精彩、卓越、非凡"的冬奥盛会的重要利器。

8.1 科技支撑安全办赛的作用机理

没有安全的保障，就没有成功、精彩的冬奥会。确保安全是办好北京 2022 年冬奥会的前提和基础。北京冬奥会的高人群密度、高关注度、高回报率不可避免地带来了高风险，加之我国全面建设社会主义现代化进程已步入复杂的"风险社会"阶段，突如其来的疫情又将整个社会治理置于全新的风险场域中，因此新形势下做好北京冬奥会安全风险管理和保障已成为国家和社会治理的一项重要议题[①]。面对北京冬奥会多样、复杂且严峻的安全办赛需求，科学技术的强大支撑作用愈加凸显。科技支撑安全办赛的作用机理体现在以下方面：一方面，安全办赛对科技提出了更高的要求；另一方面，科技为安全办赛提供了更好的支撑。

8.1.1 安全办赛对科技提出了更高的要求

国际奥委会曾多次强调，奥运安保的重要性超过了竞赛本身。做好北京冬奥会安保工作，确保北京冬奥会期间社会和谐稳定、赛事安全有序、氛围欢乐祥和，是落实我国对国际社会及党和人民的庄严承诺、履行好安全办赛的使命要求、展示良好形象的重要方面，是对北京冬奥会安全保障工作最大的考验。

习近平总书记十分重视办赛安全，他指出："安全是重大体育赛事必须坚守的底线。"2021 年 1 月，习近平总书记在考察期间专程观看了雪道巡查、中心防护网安装、运动员救援等赛场保障工作演示，他指出，高山滑雪是"勇敢者的运动"，要强化各方面安全保障，抓好管理团队、救护力量和设施维护队伍建设，完善防疫、防火、防事故等风险防范措施，加强应急演练，确保万无一失。冬奥会和冬残奥会比赛项目大都与自然环境有着天然联系，很多冬季项目需要在山间、野外举行，因此许多冬季运动都有飘逸、高速等特点。这在给冬季运动带来无限魅力的同时也暗藏了不少安全隐患。

---

① 宋文静，朱旭东. 北京 2022 年冬奥会社会安全研究——政策工具指引下的风险管理[J]. 中国人民公安大学学报（社会科学版），2020，36（5）：148-156.

为世界奉献一届"简约、安全、精彩"的冬奥盛会,"安全"是前提。习近平总书记曾做出温暖的承诺:"我们完全有信心保障参赛及相关人员、中国人民的健康安全。"北京冬奥会开幕后,数以万计的后勤保障人员夜以继日地提供卫生防疫、网络安全、交通保障等各项服务,以确保万无一失的工作态度维系着整个赛事的正常运转。正如北京冬奥组委新闻发言人严家蓉所说:"我们采取的一切措施,都是为了给运动员参赛提供安全环境,让运动员没有后顾之忧,能够全力以赴去创造最好成绩,实现他们的梦想。"

实现全方位的安全办赛,离不开强大科技实力的支撑,安全办赛对科技提出了更高要求。北京冬奥会具有点多、面广、天气冷、路线长、速度快、队员多、车辆多、观赛群众多、场馆分散和开放性强等诸多特点[1],除这些特点本身暗藏各种风险外,北京冬奥会还不可避免地面临着各种公共安全风险、网络舆论安全风险和疫情防控安全风险等。在复杂情势和多元风险的影响下,要实现安全办赛,就必须依靠科技的力量,提升安全办赛的质量和能级。

8.1.2 科技为安全办赛提供了更好的支撑

党的十八大以来,在以习近平同志为核心的党中央坚强领导下,中国科技实力正在从量的积累迈向质的飞跃、从点的突破迈向系统能力提升。为解决参赛、观赛中的各类安全隐患,在公共安全、食品安全和健康安全等领域,科技为应对气象预报、灾害预警、食品安全、网络安全和疫情防控等各类突发事件和应急场景提供了重要的保障和智力支持。

为保障北京2022年冬奥会顺利举办,我国在冬奥会筹备过程中充分发挥科技支撑国家安全体系的作用,制订周密而完善的安全保障方案,以科技赋能赛事安全,结合大数据、云计算、物联网、智能预案管理等技术构建安全保障体系,以智能化保障工作筑牢赛事"安全红线"。北京出台了一系列精准防疫措施,提供周到的志愿服务和专业的医疗保障,为北京冬奥会的顺利举办提供了安全保障。科技元素为中国"安全办奥"提供了重要助力,智能餐厅、健康环境监测、无接触体温监测、人工造雪、具有"多要素、三维、秒级"特点的立体气象监测网络等,为所有运动员与相关人员带来实实在在的安全感[2]。北京冬奥会期间,动态精准闭

---

[1] 杨玉海. 北京冬奥会安保基本内涵探讨[J]. 北京警察学院学报, 2018(4): 37-40.
[2] 郭海静. 分水岭与里程碑:北京冬奥会重塑中国体育新辉煌——兼论《巴赫在北京冬奥会开幕式上致辞》[J]. 南京体育学院学报, 2022, 21(7): 1-8.

环防控管理、数字科技提高防控效能等，为疫情防控下大型国际交流活动提供了防疫治理的中国方案、科技支撑与智慧经验[①]。在疫情在世界范围内持续蔓延的严峻态势下，中国依然兑现了庄严承诺，接待了 1.5 万余名涉冬奥重点人员，闭环内阳性病例率仅为 0.01%。100 多个医疗点、数万名赛会志愿者的坚强守护，强大科技的助攻，打造了全流程、全封闭、点对点的防控体系，最大限度地降低了疫情传播风险，向全世界展示了中国战胜困难和挑战的强大力量。

北京冬奥会医疗小组首席专家麦克洛斯基（McCloskey）称北京冬奥会是"一届安全的赛事"。各国参赛运动员也表示，北京是全世界最安全的地方，参加北京冬奥会倍感安全、安心。毋庸置疑，科技为北京冬奥会实现安全办赛的目标提供了更好支撑。围绕北京冬奥会安全办赛的 6 个方面（竞赛活动安全、疫情防控安全、人身健康安全、公共风险安全、网络舆论安全，以及其他方面安全），科技支撑安全办赛为打造卓越冬奥盛会写下最好的注解。

8.2 科技支撑北京冬奥会和冬残奥会安全办赛的表现

8.2.1 科技支撑竞赛活动安全

竞赛是北京冬奥会和冬残奥会的核心要素，竞赛活动安全是安全办赛的首要任务。科技支撑竞赛活动安全一方面体现在科技支撑提供精准气象服务方面。冬奥会的成功举办需要依托良好的自然环境和气候状况。"冬奥会气象条件预测保障关键技术"通过系统技术研发和产品应用，建立冬奥智慧气象服务系统，解决制约冬奥气象保障的核心科技问题，为冬奥会提供最先进的气象科技手段、最精准的气象预报，确保各项冬奥赛事顺利开展。

精准气象预报系统着眼于为天气情况精准"把脉"，专门建设了延庆、张家口冬奥气象服务分中心，在自动气象站、激光测风雷达等加密气象监测设备科学布设基础上，依托数值天气预报、人工智能、大数据等技术，研发冬奥智慧气象服务技术及系统，实现超精细"复杂山地+超大城市"一体冬奥气象综合监测，达到"分钟级、百米级"精准预报。精准气象预报系统为北京冬奥会各项山地雪上赛事

---

① 唐云松，陈德明. 北京冬奥会"中国之治"疫情精准防控的成功根基、实践遵循与重要启示[J]. 沈阳体育学院学报，2022，41（5）：15-20，48.

的顺利举办提供强有力的科技支撑。在北京冬奥会后，该项科技成果还将整体提升我国气象服务水平，未来可广泛应用于各类大型赛事活动和城市安全运行保障中，服务于民生。

具体来说，围绕"冬奥会气象条件预测保障关键技术"，北京冬奥周期科技支撑精准气象服务主要攻克了如下关键技术。

（1）赛场精细化三维气象特征监测和分析技术。通过冬奥山地赛区立体加密观测试验，开展山地赛区中、小、微尺度三维气象场特征分析研究，建立冬奥复杂地形下多种高影响天气高精度预报概念模型和关键指标。

（2）复杂地形稠密气象资料快速同化融合技术。快速集成与无缝隙融合预报技术体系和预报系统，可提供复杂地形下100米网格、10分钟更新的冬奥关键气象要素0~24小时高精度实况分析和预报产品。

（3）24~240小时无缝隙高分辨率数值天气预报技术。以GRAPES模式为核心，建立冬奥24~240小时无缝隙客观天气预报技术体系，为冬奥短中期气象预报服务提供"自主可控"的关键科技支撑。

（4）赛事气象风险预报警技术。结合机器学习、大数据挖掘等技术方法，在高精度短临客观预报和多尺度数值预报的基础上，研发形成冬奥关键点位24~240小时无缝隙定点气象预报和赛事气象风险评估预警体系。

（5）冬奥智慧气象服务技术。建立以人工智能和大数据挖掘为核心的冬奥气象智能服务技术体系，形成面向冬奥气象服务的智能化图文表加工、智慧气象服务虚拟现实可视化推演、交通气象和直升机救援等专项气象服务关键技术成果。

据统计，在北京冬奥周期中，在张家口赛区，河北省气象局共建成了44个赛事核心区气象站、70个赛区周边7个要素气象站、45个交通气象站、4个航空气象站及康保S波段双偏振天气雷达、车载X波段双偏振天气雷达、移动气象应急保障监测系统等。另外，河北省气象局还在赛事核心区及周边区域临时布设了40多个自动气象站和10多部雷达。由延庆、张家口赛区的这些气象观测设备组成的"三维、秒级、多要素"的立体气象观测网，成为历届冬奥会最完备的气象综合观测系统。该项技术在为冬奥会提供高质量气象保障和服务的同时，也为未来国内重大活动气象保障提供范例，并适时推广应用于其他冰雪运动气象服务保障中。

科技支撑竞赛活动安全还体现在科技保障场地应急救护方面。基于冬奥会冰雪运动项目危险性较高、运动损伤频发的特点，构建快速、安全、高效的场地应急救护体系尤为重要。同时，针对冬奥北京赛区、延庆赛区、张家口赛区一体化医疗保障需求，研发区域内医疗资源共享技术、覆盖不同区域及不同级别医疗机构的体化诊疗信息平台、雪上运动航空医学急救保障关键技术、急救志愿者心肺复苏质量控制与培训系统，以及基于深度学习技术的运动损伤（包括骨关节、内脏、眼等多部位复杂损伤）的辅助诊疗系统和智能医疗器械等，对竞赛活动安全起到重要的保障作用。

具体来说，围绕冬奥会竞赛活动对场地应急救护的强烈需求，北京冬奥周期科技支撑医疗安全保障主要攻克了如下技术。

（1）应急医学保障。针对"场馆坍塌""踩踏""火灾"等与冬奥赛事相关的18种主要应急医学保障场景，通过计算建模，科学确定关键伤情，完成智能诊疗体系构建。同时，基于5G与北斗卫星定位系统、云计算与物联网技术的应用，建立了指挥调度优化方案的数学模型，完成突发事件医疗救援指挥调度系统的建设并应用示范。在冬奥会比赛期间，为运动员研发可穿戴的生命体征监护设备，避免发生意外事故。针对赛道赛场上的突发事件的快速定位、现场紧急救治及交通转运送治等方面，通过大数据等高新科技采取应急措施。应急医院保障技术为救援提供了高效的技术支持，为冬奥会的顺利开展奠定坚实基础。

（2）智能移动方舱。智能移动方舱可以实现颌面创伤CT（Computed Tomography，电子计算机断层扫描）、冻伤产热复温、心肺诊疗监测3项功能的集成。智能移动方舱的使用可以大大缩短救援时间，提高救助能力。基于医疗大数据与人工智能的智能化诊疗平台，以及基于5G网络和语音智能提示技术的专家远程审核网络平台更加突出救助的专业性，确保救助的时效性。智能移动方舱如图8-1所示。

图 8-1 智能移动方舱[①]

---

① 李鹏. 冬奥赛场上的"应急大夫"——智能移动方舱[EB/OL]. (2021-12-29)[2022-10-24]. https://www.cdstm.cn/subjects/kjdabxyd/dajctj/kjfyyjh/202112/t20211229_1062472.html.

（3）运动创伤防治和临床诊疗安全保障技术。医疗保障是体育赛事成功举办的重要保障。在预防运动员冻伤方面，已研发出加热手套、加热面罩、加热服装等，以保障运动员健康训练及比赛。采用体外冲击波并结合康复疗法治疗距骨软骨损伤，能减轻患者疼痛，改善患者踝关节功能，具有非侵入性的优点，方法简单，应用于冰雪运动可帮助运动员快速恢复训练及比赛。在北京冬奥会测试赛等赛事演练中，直升机转运伤员演练达 14 次、智能救护车转运演练达 20 次，耗时相比以往大大缩减。为了对转院流程进行简化与优化，崇礼院区、延庆院区与北京院区联动、信息共享，建立运动员绿色通道。

8.2.2 科技支撑疫情防控安全

在北京冬奥会医疗小组首席专家麦克洛斯基看来，北京冬奥会的防疫体系运转顺利，完全可以信任。麦克洛斯基的这份信任，来自他对北京冬奥会防疫工作的深度参与和观察。在疫情在全球范围内传播的严峻态势下，北京冬奥会作为疫情发生以来首个如期举办的全球综合性体育赛事，防疫工作是重中之重。我国按照国际奥委会、国际残奥委会和北京冬奥组委发布的《北京 2022 年冬奥会和冬残奥会防疫手册》（以下简称《防疫手册》）要求，采取各项防控措施，全力保障参与北京冬奥会各方的安全。国际奥委会北京冬奥会协调委员会主席小萨马兰奇（Samaranch）在接受采访时更是盛赞北京冬奥会的防疫措施安全、有效，其闭环内可能是"世界上最安全的地方"[1]。事实证明，北京冬奥会的防疫是非常成功的。北京冬奥会期间没有发生入境人员和本土人员交叉传染的疫情，不仅成就了精彩的赛事，还实现了安全和精彩的最佳平衡。

疫情防控常态化背景下的大型体育赛事风险管理是复杂的动态过程，其核心要义是赛事举办国须建立重大突发公共卫生风险防控应急响应机制，统筹决策、信息、动员、纠错、支撑、执行等机构来保障全局；通过建立赛事风险早期识别、风险评定、风险预警、压力测试、防疫监测、资讯更新、救助合作、协调保障机制和风险管理预案，增强防控的系统性、预见性和创造性。数字科技支撑安全、智慧化防控系统管理，精准研制防疫数据采集、分析研判、疫情预警、评估决策、主动防疫等功能模块，前瞻性创建"冬奥大脑"运行指挥保障系统枢纽，以情景

---

[1] 佚名.北京冬奥会的安全性"完全可以信任"[EB/OL].（2022-02-02）[2022-10-24]. https://baijiahao.baidu.com/s?id=1723638810980596934&wfr=spider&for=pc.

推演模式汇集多领域时空数据并进行智能分析，提高防疫效率，保障冬奥安全。

成功的疫情防控是北京冬奥会成功举办的关键。为筑牢北京冬奥会全方位防疫屏障，国际奥委会、国际残奥委会和北京冬奥组委先后发布第一版、第二版《防疫手册》，明确了"简化办赛、疫苗接种、闭环管理、有效处置、防控一体化和统筹兼顾"6项防疫总体原则。科学技术是人类同疾病较量最有力的武器。以互联网、大数据、人工智能等为代表的数字技术蓬勃发展，在精准识别、精准施策和精准防控疫情中发挥了重要的支撑作用，利用数字技术提高抗疫效率也是各国普遍的做法。为全力精准做好冬奥会疫情防控，北京冬奥组委推出"冬奥通"手机应用程序。"冬奥通"应防疫要求，融合"北京健康宝"等必要防疫功能，可第一时间为冬奥会和冬残奥会注册人群提供疫情信息服务，构筑疫情防控"数字防线"[1]。

为助力疫情精准防控，北京市在各冬奥场馆部署了150余台生物气溶胶新冠疫情监测系统，可及时检测场馆内各点位的空气环境，检测灵敏度比传统手段提高3倍。生物气溶胶新冠病毒检测系统由便携式气溶胶采集器和一体化高灵敏新冠病毒核酸检测仪两个部分组成，在采集环节，便携式气溶胶采集器的空气流量达到400升/分，可在半小时内采集12立方米内的气溶胶颗粒并富集到病毒灭活液中，病毒富集效率为国内同类产品最高；在检测环节，一体化高灵敏新冠病毒核酸检测仪可实现自动化和全封闭式的新冠检测，全流程分析时间小于45分钟。

在北京冬奥会期间，我国还为相关人员配发了可穿戴式体温计。腋下创可贴可为疫情防控"站哨"预警，其芯片传感器仅沙粒大小，是现在世界上体积最小、精度最高的可穿戴式连续智能测温仪，测温可精确到0.05℃，充满一次电可以用10天。相关人员只需将其贴在皮肤上，下载一个应用进行绑定，就可以对体温进行实时监控，每3秒会采集一次体温数据，同时自动将数据上报到后台，实现精准、快速锁定体温异常人群。该项创新将为未来举办大型活动时的群体无接触体温监测提供技术支撑。

北京冬奥会部分场馆还配备了带有AOP-KF固体碱的空气净化系统。AOP-KF固体碱是一种独特的空气净化材料，在应对新型冠状病毒、甲型H1N1流感病毒等微生物病毒时，具有良好的杀菌灭活作用，尤其是在对付新型冠状病毒方面，其灭活率能达到99.31%。AOP-KF固体碱在消灭病毒的过程中，会释放出微量的二氧化氯。二氧化氯是唯一可以用作食品添加剂的消毒剂，它对病毒最为敏感，

---

[1] 钟声.构筑冬奥会疫情防控"数字防线"[N].人民日报，2022-01-30（3）.

并且越敏感，越容易杀灭病毒。这被认为是最安全的消毒方法。此外，北京冬奥组委还为运动员提供 AOP-KF 固体碱抗病毒防感染口罩，这种口罩可以重复使用至少 7 天，并且这 7 天正反面都是无菌无病毒的状态。

此外，在北京冬奥会期间，各场馆还通过广泛使用各类机器人实现有效防疫。智能防疫员机器人不仅能够有效地减少人员接触，还可以大大加快通行速度。机器人自带感知设备，只需刷一下相关有效身份证件，就可在人员不摘口罩的情况下，快速对进入冬奥村的人员进行身份识别、智能测温等 8 项查验环节，全程耗时控制在 1 秒左右，同时对人体测温的误差控制在 0.2℃以内。此外，导览、颁奖、搬运等各类机器人已在测试活动中测试应用，为在疫情防控常态化下开展无接触服务保障工作进行积极尝试。北京冬奥组委筛选出 7 家企业的 11 款冬奥服务型机器人，在冬奥场馆广泛布局，示范应用。

北京冬奥组委持续协同创新，与国家卫生主管部门合作，不断提升疫情防控救治能力，构建面向国际的应急管理体系和公共安全协同治理体系，通过建立常态化的协同工作机制，制订疫情防控计划，启动大数据管理并及时发布防控相关条例、具体要求、操作规范和应急预案；聚焦重要领域的境外输入管控、闭环管控、隔离点管理、定点医疗机构；涵盖应急预防与准备、检测与预警、处理与救援及突发事件监测评估、应急物资储备、隔离治疗、交通运输、场馆驻地、公共信息的安全保障，做到及时发现并迅速处置、精准管控并有效救治，以最小防控代价取得最佳防控效果。

8.2.3 科技支撑人身健康安全

人身健康安全是北京冬奥会安全办赛的根本。人身健康安全不仅面向所有参赛的运动员，还面向所有参与冬奥会的涉奥人员。保障好所有涉奥人员的人身健康安全，是办好北京冬奥会的底线、红线。北京冬奥期间，科技支撑人身健康安全主要体现在食品安全、饮用水安全，以及医疗救护安全等方面。具体来说，各项目团队主要攻克了如下关键技术。

（1）食品安全防伪追溯技术。以"科技是第一生产力"的理念做好技防，发挥科技在食品安全保障领域的支撑作用，用科技建立全生态管理体系。依托区块链、物联网、人工智能等信息技术，构建北京冬奥会食品安全保障全过程生态管理体系，将采摘、运输、加工、配送、就餐等各环节及各点位纳入其中，谁做的、谁运的、谁吃的，在保障中心内一目了然，一旦出现食品安全风险，就可快速准确溯源和追踪①。

与此同时，用科技优化食品供应保障体系。北京冬奥会食品供应商有150多家，分布在全国多个省份。北京冬奥组委依托动态建模技术，解决食品供应和安全保障方案的多样性和灵活性问题；依托地理信息定位、远程监控、可视化展示、大数据等技术手段，构建运输设备群性能状态跟踪的数据库系统，实时跟踪车辆的运行状态和食品安全状态，规划食品供应流转的最优调度线路，指导食品供应和保障资源的分配与调度，解决应急指挥过程中的沟通和协作问题，实现食品资源的合理配置与分配。赛后，该项技术将全面带动北京冷链食品追溯平台的建设，实现食品全流程、全方位防伪溯源。

（2）直饮水保障技术。在赛场用水保障方面，为保证冬奥场馆高品质安全用水，河北省张家口市启动了崇礼奥运直饮水工程，采用研发的直饮水处理技术，对城区居民用水进行处理，确保水质达到国际直饮水标准，保证人员在冬奥会场馆里随处可以喝到安全放心的直饮水。这项处理技术通过创新的消毒方式，消除传统工艺中加"氯"对人体带来的二次伤害，同时彻底解决网管二次污染难题，实现居民供水100%合格②。

（3）冬奥会冻伤及颌面创伤的综合防治技术。针对涉奥人员在寒冷天气易发冻伤及颌面创伤等情况，相关项目团队研发了集保温、自发热、运动防护为一体的颌面部及四肢便携式系列护具、简易冻伤防护包等防护装备；研制了移动式、智能化的冻伤应急诊疗平台，并制定基于移动诊疗平台的四肢及颌面冻伤应急处理规范，建立四肢及颌面冻伤移动诊疗体系；研制了移动式、智能化的颌面部创伤应急诊疗平台，制定基于移动诊疗平台的颌面创伤应急处理规范，建立颌面部创伤移动诊疗体系；研发了气道损伤现场处理和救治的移动诊疗装备，研制了移动式、智能化的低温环境诱发心肺损伤和相关病症现场处理和诊疗平台，面向冬奥会制定了冻伤及颌面创伤预防、现场处理和救治整体培训体系。

（4）智能救护车技术系统。救护车车载医疗设备借助移动网络，将患者的体征、生命特征等数据传输至医院，实现急救患者基本情况、初步诊断信息等远程共享，并将救护车上的图像、视频等信息回传。专家能通过远程指导系统，在线

---

① 张秋．全力保障冬奥会"疫"食无忧[J]．北京观察，2021（11）：16-17.
② 佚名．"刷脸"进站、VR观赛探访北京冬奥会上的高科技[EB/OL]．（2017-12-12）[2023-10-15]．https://baijiahao.baidu.com/s?id=1586532338621805127&wfr=spider&for=pc.

指导急救车上的医护人员进行急救。

（5）冬残奥视障辅助保障技术。针对冬残奥会涉奥视障人员，研制了服务冬残奥馆和残障人士的视障辅助系统，解决视障人群在自然场景下的物体识别与场景理解，多轮人机对话与情感分析，辅助终端、智能运营平台和智能辅助软件与视障人群辅助需求的深度结合等关键问题。建立针对不同程度视障人群的出行方式流程的数字化模型，对赛区场馆周边空间规划、公共交通组织形式、场馆出入口、建筑群空间过渡节点、场馆内部空间布局进行分析研究，完成出行、参观、观赛和疏散等视障引导场景体系划分，形成系统的场馆周边视障引导方案；从不同的运行模式、不同客户人群的使用习惯、软件传递消息的模式等多个维度考虑信息收集、智能管理、活动信息服务的需求，实现辅助终端、运营平台、辅助软件的数据闭环，形成全流程的运营分析数据。

（6）高端手术显微镜技术。由苏州速迈医学科技股份有限公司生产的OMS3200高端手术显微镜部署于北京冬奥会综合诊所中的牙科诊疗室，为运动员们的口腔健康保驾护航。该显微镜内置4K超高清影像系统，术面照度在最高倍率时自动增益30%，精度突破人眼分辨率极限，从裸眼0.2毫米提高到6微米，该设备操作便捷灵活，可有效提高诊疗效率、优化就诊体验。

8.2.4 科技支撑公共风险安全

公共风险安全是指社会和公民个人从事和进行正常的生活、工作、学习、娱乐和交往所需要的稳定的外部环境和秩序[①]。冬奥会公共风险安全包括冬季的自然灾害风险安全，如冬季的极端低温、暴雪、雾霾、冰雹、地震等。自然灾害风险评估要从比赛举办地历史同期气候特点、自然灾害发生概率、应对自然灾害预案的制定、应急处置能力等方面进行评估，根据评估的风险等级确定安保方案。除自然灾害风险安全外，北京冬奥会公共风险安全还包括交通安全、口岸快速通关安全、信息和无线电安全，以及其他涉及冬奥会公共安全的领域。具体来说，科技支撑公共风险安全主要攻克了如下关键技术。

（1）复杂山地道路交通安全管控。复杂山地线形和道路冰雪路面结合条件下的安全车速设置及通行能力保障是交通管理面临的新挑战[②]。北京2022年冬奥会

---

① 王淑荣. 北京冬奥会要重视哪些安保风险[J]. 人民论坛，2018（21）：72-73.
② 郭娅明，李萌，李昀轩，等. 基于安全车速的北京冬奥会山地道路冰雪路面通行能力研究[J]. 交通信息与安全，2022，40（4）：54-63.

交通运行服务面临 2 地 3 赛区、冰雪路面、山地道路等诸多挑战，尤其是延庆赛区将举办高山滑雪等雪上项目，各场馆位置海拔较高、功能区分散，通往场馆的道路单一且条件苛刻。例如，延庆赛区山地道路的设计方案中包含 14 处回头曲线，最小圆曲线半径为 15 米，最大纵坡达到 12%。在冬奥会赛事期间，山区雨雪天气频发冰雪路面会导致路面附着系数降低，上坡时路面不能为车辆提供足够的附着力会导致车轮空转甚至出现车辆倒溜现象，下坡时冰雪路面会导致车辆停车距离增加，平纵组合路段（平曲线—纵坡）车辆制动时极易出现追尾、甩尾、侧滑、侧翻等现象[1][2]。因此，当复杂山地道路叠加冰雪路面时，如何保障车辆安全运行成为延庆赛区复杂山地道路交通管控的最大挑战。

长期以来，冰雪道路条件下各比赛场馆之间的车辆安全保障问题都是历届冬奥会交通管理部门的重要研究内容。Boyle 研究了温哥华 2010 年冬奥会发生突发事件后交通系统保持系统韧性的方法和应急管理方法[3]；Kim 等为保障平昌 2018 年冬奥会成功举办，研发了基于图像的路况检测系统，用于检测不同天气环境下的路面状态，为车辆驾驶人提供准确的路面信息，从而保障车辆的安全运行[4]。此外，不可预见的天气条件会造成冬奥会期间山地赛区许多赛事被延误或被取消，如平昌 2018 年冬奥会旌善高山滑雪中心赛事时间调整率高达近 70%[5]。

针对北京冬奥会延庆赛区的复杂山地道路冰雪路面场景，清华大学水利学院相关项目团队建立了安全车速与道路线形设计及路面附着系数之间的关系模型，以安全车速为依据得到不同路面条件下山道路的通行能力，还可以借助车载智能设备实时提醒驾驶人前方的安全车速信息，并辅助路侧智能设施和减速装置，确保车辆安全、快速地通过复杂山地道路，为国内外冬季山区大型体育赛事提供车辆调度方案，为道路安全运行管理提供依据。

（2）冬奥会口岸快速通关智能监管技术。在《"科技冬奥"重点专项 2019 年度定向项目申报指南》中提到，"针对冬奥会入境人流密集、货物量大且散，要求

---

[1] 陈航. 山地城市道路弯坡段交通安全的影响与评价[D]. 重庆：重庆交通大学，2018.

[2] MOKSHEETH P, EMILIANO H. Identification and classification of slippery winter road conditions using commonly available vehicle variables[J]. Transportation research record, 2019, 2673(2): 60-70.

[3] BOYLE P. Risk, resiliency, and urban governance: The case of the 2010 Winter Olympic Games[J]. Canadian review of sociology/revue canadienne de sociologie, 2012, 49(4): 350-369.

[4] KIM Y, BAIK N, KIM J. A study on development of mobile road surface condition detection system utilizing probe car[J]. Journal of emerging trends in computing and information sciences, 2013, 4(10): 742-750.

[5] 郭淑霞，胡松，王晓伟. 大型体育赛事场馆交通设施规划及交通组织——以奥运场馆为例[J]. 城市交通，2021, 19（4）：48-55.

口岸快速智慧通关的特点，研究传染病风险预警预测技术、传染病病原检测技术、卫生检疫应急处置技术等口岸卫生安全检疫关键技术及装备，建立新型卫生检疫查验模式；研究多维度信息的立体图像目标检测技术；研发集成核因子全息追踪、违禁品气味探测等现场智能查验装备。并在冬奥会测试赛和正式比赛中进行应用示范"。

针对这一公共安全保障技术需求，清华大学工程物理系牵头承担国家重点研发计划"科技冬奥"重点专项课题"冬奥会口岸入境旅客风险因子智能监测技术及装备"，联合北京永新医疗设备有限公司、中国海关科学技术研究中心等单位共同研发核辐射风险因子快速智能监管技术及装备。主要研究内容包括：研发核因子的全息定位系统，实现对核因子的广域定位追踪；研制手持式核辐射成像设备，实现对涉核恐嫌疑人的定点移动执法，从而形成核恐因子的广域、动态、精准、智能监管查验模式。

经过两年多的科技攻关，该项目团队先后解决了三维位置灵敏编码阵列探测器、GPU（Graphics Processing Unit，图形处理器）加速三维伽马场快速统计迭代重建、高灵敏度报警、核素种类识别等技术难题，形成了全景三维伽马辐射场成像核心技术，创新研发了国内首个可实时锁定跟踪目标三维位置的核因子全息定位系统，可实现对出入境旅客及物品携有超标放射性物质的360°无死角监控及三维空间绝对位置精确定位，快速实现核辐射超标报警，精准识别放射性物质种类，同时以动态成像方式实现放射性物质的可视化追踪监控。该系统定位精度可达5厘米以内，同时辐射报警响应时间缩短至1秒以内，为各场景下的核辐射有害因子监测、预警及处置提供有力的技术支持。

（3）复杂、极端条件下的可靠5G通信与先进网络示范建设技术。针对冬奥的室外高山赛道、山区盲点等复杂场景和多种电磁干扰，研究无线信号传输的特殊属性，开发可靠的全频段电磁干扰监测与分析设备。开展室内外多种典型场景移动通信试验验证方案设计和建设，实现无缝覆盖。针对室外场景，尤其是考虑极端天气条件，开发多频段、多形态、可抵抗高寒、强风等恶劣条件的稳定基站及通信设备；针对室内场馆海量、高密度连接等特点，研究新型网络架构优化理论、开发新型室内高容量基站。研究从直播拍摄现场到场馆终端的端到端的安全传输机制和QoS（Quality of Service，服务质量）保障技术，为实现高清视频等多媒体数据的高速、安全、稳定传输提供理论基础及技术支撑[1]。

（4）冬奥会公共安全综合风险评估技术。该项目团队主要研究北京冬奥会重大活动和城市运行的时空变化特点，建立与北京冬奥会相关的自然灾害、事故灾难、公共卫生和社会安全四大类风险评估模型，实现多灾种、多尺度综合性风险评估，制订针对性的风险数据采集、集成和更新技术方案，研发北京冬奥会综合评估与风险管理"一张图"系统，制定、修订相关技术和管理标准，并在北京市、张家口市示范应用，为北京冬奥会的公共安全保障提供技术支撑[2]。

（5）岩土构筑物灾害早期识别及自动预警应用技术。相关项目团队根据岩土构筑物灾害早期识别及自动预警系统，针对山地灾害特点，研发了冬奥场馆（地）岩土构筑物灾害早期识别及自动预警系统，基于航空航天遥感、远程激光测振、微芯传感等技术，实现每秒高频采样、数据无线传输、秒级应急响应，实现风险超前感知、险情提前预警，为冬奥场地建设期、赛事服务期、赛后运营期提供全周期安全保障服务；在指定区域安装了近百个微芯桩智能传感器，部署实时监测预警系统，实现每秒1000赫兹的高频采样、数据无线传输、秒级应急响应，并依托云平台与手机App为相关管理单位提供安全态势监控及预警信息推送[3]。该项技术提升了我国在灾害识别和预警方面的能力，将在山地自然灾害应对方面发挥重要作用。

（6）冬奥会全局全过程态势感知和运行指挥保障技术。在《"科技冬奥"重点专项2019年度定向项目申报指南》中提到，该项技术主要研究北京冬奥的跨层级、跨领域、多主体运行指挥体系技术架构、指挥决策技术和总体技术解决方案；研究北京市区、延庆、张家口赛区赛事信息的集成、分析和协同技术，研究赛事运行状态可视化、风险预警和事件跟踪，研发态势感知与运行指挥保障系统、事件跟踪系统；基于物联网、大数据、云计算等技术，研究冬奥会综合管理运行多源信息感知采集与融合技术，冬奥大数据的质量评估、异构数据汇聚与知识表达、大数据时空关联与深度搜索；研究多指挥部态势共享与会商技术，研究支持全局全过程态势可视化的混合现实电子沙盘和数据可视化引擎技术。并在冬奥会测试

---

[1] 佚名."科技冬奥"重点专项"复杂、极端条件下的可靠5G通信与先进网络示范建设"项目启动[EB/OL].（2018-12-13）[2022-08-11]. http://www.zgkjcx.com/Article/ShowArticle.asp?ArticleID=23365.

[2] 佚名."科技冬奥"重点专项"冬奥会公共安全综合风险评估技术"项目启动[EB/OL].（2018-10-29）[2022-08-11]. http://www.most.gov.cn/ztzl/kjda2022/gzjz/201812/t20181229_144445.html.

[3] 华凌. 保障冬奥场地安全，地质灾害"侦察卫士"上岗[EB/OL].（2022-01-24）[2022-06-11]. https://m.gmw.cn/baijia/2022-01/24/1302776811.html.

赛和正式比赛中进行应用示范。

据了解，该项技术已经形成应用成果。辰安科技团队通过技术方案设计、关键技术攻关，按照统揽全局、精准感知、高效指挥的设计思路，研发了"北京冬奥会态势感知与运行指挥保障系统"。该系统整合了冬奥会相关各类多源信息，基于"一张图"的信息聚合和呈现技术，自主研发了三维城市引擎，叠加场馆三维精模，实现多主体信息高效呈现与综合表达。在2021年2月的"相约北京"雪上测试赛和2021年4月的"相约北京"冰上测试赛中，该系统成功应用于北京冬奥组委的主运行中心，实现了对赛事、场馆、任务、气象、事件、安保监控等各类冬奥数据的汇聚分析和可视化展示，为掌握办赛全局、全过程态势感知和运行指挥的智能化应用提供支撑，构建了全方位、立体化的"冬奥大脑"，对北京冬奥组委主运行中心进行全天候、多方位的技术支撑，获得了北京冬奥组委和相关部门的高度评价。

8.2.5 科技支撑网络舆论安全

奥运会全球瞩目，同时也成为一些网络黑客炫耀自己技术的舞台。自巴塞罗那1992年奥运会首次运用计算机网络以来，奥运网络安全受到的冲击呈现出不断加剧的趋势。在近几届奥运会中，黑客从未缺席。据了解，近年来奥运会的网络安全威胁呈现升级态势，网络攻击数量、影响范围和威胁等级猛增。平昌2018年冬奥会在开幕式时遭遇大规模网络攻击，导致多项服务中断，造成世界级的网络安全事故。东京2020年奥运会共遭遇约4.5亿次网络攻击，包括东京奥运会官网在内的众多网站曾瘫痪1小时。这4.5亿次网络攻击相比伦敦2012年奥运会所经历的网络攻击增加了2.5倍。北京冬奥会信息系统规模大、结构复杂、风险点多，面临的网络安全挑战比历届奥运会大很多。

网络与信息系统是北京冬奥会举办必备的基础设施，为北京冬奥会组织实施提供支撑保障平台、信息传播渠道。网络安全是北京冬奥会安保工作的重要环节。正视网络安全面临的多源风险，是提升北京冬奥会安保能力、确保北京冬奥会绝对安全的关键[1]。一方面，北京冬奥会的重大活动属性使其网络安全面临挑战；另一方面，网络与信息系统的内在特质使得网络风险加剧。因此应构建智能化、可视化网络安全风险分析平台，全面防控，突出重点。对于北京冬奥会面临的复杂

---

[1] 王一伊，王淑荣. 为北京冬奥会构建网络安全屏障[J]. 人民论坛，2020（16）：124-125.

情势和多源风险，需要进行科学分析，坚持积极主动防御的原则，综合考虑各种因素，合理构建网络安全风险分析框架；结合大数据、云计算、物联网、智能预案管理等技术对网络安全态势进行实时监控，收集实时数据，实现多维数据的联合分析和深度挖掘；通过网络安全风险评估，进行威胁分析和安全态势判定，及时调整网络安全需求和安全策略，在初始阶段将网络安全风险清除。但在依托新技术的同时，也须加强新技术应用的论证工作，避免技术升级带来的新隐患和漏洞。

习近平总书记高度重视国家网络安全工作，在不同场合多次就网络安全发表重要论述，为筑牢国家网络安全屏障、推进网络强国建设提供了根本遵循。2018年4月，习近平总书记在全国网络安全和信息化工作会议上强调，"没有网络安全就没有国家安全，就没有经济社会稳定运行，广大人民群众利益也难以得到保障"。北京冬奥会安全办赛离不开网络安全的保障。北京冬奥会首创了融合供应商、供应链安全的冬奥会系统安全体系，实现了网络安全"零事故"。

为保障网络安全，北京冬奥组委积极落实总体规划，持续推进重点任务落地实施，组织研究网络安全标准指南；积极完善网络安全管理体系，发布《北京2022年冬奥会和冬残奥会组织委员会网络安全管理办法》《北京冬奥组委办公人员VPN账号申请和安全使用要求》《北京冬奥组委技术部关于加强我委电子邮件系统使用安全管理的通知》，组织开展钓鱼邮件预防处置的专题讲座，提高全体工作人员网络安全风险意识和基本技能。北京冬奥组委通过漏洞扫描、第三方安全测评、威胁情报跟踪等方式，累计发现资产安全漏洞5146个，办公外网及数据中心、官方网站等识别并防御网络攻击224.87余万次，处置钓鱼邮件攻击等APT（Advanced Persistent Threat，高级长期威胁）事件378次。据统计，在北京冬奥重保期间，累计监测到各类网络攻击超过2.4亿次（含社会面），跟踪、研判、处置涉奥舆情和威胁事件105件；累计发现、修复安全漏洞5782个，排查风险主机150台，发现恶意样本数54个。北京冬奥保障中心以分钟级的事件响应，秒级的安全策略、病毒查杀，高标准实现网络安全保障目标。

此外，北京冬奥会的IT业务环境复杂程度、面临的安全威胁和安全挑战远超任何企业，因此需要从信息化角度、用工程化思想、按体系化规划建设网络安全体系。相关企业为此推出了新一代网络安全框架体系。在新一代企业网络安全框架指导下，负责企业为北京冬奥会建立了"全层面管控、全网络防护、全领域覆盖、全周期保障、全线索闭环、全兵种协同"的"六全"网络安全保障框架体系，确保北京冬奥会关键系统万无一失、"零事故"运行。

创新不止于技术。全国性网络安全平台的搭建与网络安保模式的创新也借冬奥会实现首创。为进一步加强北京冬奥会网络安全防护力量，北京冬奥组委技术部牵头组织招募数百名"冬奥网络安全卫士"，作为冬奥会网络安全的"测试员"和"情报员"，协助查找北京冬奥会信息技术系统的防护短板和漏洞，拓宽北京冬奥会网络安全威胁情报信息搜集渠道。

2022年2月4日北京冬奥会开幕式时的网络安全保障是一场关键"战役"。在鸟巢附近的工作室里，奇安信工程师李旭彬和团队严阵以待。"3部无线对讲、蓝信及所有的监控平台都有人时刻紧盯，任何消息弹出，大家的心里都会咯噔一下。"经过100多分钟的严阵以待，当国家体育场里童声唱响北京冬奥主题歌《千万雪花》时，奇安信北京冬奥网络安全保障指挥中心也传来欢呼，北京冬奥会开幕式实现网络安全"零事故"，为北京冬奥会的安全办赛揭开了帷幕。

8.2.6 科技支撑其他方面安全

安全办赛涉及整个冬奥会组织、活动、保障的方方面面。除了上述5个方面的安全保障，依托现代科技，北京冬奥会和冬残奥会在其他细节层面也渗透着安全办赛的科技元素，并为综合保障赛事的安全稳定夯实了基础。具体如下。

（1）冬奥关键区特种设备安全运行保障技术。通过搭建冬奥特种设备安全监测与应急平台，可以实现客运索道在线监测、冬奥关键区电梯智能监测和索道状态监测。除此之外，还有健康诊断云服务平台的研发。在《"科技冬奥"重点专项2019年度定向项目申报指南》中提到，"围绕冬奥核心区域特种设备的可靠安全运行需求，研究冬奥核心区低压力低排量状态下的燃气和供热管道状态实时监测与风险动态感知、赛场环境下泄漏快速应急处置等技术；研究冬奥会制冷系统承压设备安全风险控制技术和安全状态监检测及风险预警关键技术；研究电梯低温运行故障模式、基于智慧分析的电梯性能评价、异常状态诊断、困人智能报警及应急技术；研究严苛条件下赛事用客运索道高效巡检、在线监测、故障预测与预警技术及系统。并在冬奥测试赛和正式比赛中进行应用示范"[①]。

（2）多维时空全息导引系统及应急疏散路径智能引导系统。在《"科技冬奥"重点专项2020年度定向项目申报指南》中提到，"研究基于手机信令、视频监控、

---

① 科技部. 对"科技冬奥"重点专项2019年度第一批项目申报指南[EB/OL]. （2018-12-12）[2022-08-11]. http://www.most.gov.cn/ztzl/kjda2022/zdgz/201812/t20181229_144452.html.

交通票证及场馆检票记录等多源人群行为轨迹数据的冬奥场所人流监测、评估与预警技术；研究冬奥和冬残奥场所人群疏导仿真模型和三维情景展示技术，包括极端天气、突发事件等异常情况下冬奥和冬残奥场所人群疏散疏导的情景构建与管控技术；研究基于 5G 技术与现有技术（如专网通信、低空探测等）融合的疏散疏导技术方案，研发冬奥和冬残奥场所人员多维时空全息导引系统及应急疏散路径智能引导系统，包括异常情况下人群疏散疏导的动态信息获取与资源需求分发技术；研究基于'人—车—路协同'的冬奥场所区域复杂环境下人群交通疏导、动态仿真及协同管控技术；研发肢体障碍、视力障碍、听力障碍等特殊人群的无障碍协助疏导设备与系统，研究特殊人群疏散疏导协助的动态感知技术，研究冬奥和冬残奥场所人员疏散路径与无障碍疏散规划设计技术，实现室内外一体化贯通、平地斜坡与楼梯无缝衔接、在人流拥挤的狭窄空间任意方位移动的特殊人群应急疏散疏导。通过应用示范后，2022 年实际应用于冬奥会和冬残奥会"。

多源人群轨迹数据一致性融合和增强技术方法、人流监测预测系统的存在，使得一切信息都变得图像化、更加直观，可形成冬奥场所人群轨迹和聚集风险的辨识地图，且数据更新时间不会大于 10 秒，监测准确率≥95%。科技人员可利用手机信令和视频图像监测来分析冬奥赛区和场馆的人流覆盖率，其准确率≥95%，人流超限预警的准确率≥95%，定位到个人的定位精度≤100 米；还可利用交通票证及场馆检票记录来分析人群流向和分布密度，其准确率≥90%。在异常情况下，科技人员建立冬奥会和冬残奥会场所人群疏散疏导情景与管控决策库，其涵盖异常情况不会少于 20 种，这有利于在遇到突发状况后及时做出最合理的反应，从而得到最优解。

冬奥会和冬残奥会场所人员疏导全息导引软件系统可以实现人群疏导仿真模拟，且在场所内部会增强现实导航、虚拟现实疏散演练、人群分布热力图等三维全息展示服务。基于"人—车—路协同"的冬奥场所区域进行人群交通疏导、动态仿真及协同管控的系统，支持冬奥会场所核心区 5 平方千米区域内的交通疏导功能，主要交通模式出行预测精度≥90%，重要冬奥会场所区域人流管控的仿真场景不少于 5 个，区域内重要交通节点的人群平均排队时间预测精度≥95%。针对残障人群，北京冬奥村还推出了智能运维管理平台，可显示无障碍卫生间、无障碍坡道、盲道等设施信息，并对起点至各目的地之间满足无障碍要求的路线进行最优计算，将结果推送给无障碍需求人士进行导航。

8.3 本章小结

  作为我国在关键历史节点举办的一次世界性体育盛会，以及国家战略的重要组成部分，北京冬奥会和冬残奥会安全成为检验国家和城市安全治理成果的重要契机。"安全办赛"要求的提出不仅体现了在疫情下对所有奥林匹克运动参与者的人文关怀，诠释了以人为本的思想，还彰显了中国作为负责任大国，为全世界奉献1届"精彩、非凡、卓越"的冬奥盛会而全力以赴的坚定决心。依托现代科技的强大力量，以科技赋能赛事安全，成为北京冬奥会"科技冬奥"的最大亮点之一。本章从科技支撑安全办赛的作用机理出发，全面梳理了北京冬奥会和冬残奥会上，以科技支撑竞赛活动安全、疫情防控安全、人身健康安全、公共风险安全、网络舆论安全，以及其他各方面安全的生动表现，呈现了科技支撑北京冬奥会安全办赛的优异答卷。毋庸置疑，北京冬奥会安全办赛成功打通了物质文明和精神文明两个通道，占领了"安全精彩+和平友好+科技智慧"的综合高地，为后冬奥时代中国体育事业的发展持续赋能，也为国际奥林匹克运动在新时期的发展提供了样本。

9 "科技冬奥"的中国方案与世界贡献

2022年1月4日,习近平总书记在考察北京冬奥会和冬残奥会的筹备工作时强调,"当今世界,科技在竞技体育中的作用越来越突出。建设体育强国,必须实现高水平的体育科技自立自强。要综合多学科、跨学科的力量,组织推进技术研发和技术转化,为我国竞技体育实现更大突破提供有力支撑"。从申办到筹办再到举办,"科技"一直是北京冬奥会和冬残奥会的一大底色。在冬奥赛场上,"水立方"摇身一变成为"冰立方"、赛场外 5G+8K 的高清转播、开幕式上的超高清地面现实系统等一系列新技术、新成果的应用,让"科技冬奥"由愿景成为现实。科技感、未来感十足的冬奥盛会,让国际奥委会主席巴赫感叹:"科技的潜力让人惊叹,北京冬奥会在奥运历史上第一次真正挖掘了这种潜力"。

9.1 组织治理的中国方案

在北京冬奥组委"科技冬奥"发布会上,北京冬奥组委技术部部长喻红指出,"从申办冬奥成功伊始,'科技冬奥'就成为冬奥会筹办工作的关键词之一"。"科技冬奥"就是"以科技助冬奥,以冬奥促发展",一方面突出科技为冬奥会服务,另一方面以冬奥会为契机,把冬奥会的科技需求变成推动我国科技发展的强大动力。冬奥会的举办十分复杂,其涉及的科学技术更是涵盖各领域,如何高效地调动、组织众多领域的科研人员,成为一大课题。

9.1.1 "科技冬奥"的组织建设

2015年7月31日,在马来西亚吉隆坡,2022年冬奥会举办权的争夺进入了最后的角逐环节。习近平主席的声音传遍世界:"我相信,如果各位选择北京,中国人民一定能在北京为世界奉献一届精彩、非凡、卓越的冬奥会!"当国际奥委会主席巴赫念出"北京"的那一刻,神州欢腾,全世界的目光齐聚北京。

获得北京 2022 年冬奥会举办权后,科技部在总结北京 2008 年奥运会、2010 年上海世博会和 2010 年广州亚运会等世界性比赛的办赛经验的基础上,提出了"科技冬奥"的设想并报中央同意。2016 年,科技部通过与有关部门和地方的精心策划,研究制定了《科技冬奥(2022)行动计划》,并设立"科技冬奥"重点专项计划。

计划有了,如何组织、推进计划的落实成为实现"科技冬奥"面临的首要问题。根据习近平总书记对北京冬奥会的指示,科技部会同有关部门围绕零排供能、绿色出行、5G 共享、智慧观赛、运动科技、清洁环境、安全办赛、国际合作 8 个方面统筹设计重点任务,最终确定了科学办赛、运动科技、智慧观赛、安全保障、绿色智慧示范五大方向。至此,"科技冬奥"重点专项的实施框架已然形成。同时,科技部成立了以清华大学范维澄院士为组长的"科技冬奥"专家委员会,设立了领导机构,统筹推进"科技冬奥"的实施。

2018 年,经过科技部和众多专家的总体规划,科技部下发了《"科技冬奥"重点专项 2018 年度定向项目申报指南》,就申报流程、申报资格、申报方式等方面进行了详细的说明,并面向社会征集意见和建议。同年,科技部发布了《"科技冬奥"重点专项 2018 年度第一批项目申报指南》,分别在气象保障、场馆建造、运动员选材、公共安全、运动员表现、运动员技能优化、场馆设计、创伤防治、5G 通信等领域发布了 12 项国家重点专项,并由各大高校和科技公司牵头承担研发任务。

虽然有了 2008 年"科技奥运"的实施经验,但是由于我国寒冷气候地域分布不均衡,我国冰雪运动的基础相对薄弱,冬奥参赛项目不全,大型冬季项目竞赛体系及备战经验相对缺乏,备战冬奥的全面训练参赛体系更是需要重新构建,科研与科技服务成为冬奥备战直接的需求且挑战巨大。我国体育界和科技界对于夏季运动有着丰富的经验,但关于冬季运动的积累少得多。由于冬季运动项目的特殊性,很多相关科技的研发都具有很高的难度。例如,如何通过科技辅助提升运动员竞赛表现水平,这在国际上也是全新的挑战和课题。我国冰雪运动的底子薄、基础差,导致科研攻关本身面临巨大的挑战。

要解决众多的技术难题,需要各方的通力合作,而努力和行动始于政府部门。2018 年 12 月,科技部和国家体育总局签订《科技部 国家体育总局关于建立"科体协同"工作机制的合作协议》（以下简称《协议》），建立"科体协同"工作机制，重点围绕"办赛精彩，参赛也要出彩"的目标，开展冰雪运动科技、冰雪运动装备和器材等领域的科技攻关。国家体育总局研究提出参赛等方面科技需求，并积极推动项目成果在国家队训练和比赛中落地应用。为直接、准确对接需求，"科技冬奥"重点专项创新实施机制，由科技部会同北京冬奥组委、国家体育总局等用户部门和北京市、河北省等属地单位，按照"三个共同"（共同凝练科技需求、共同设计研发任务、共同组织项目实施），保障任务可落地、可实施、能应用。在此基础上，"科技冬奥"重点专项精准部署研发任务，创新项目形成机制。例如，对于冬奥场馆类任务，直接以业主单位为项目主体，实现项目研发和工程建设的深度融合；对于火炬研发任务，实行"揭榜挂帅"机制，实现项目研发与最终用户北京冬奥组委的精准对接。在立项时就紧扣需求，紧紧围绕为冬奥会服务，保证了科技成果最终的应用。

"科技冬奥"重点专项面向北京冬奥会重大需求提供创新供给，其目标任务的实现体现在"应用"和"带动"效应上，突出科技创新成果的集成、示范。基于此，该专项在实施过程中强调边研发边应用。同时，中国21世纪议程管理中心建立了定期调度工作机制，组织项目承担单位与用户单位定期召开调度会，及时研究解决项目实施中遇到的实际问题。另外，该专项采取项目群管理机制，围绕任务目标和重点问题，加强同类项目的集成和信息共享，以项目群为单元组织，做好技术成果落地，利用测试赛推动项目技术成果的集成应用、测试和全面展示。

2019年，为了加快推进《科技冬奥（2022）行动计划》，科技部会同北京市、河北省及国家体育总局等部门，成立了以时任科技部部长王志刚为组长的"科技冬奥"领导小组。与此同时，北京市、河北省作为2022年冬奥会北京赛区、延庆赛区、张家口赛区三大赛区所在地，一方面组织本地科技力量承接国家重点研发计划，另一方面设立了省级"科技冬奥"专项。北京冬奥组委制定了《科技冬奥重点项目实施方案》，围绕冬奥会筹办的重点场景全面推动项目成果落地应用。2019年6月，河北省科技厅、气象厅、体育局举办论证会，对"冬奥会张家口赛区赛事专项气象预报关键技术""备战2022年冬奥会河北省优秀运动员竞技表现提升关键技术研究""河北省优势冬季项目科学选材和青少年跨项训练关键技术研究"3个项目进行论证并立项。

2019年9月，科技部发布《"科技冬奥"重点专项2019年度定向项目安排公示》，公示了21个"科技冬奥"重点专项。2019年10月，科技部在北京召开了

"科技冬奥"重点专项2019年工作推进会，会议成员包括北京市科学技术委员会、河北省科技厅、国家体育总局科技司及国家冬季运动管理中心等部门的领导，会议邀请范维澄院士等"科技冬奥"专家组代表参会并进行指导。在会议中，部门、专家代表了解了2018年设立的11个重点专项的阶段性突破、应用情况，并针对组织管理、机制创新、开展科技攻关服务等方面存在的不足和重点需要解决的问题提出具体的建议。为"科技冬奥"已立项项目提供项目建设交流的平台，推动了项目与用户单位的对接，并起到了一定的监督作用。

2020年6月，"科技冬奥"领导小组第一次会议在科技部召开。该会议主要任务是深入贯彻落实习近平总书记关于北京冬奥会和冬残奥会筹办工作的重要指示精神，落实韩正同志在第24届冬奥会工作领导小组会议上的讲话精神，研究部署"科技冬奥"下一步工作。该会议确定要坚持创新驱动、需求导向、场景导向，注重科技创新成果的转化和应用，确保"科技冬奥"的成果能够用得上、用得好、用得精彩。在此次会议上，"科技冬奥"领导小组对"科技冬奥"重点专项进行组织协调，进一步明确了重点工作事项，形成了工作合力，保障了"科技冬奥"工作的顺利开展。同年9月，科技部发布《"科技冬奥"重点专项2020年度定向项目安排公示》，公示了22个"科技冬奥"重点专项。

2021年5月，科技部发布《"科技冬奥"重点专项2021年度定向项目安排公示》，本次确立了5个"科技冬奥"重点专项。随着冬奥会的临近，各重点专项进行最后的冲刺。同年10月，科技部部长会同北京冬奥组委、国家体育总局、北京市人民政府、河北省人民政府等有关人员调研"科技冬奥"工作并召开专题座谈会，全面部署、推动"科技冬奥"100天冲刺任务。会上再次强调要注重"科技冬奥"成果的落实应用情况，成立了"赛时临时工作专班"，对"科技冬奥"技术成果在赛时的应用情况进行全面跟踪，并与项目承担单位现场保障人员、属地管理部门、赛区场馆业主等部门进行密切沟通，及时了解并协助解决项目成果在冬奥会赛时应用中遇到的困难，确保各项"科技冬奥"成果能够用得上、用得好。

最后，围绕场馆、指挥、气象、交通、转播、观赛、医疗、安保等关键场景，500多家单位、超万名科研人员参与研发的200多项技术成果在测试赛、运动员训练、正式比赛中进行了示范应用，确保了北京冬奥会的高质量办赛和运动员的高质量参赛。

9.1.2 "科技冬奥"的组织治理

北京 2022 年冬奥会的精彩举办依赖以习近平同志为核心的党中央的大力支持，依赖全国人民对于举办冬奥会的积极热情，依赖北京冬奥组委的统筹协调，同时也依赖科学技术对冬奥会的支撑，科技的研发和应用离不开"科技冬奥"重点专项的顺利开展，而"科技冬奥"工作的逐步推进离不开科技部及相关领导部门的组织、协调、保障。

2016 年，在北京冬奥组委的统筹协调下，科技部会同国家体育总局、北京市人民政府、河北省人民政府的有关部门和地方制定了《科技冬奥（2022）行动计划》。该计划中指出，北京 2022 年冬奥会要以举办一届"创新、绿色、开放、共享"的科技盛会为目标，坚持"需求导向、远近结合、强化协调、政府引导"的基本原则，并成立"科技冬奥"领导小组、"科技冬奥"专家委员会、设立"科技冬奥"重点专项、强化政策支持，保障"科技冬奥"的切实可行和有序开展。

1. "科技冬奥"的治理主体

（1）"科技冬奥"领导小组。

"科技冬奥"领导小组由科技部、国家发展和改革委员会、财政部、工业和信息化部、环境保护部、住房和城乡建设部、国家质量监督检验检疫总局、国家卫生和计划生育管理员会、新闻出版广电总局、体育总局、林业局、能源局、气象局等部门及北京市人民政府、河北省人民政府组成，由时任科技部部长王志刚任组长，负责《科技冬奥（2022）行动计划》的战略规划和宏观协调。在"科技冬奥"领导小组的统一调度下，各政府部门、高校、企业进行紧密的合作，为"科技冬奥"行动计划提供组织机制保障。

（2）"科技冬奥"专家委员会。

"科技冬奥"专家委员会由科技、能源、体育、环境、广电、通信、卫生、文创、安全等领域的专家组成，由中国工程院院士范维澄任组长，为"科技冬奥"的实施提供咨询建议，在"科技冬奥"的项目立项、研究中遇到的困难及成果的应用等方面提供专业性的建议和指导，保障"科技冬奥"的科学性、可实施性和实用性。

2. 中国特色的治理体系

2017年,党的十九大报告中提出要打造共建共治共享的社会治理格局。在十九届四中全会上又将"格局"上升为"制度",提出"坚持和完善共建共治共享的社会治理制度"。党的二十大从推进国家安全体系和能力现代化的战略高度,进一步对完善社会治理体系做出新的部署。由"社会管理"到"社会治理",意味着政府不再是"大家长"式地把所有事情一手抓,其治理主体变得多元化、丰富化。"科技冬奥"中的共建共治共享具有鲜明的中国特色,呈现了中国方案,展现了中国智慧。

共建,是指治理主体的多元化,党委领导,政府主导,社会协同,公众参与。"科技冬奥"就是在以习近平同志为核心的党中央的领导下,在科技部、国家体育总局、财政部等政府部门及北京市人民政府、河北省人民政府的主导下,向社会征集有关"科技冬奥"立项和实施的意见和建议,并将"科技冬奥"中的研发项目交由社会主体(高校、企业等)进行研发。最终汇集了200多家企业、超过万名科研工作人员,研制出了200多项技术成果,圆满完成了"科技冬奥"工作,为北京冬奥会提供了科技支撑。

共治,是指调动各种手段,如宣传、综合治理等。在"科技冬奥"的实施过程中真正实现了各方力量共同参与,实现了科技部、国家体育总局等部门的协同,实现了北京市、河北省区域的协同,实现了政府与高校、企业的协同。

共享,是目标。全民共享,即社会治理是为了让所有人享受安静团结的氛围。我国申办冬奥会的目标不仅仅是举办一届成功、精彩的冬奥会,而是为了"带动三亿人参与冰雪运动",发展我国的全民健身运动。同样,"科技冬奥"的成果也不仅仅服务于冬奥会,在后奥运时代这些科技成果将会应用于人们生活的各领域,使人们共同享有"科技冬奥"的科技成果。

3. 中国特色的治理机制

2022年2月16日,2022北京新闻中心举行"科技冬奥"有关情况专场发布会,科技部社会发展科技司司长祝学华表示,为了充分发挥科技对冬奥会的筹办、办赛和观赛的支撑保障作用,科技部会同有关部门和地方,从建立协同工作机制、创新项目实施机制、推动研发应用相结合和加强赛时指挥调度等方面组织协调各方力量,共同做好"科技冬奥"工作。具体工作如下:一是建立协同工作机制。

科技部会同有关部门和地方成立了"科技冬奥"领导小组和以清华大学范维澄院士为组长的专家委员会，与国家体育总局签订了《协议》，建立协同工作机制，为跨部门协调"科技冬奥"全局性工作提供组织机制保障。二是创新项目实施机制。科技部会同北京冬奥组委、国家体育总局等用户部门和北京市、河北省等属地单位，按照"三个共同"的原则，保障"科技冬奥"重点任务可落地、可实施、能应用。同时，创新项目形成实施机制。例如，对于冬奥场馆类任务，直接以业主单位为项目承担主体，实现项目研发与工程建设的深度融合。三是推动研发应用相结合。实施项目群管理机制，围绕任务目标和重点问题，加强同类项目的集成和信息共享。建立定期工作推进机制，组织项目承担单位与用户单位定期召开调度会，及时研究解决项目实施中遇到的实际问题。利用测试赛推动项目技术成果的集成应用、测试和全面展示。四是加强赛时指挥调度。在北京冬奥组委赛时指挥体系的领导下，"科技冬奥"领导小组成立了赛时临时工作专班，全面跟踪"科技冬奥"技术成果在赛时的应用情况，与项目承担单位现场保障人员、赛区场馆业主、属地管理部门等保持密切沟通，及时了解并协助解决项目成果在冬奥会赛时应用中存在的困难，确保各项新技术在冬奥会实际举办中用得上、用得好。

9.2　政策保障的中国方案

为举办一届精彩非凡、卓越的冬奥会，科技部联合北京市人民政府、河北省人民政府、国家体育总局等部门，共同组织实施《科技冬奥（2022）行动计划》，并组建"科技冬奥"领导小组、"科技冬奥"专家委员会，设立"科技冬奥"重点专项保障"科技冬奥"的实施和应用。随着源自"科技冬奥"重点专项的 212 项技术成果在北京冬奥会上的应用和展示，北京冬奥会不仅是一届精彩纷呈的冬奥会，还是一场耀眼夺目的科技盛会。"科技冬奥"能够完成科研攻关任务、落实应用科技成果，离不开各部门、地区所给予的政策支持。

9.2.1　国家层面的政策

1. "科技冬奥"行动计划

从申办冬奥会伊始，"科技冬奥"就成为北京冬奥会筹办的关键词之一。2016

年11月，科技部在总结以往办赛经验的基础上，联合北京市人民政府、河北省人民政府、国家体育总局、财政部等部门印发《科技冬奥（2022）行动计划》，为北京2022年冬奥会的举办提供科技支撑，这意味着"科技冬奥"正式开始组织实施。"科技冬奥"的政策系统以《科技冬奥（2022）行动计划》为主体，并围绕该政策文件明确了总体目标，即通过实施"科技冬奥"，攻克一批核心关键技术，支撑北京冬奥会的成功举办，将北京2022年冬奥会办成一届创新、绿色、开放、共享的科技盛会；规定了基本原则，即坚持需求导向、远近结合、强化协调、政府引导；确立了重点任务，即零排供能、绿色出行、5G共享、智慧观赛、运动科技、清洁环境、安全办赛、国际合作；以成立"科技冬奥"领导小组、"科技冬奥"专家委员会、设立"科技冬奥"重点专项来保障"科技冬奥"的实施。该文件中还指出，各部门、地方应在5G网络应用、智能电网建设、新能源汽车示范推广、清洁能源应用、大气污染防控等方面强化政策支持。《科技冬奥（2022）行动计划》的发布为"科技冬奥"指明了行动方向，建立了领导机构，提供了实施保障，为"科技冬奥"任务的圆满完成打下了坚实的基础。

2018年12月，为加强部门间的合作、加快推进建设健康中国和体育强国建设、共同实施《科技冬奥（2022）行动计划》，科技部和国家体育总局在北京签订《协议》。《协议》中明确提出，科技部、国家体育总局将加强统筹协调，协同推进体育科技创新体系建设；推进科技体制机制改革，加大科研投入，支持在体育科技领域研发一批先进技术；推进科研创新平台建设和国际科技合作，持续提升体育科技创新能力；加快体育科技成果转化推广，促进体育产业创新发展；加强科技政策研究和人才培养，营造有利于体育科技创新的良好氛围；共同实施《科技冬奥（2022）行动计划》。"科体协同"加强了科技与体育之间的联系，不仅保障了"科技冬奥"行动计划的顺利实施，还对未来体育事业的发展大有益处。

2. "科技冬奥"重点专项

"科技冬奥"项目取得的科技成果依赖"科技冬奥"重点专项的设立、实施和完成。2017年，北京冬奥组委研究制订《科技冬奥重点项目实施方案》，该方案面向北京冬奥会的实际需求，围绕办赛、参赛、观赛、安全、示范五大板块部署科研任务，安排部署了80个科研项目。办赛，即围绕场馆建设、气象预报、火炬研制、开闭幕式等方面，重点解决冬奥工程的实际需求，研发复杂山地气象精准预报、支撑场馆智能化改造等技术；参赛，即围绕科学训练，重点研发科学化训练方法和装备，研制适合我国运动员体型特征和运动特点的高性能服装，建立智慧化比赛训练场地，提升运动员参赛水平；观赛，即围绕"5G+8K"、云转播平台、VR 观赛、智能语音服务等方面部署任务，广泛应用信息技术等提升观赛体验；安全，即围绕奥运场馆运维管理、设备运行、食品安全、医疗保障、疫情研判和防控等方面，重点解决冬奥会安全监测预警、运动健康保障、环境风险评价等技术和装备问题；示范，即围绕氢能出行、无人驾驶、100%清洁电力、智能机器人、无障碍服务等新技术在冬奥会场景中的集成应用。《科技冬奥重点项目实施方案》围绕冬奥会的需求明晰了具体的科研方向，完善了"科技冬奥"的科研任务体系，明确了"科技冬奥"的具体科研任务。

3. 税惠政策

"科技冬奥"科技研发任务的完成需要依托各大高校和企业，在新产品、新技术的研发过程中的税惠政策成为"科技冬奥"的"税助力"。具体如下：①冬奥税收政策。2017 年和 2019 年，税务总局联合财政部、海关总署，分两批发布北京 2022 年冬奥会、冬残奥会税收政策，涉及增值税、消费税、企业所得税、个人所得税、土地增值税、印花税、资源税等税种，全方位覆盖北京冬奥会、冬残奥会筹办和举办过程的各环节，圆满兑现了《北京 2022 年冬季奥林匹克运动会申办报告》《北京 2022 年冬季奥林匹克运动会主办城市合同》中做出的税收承诺。②退税政策。北京 2022 年冬奥会增值税退税政策的实施，涉及税务、财政、国库、外汇等多部门统筹协调，面临相关政策衔接、税收征管系统调整及部门间对接等诸多难题。税务总局组织工作专班，会同多部门专题研究部署，出台《北京 2022 年冬奥会和冬残奥会及其测试赛增值税退税管理办法》，专门打造了一套"线上线下集中受理、税务机关内部跨区域清分办理、税务国库一体化协同退税"的流程机制，确保实现"三个及时"。具体如下：一是确保退税受理及时，线上通过北京市电子税务局，线下通过北京市和河北省指定的办税服务厅，专门接收退税申请；二是确保退税办理及时，通过税收征管系统实时清分退税信息，由销售方所在地精准快速完成退税审核；三是确保税款退付及时，税务部门与国库部门协同配合，实现退税主体不离境即退税。冬奥会退税这一创新实践，在完善增值税退税制度、推动税收信息化发展、提高税收治理水平、实现税收共治等方面都具有积极意义，有利于进一步营造良好的税收营商环境。

相关政策发布后，税务部门及时会同有关部门编写、发布各项配套措施及操作指引，确保政策落实落细落好。例如，配合北京冬奥组委编写《2022年冬奥会和冬残奥会税收指南》《2022年冬奥会和冬残奥会税费政策及操作流程》。与此同时，税务部门会同财政部、海关总署印发享受相关税收优惠政策的国际奥委会、国际残奥委会相关实体清单，印发适用相关政策的北京冬奥会和冬残奥会企业名单，方便企业及时享受政策红利。税务总局与财政部、海关总署密切配合，建立与北京冬奥组委的日常沟通机制，专人对接，主动服务，及时了解涉税需求，妥善解决涉税问题；指导冬奥会举办地的北京、河北税务部门在冬奥会举办期间，积极做好落实专项税收政策准备，提供有针对性的服务措施，确保以最高服务水平为北京冬奥会的顺利举办助力添劲。国家税收科学研究所副所长李平指出，中国政府出台北京2022年冬奥会和冬残奥会税收优惠政策，既坚持了中国税收法律的严肃性，维护了国家的税收权益，又符合以往冬奥会和冬残奥会的税收惯例。可以说，从前期的场馆改造建设到赛事期间的赞助、捐赠，再到赛事结束后的退税，税收优惠政策一路相伴，切实减轻了北京冬奥会和冬残奥会相关各方的税收负担。

北京冬奥会的"科技范"迎来了国际社会的一致好评，在这背后，不仅有各高校、科技公司和科研工作者的积极参与，还有税务部门通过精细服务、减税支持释放的"税助力"。安徽的科技公司吉祥三宝研制的保暖服填充内芯，用于北京冬奥会运动员、教练员和保障人员的服装中。2021年，该公司享受制造业企业研发费用100%加计扣除、先进制造业增值税留抵退税等税收优惠665万元。该公司在年底赶订单急需资金的关键3个月，于10月提前享受到前三季度研发费用加计扣除优惠，并顺利办理制造业中小微企业延缓缴纳税费业务，延缓缴纳税费2万余元。该公司副总经理马晓飞表示，该地税务部门"税滴伴"纳税服务团队指定专人为公司量身定制服务套餐，提供税惠政策辅导、办税实务操作和涉税风险体检等全套服务，大大减轻了科技公司的负担。清华大学研究院光电新材料研发中心孵化的技术平台化公司力合云记所研发的"环境抗体——自消杀抗病毒功能材料"被北京2022年冬奥组委选入科技防疫项目组，应用于北京冬奥会和冬残奥会运动员密接区域，助力北京冬奥会疫情防控。该公司因享受研发费用加计扣除优惠政策，2019年减税151万元，2020年减税75万元，2021年减税154.4万元。对于研发资金投入金额较大的企业来说，这些减税"大礼包"给予了科技公司很大的支持，"科技冬奥"取得如此好的成效，离不开税收政策的扶持。

9.2.2 地方层面的政策

2019年4月，为了发挥科技创新支撑引领作用、服务冬奥会筹办、推动冰雪产业和区域可持续发展、建设智慧崇礼，经河北省委、省政府同意，河北省第24届冬奥会工作领导小组印发了《科技冬奥智慧崇礼行动计划》。该计划中确定了支撑冬奥筹办、支撑冰雪产业、引领可持续发展、打造智慧崇礼的目标。具体如下：①到2022年，在赛事保障、观赛、训练等方面集成应用一批先进技术，有效提升气象、医疗、交通、观众体验、转播等领域的冬奥综合服务保障能力，提升办赛技术水平；②依托张家口高新区等冰雪产业重点园区，汇聚、打造一批国际一流冰雪企业，形成一批高端产品和国际品牌；③围绕冬奥会可持续性要求，在生态环境、建筑场馆、可再生能源、新能源等技术领域示范一批先进成果，加强赛后可持续利用相关研究；④形成崇礼智慧小镇建设整体技术方案，先期在智慧运动、智慧旅游、智慧交通等重点领域形成应用示范。河北省人民政府以北京冬奥会为契机，汇聚各类创新资源，推动科技创新与冬奥深度融合，为努力交出冬奥会筹办和本地发展两份优异答卷贡献科技力量。依托该行动计划，河北省在筹备和实施"科技冬奥"的过程中，既保证了"科技冬奥"任务的高质量推进，又保证了河北省崇礼区的建设发展。

另外，河北省围绕《科技冬奥智慧崇礼行动计划》的目标任务，自2019年起，连续3年设立省级"科技冬奥"重点专项，至北京2022年冬奥会开幕，支持项目100余项，最终有46项技术成果用于保障冬奥运行。在科学办赛方面，张家口赛区国家跳台滑雪中心应用了智慧照明系统，创新采用了物联网技术与多专业光影系统深度融合的关键技术、3D灯光演绎的智能控制技术等多项智慧照明技术，满足了不同场景对光环境的需求。河北省"科技冬奥"重点专项在北京冬奥会的科学办赛、绿色办奥、保障赛事安全、医疗保障、交通保障、运动训练、科学观赛等方面起到了极大的科技支撑作用。例如，在绿色办奥方面，张家口市组织研发、应用氢燃料电池技术，解决了张家口赛区氢燃料大巴车在-30℃低温环境下快速启动的难题；在保障赛事安全方面，云顶滑雪公园应用了河北省自主研发的防风网技术，打破了国外垄断，解决了建设费用高、建设周期长等多项难题；在科学观赛方面，河北省广电局建设了超高清广播电视专网，支持8K及AR/VR业务传输。

9.3 实施路径的中国方案

"科技冬奥"的实施以创新驱动发展战略为指导,以京津冀协同发展战略为依托,以需求导向、远近结合、强化协调、政府引导为基本原则,成立"科技冬奥"领导小组统筹协调各方,成立"科技冬奥"专家委员会提供专业技术指导。通过设立"科技冬奥"重点专项和推动各部门制定相关政策来保障项目的实施和应用,努力将北京2022年冬奥会办成一届创新、绿色、开放、共享的科技盛会,一届精彩、非凡、卓越的奥运盛会。

9.3.1 体制机制建设

2015年,我国成功申办北京2022年冬奥会。继北京2008年奥运会后,北京再次举办奥运赛事,北京由此成为世界上第一座"双奥之城"。习近平总书记指出,"建设体育强国,是全面建设社会主义现代化国家的一个重要目标""推动我国冰雪运动跨越式发展是实现第二个百年奋斗目标的重要组成部分"。为此必须坚持创新理念,以科技创新为着力点,将科技的发展融入冰雪运动的发展中去。国家体育总局发布的《体育发展"十三五"规划》中提出要"积极筹办北京2022年冬奥会,提高冰雪运动竞技能力水平,普及大众冰雪运动"。在新时代,我国将大力发展体育运动,借助北京冬奥会的举办带动我国群众体育发展。科技早已渗入人们生活的方方面面,北京冬奥会也是一个向世界展示我国科技实力的舞台,自然更离不开科技的支撑。

"科技冬奥"在前期的实施主要包括冬奥战略计划的制订、重大技术项目实施和组织管理体系构建。2016年,科技部在遵循"绿色、开放、共享、廉洁"的办奥理念,总结"科技奥运"和举办上海世博会、广州亚运会、南京青奥会的经验基础上,制定了《科技冬奥(2022)行动计划》,围绕该行动计划实施"科技冬奥"。以该行动计划为指导,科技部自2018年起设立"科技冬奥"重点专项,以解决筹备和举办北京冬奥会所面临的一系列难题,并先后设立"科技冬奥"领导小组和"科技冬奥"专家委员会作为领导机构,统筹协调"科技冬奥"的实施。具体如下:①"科技冬奥"重点专项的立项面向社会征集意见和建议,并由高校和企业承担研发任务。北京冬奥组委制定《科技冬奥重点专项实施方案》，围绕冬奥会筹办的重点场景，全面推动项目成果落地应用。国家体育总局研究提出科技需求，并积极推动项目成果在国家队训练和比赛中落地应用。"科技冬奥"重点专项的作用是针对场馆建设中的共性技术难题，聚集全国优势力量来解决，而不是简单地给一笔经费，让大家还做原来的事情。以场馆建设为例，"科技冬奥"重点专项要求提炼这些场馆建设中的共性关键技术难题，让场馆建设的业主单位、设计单位、建造单位联合攻关，而并非逐一实施支持。在立项时必须回答以下问题：设计建造运维有没有解决国外有、国内没有的技术难题？国内有没有更好的替代方案？有没有解决冬奥会场馆建设史上碰到的独一无二的难题？只有很好地解决上述一条或多条问题，才有可能立项。②"科技冬奥"领导小组由科技部部长任组长，以各部门、地方的领导同志为成员，负责"科技冬奥"的组织协调工作，确保"科技冬奥"的顺利实施。在"科技冬奥"领导小组第一次会议上，科技部、国家体育总局、中国科协、北京市人民政府、河北省人民政府等13个部门的相关负责同志出席。该会议强调，要充分发挥"科技冬奥"领导小组的组织协调作用，形成推动工作的合力，把各项任务落实到责任主体上、落实到具体项目上，齐心协力把"科技冬奥"这项工作做好。"科技冬奥"专家委员会由各相关领域专家组成。如果说领导小组在"科技冬奥"中起着总领全局的作用，那么专家委员会则在重点专项立项、实施、应用过程中起着专业性咨询和指导的作用。

9.3.2 科技成果研发与测试

2021年4月和6月在北京举办的"相约北京"雪上、冰上测试活动中，围绕场馆、运行、指挥、安保、医疗、气象、交通、转播等关键场景，有37个项目的133项新技术成果在测试赛中落地应用。2021年10月，"科技冬奥"重点专项又有61个项目228项技术陆续在测试赛、运动员训练及北京冬奥会相关筹备工作中测试应用。期间，科技部与北京冬奥组委、体育总局、北京市人民政府、河北省人民政府密切配合，利用冬奥会系列测试赛机会，推进各项目研发成果实际测试应用，确保重点专项成果在冬奥会上用得上、用得好，努力办成科技含量最高的一届冬奥会。同时，加强技术成果的系统梳理，推动科技成果的产业化，服务"带动三亿人参与冰雪运动"，推动冬季运动可持续发展。

"科技冬奥"在中期的实施主要包括科技支撑冬奥运行、奥运促科技展示、产业示范项目宣传、观众体验、运营商合作。在"科技冬奥"研发的过程中，秉持"边研发边应用"的原则，各部门、地方为"科技冬奥"提供支撑，同时"科技冬奥"取得的阶段性成果也用于北京冬奥会的筹办过程中，助力北京冬奥会的筹办。具体如下：①科技支撑疫情防控。科学防疫成为办好北京冬奥会的重要前提。北京市科学技术委员会通过组织科技防疫技术攻关、专家论证、现场测试等形式，推进多项成果应用，利用相关单位研发的公共空间生物气溶胶新冠病毒检测系统，可实现场馆内空气的病毒监测预警和快速检测，检测灵敏度相比于传统检测手段提高了 3 倍，同时在国家速滑馆、水立方等场馆进行了相关测试。②科技支撑绿色低碳。绿色办奥是北京冬奥会一直秉持的理念，北京围绕场馆建设、场馆运行、交通物流等方面推动绿色低碳技术研发攻关，用技术力量助力实现举办一届绿色低碳冬奥会的目标。通过开展绿色智慧场馆建造与低能耗运行技术研究与攻关。相关单位建立了数字孪生和智能化集成管理平台，并把这项技术运用到国家速滑馆的建设当中，节省主体结构工期 2 个月、钢材近 3000 吨，在国家冬季运动训练中心建成环境精准控制平台，形成场馆"能源总管家"，降低日能耗 10%以上。③科技支撑赛会安全。冬奥会是一个复杂的运行体系，安全是办好冬奥会的重要保障。在北京冬奥会的筹备阶段，北京围绕冬奥会食品、工程施工、运行保障等环节，部署了多项技术应用研发攻关，支撑冬奥会运行安全。例如，北京市建立了以区块链和超微型芯片技术为核心的冬奥食品安全保障平台，实现了对冬奥会食品的防伪追溯。基于该研究成果，北京市已建立冷链食品追溯平台，支持疫情常态化防控下的冷链食品监管工作。④科技提升观赛体验。前沿科技的使用可以促使更多公众参与到北京冬奥会观赛当中。北京市围绕赛事报道、赛事转播、现场导览等方面，积极推动人工智能、高清显示、虚拟现实等新技术应用，不断提升冬奥会观赛新体验。例如，北京智源人工智能研究院以"悟道 2.0"超大规模预训练模型为底层核心技术，研发数字人手语播报系统，为赛事报道提供全流程智能化手语服务。此外，北京市还研发了基于三维空间重建技术的冬奥虚拟导览系统，实现场景展示、VR 导览等服务功能，为运动员、观众等带来全新体验。

9.3.3　科技成果应用与评估

北京冬奥会开幕式精彩绝伦、震撼刷屏。北京冬奥会开幕式上综合运用了人工智能、超高清渲染、5G、8K 等一系列的高新技术，这些科技和创意的完美融合，打造出既恢宏壮美又空灵浪漫的视听盛宴，科技感十足。除了开幕式上使用的高新技术，通过实施"科技冬奥"重点专项，还建立了智慧化比赛训练场地，研制了适合我国运动员形体特征和运动特点的高性能服装，提升了运动员的参赛水平。在办赛方面，解决了雪车雪橇赛道、国家跳台滑雪中心和国家速滑馆等场馆设计、建造和运维技术难题，支撑了鸟巢智能化和水立方冰水转换等场馆改造。国家速滑馆已成为绿色低碳和智慧场馆的代表。在安全方面，围绕奥运场馆运维管理、设备运行、食品安全、医疗保障、疫情研判和防控等，重点解决了北京冬奥会安全监测预警、运动健康保障、环境风险评价等技术和装备问题。

"科技冬奥"在后期的实施主要包括技术应用评估、科技效果总结、运营商交流合作。北京冬奥会赛事筹备、运动员备战等工作具体如下：①竞赛场馆接受实战检验。在国务院举办的新闻发布会上，时任北京市副市长、北京冬奥组委执行副主席的张建东表示，北京冬奥会12个竞赛场馆全部完工，通过国际冬季单项体育组织认证，全面具备办赛条件。从2021年10月开始，一直持续到2021年12月底，"相约北京"系列测试活动进行了10场国际测试赛、3个国际训练周及2场国内测试活动。国家速滑馆、国家雪车雪橇中心、国家跳台滑雪中心等新建场馆逐次亮相，接受具体实战检验。比赛场馆是冬奥会筹办的重要"单元"，从设计论证到建造运维，科学技术重点解决了雪车雪橇赛道、国家高山滑雪中心和国家速滑馆等场馆"从无到有"各环节的技术难题，支撑了鸟巢和水立方智能化场馆改造，突破了复杂地下高精度气象预告关键技术，不断提升筹赛、办赛的管理效率和水平。同时，北京冬奥会坚持"三个赛区，一个标准"。北京冬奥组委制定并实施《科技冬奥（2022）行动计划》，积极推进氢燃料、5G通信、云转播、人工智能等新技术的示范应用。②科技支撑冲击参赛目标。北京冬奥会备战进入冲刺阶段后，中国运动员共有29支冰雪项目国家集训队、480名运动员在109个小项全项目开展、全项目建队、全项目训练。2015年北京获得本届冬奥会举办权时，中国在109个小项中约有1/3的项目从未开展过。到平昌2018年冬奥会，中国的参赛项目约占项目总数的一半。北京2022年冬奥会，中国作为东道主，中国运动员力争实现全项目参赛的目标。疫情暴发，"科技冬奥"的实施又面临新的挑战，国家集训队无法正常出国参赛和出国训练，在失去部分冬奥会参赛积分的同时，也错失与主要对手同场竞技的机会，这为有针对性的组织训练增加了难度。但随着科学化训练场地的建设和科学化训练方法和体系的应用，我国运动员的训练条件得到很大保障。此外，随着科技支撑效能的提高，国家集训队加强了训练工作的全过程管理，充分利用科技系统监控训练质量，为运动员提升竞技能力提供了很大的帮助。③闭环管理保障防疫安全。疫情是举办北京冬奥会面临的最大挑战，在北京冬奥会开幕前夕，北京冬奥组委会同国际奥委会、国际残奥委会发布了《防疫手册》，明确了坚持简化办赛、远端防控、疫苗接种、闭环管理、有效处置、防控一体化 6 条基本原则，并提出了具体防疫措施。闭环管理政策是北京冬奥会最突出的防疫特点之一，环内人员即涉奥各利益相关方人员和中方工作人员、志愿者，都执行同等的闭环管理政策，他们将与社会面严格区分开。同时，闭环管理并不会对运动员和其他参与者的自由活动有严格限制，在闭环区域内，可以通过专用的交通工具在驻地与场馆、场馆与场馆及 3 个赛区之间自由流动。《防疫手册》中的具体措施是依据最新的科研成果、专家意见并借鉴其他国际赛事经验而制定的，这些应对措施降低了疫情带来的风险。同时，北京冬奥组委将严格执行相关处罚规定，不遵守防疫手册规定的运动员可能会面临警告、临时或永久撤销注册资格、临时或永久取消参赛资格、逐出比赛、取消相关资格等处罚。

9.4 "科技冬奥"的世界贡献

在世界经历百年未有之大变局的背景下，面对前所未有的困难、风险和挑战，中国坚持疫情防控和冬奥会筹办两手抓、两手硬，工作不间断，力度不减弱，标准不降低，向世界展现了中国促进不同文明交流互鉴、共同构建人类命运共同体的决心与担当。办好北京冬奥会不仅兑现了中国的申奥承诺，还是展示中国文化、中国力量的重要契机。中国人民大学国家发展与战略研究院研究员徐拥军认为："奥林匹克运动中蕴含的促进世界和平与繁荣、促进全人类理解与认同的重要价值观念，与构建人类命运共同体理念高度契合。"北京冬奥会落下帷幕，"双奥之城"为世界奉献了一届简约、安全、精彩的冬奥盛会。回顾本届冬奥会，从筹办之初便全面规划、管理奥运场馆建设，将赛时需要和赛后利用相结合，践行可持续的办奥理念，打造奥运遗产传承新标杆。正如国际奥委会主席巴赫所说："北京冬奥会将给全世界留下丰厚遗产。"

9.4.1 树立了智慧场馆的"中国典范"

北京冬奥组委技术部部长喻红认为:"新技术在冬奥会的实际应用情况,我们首先关注的是场馆,这是举办奥运会的基础条件。"场馆是办好北京冬奥会和冬残奥会的基础,竞赛场馆更是运动竞技、观赛和展示城市发展水平的窗口。北京2022年冬奥会和冬残奥会共使用39个场馆,包括竞赛场馆12个、训练场馆3个、非竞赛场馆24个,分别分布在北京赛区、延庆赛区和张家口赛区3个赛区。其中,北京赛区有6个竞赛场馆,分别是国家体育馆、国家游泳中心、首都体育馆、五棵松体育中心、国家速滑馆、首钢滑雪大跳台。延庆赛区有2个竞赛场馆,分别是国家高山滑雪中心和国家雪车雪橇中心。张家口赛区有4个竞赛场馆,分别是国家跳台滑雪中心、国家越野滑雪中心、国家冬季两项中心和云顶滑雪公园。非竞赛场馆包括举办北京2022年冬奥会和冬残奥会开闭幕式的国家体育场"鸟巢"、冬(残)奥村、颁奖广场、新闻中心等。所有场馆均有"科技冬奥"的成果展现。通过新技术、新材料、新设计理念在冬奥场馆的建造和改造上的应用,北京冬奥会的智慧场馆为世界各国举办冰雪赛事树立了"中国典范"。

"科技冬奥"重点专项把场馆规划、建设、运维关键技术作为重点任务进行布局,重点解决雪车雪橇赛道、国家跳台滑雪中心、国家高山滑雪中心和国家速滑馆等场馆设计、建造和运维技术难题,支撑鸟巢智能化和水立方冰水转换等场馆改造。具体如下。

(1)国家速滑馆。国家速滑馆是北京2022年冬奥会北京主赛区标志性场馆,也是唯一新建的冰上竞赛场馆。它的设计理念来自冰和速度结合的创意,其中的22条丝带就像运动员滑过的痕迹,象征速度和激情。北京市科学技术委员会、中关村管委会、冬奥专班负责人杨鹏宇表示,国家速滑馆在智慧场馆设计方面,针对速滑馆赛时智慧化运行、赛后高效管理和多样化服务的需求,实施智慧场馆建设。国家速滑馆建设应用基于BIM智慧建造技术,使主体结构工期节省了2个月时间、减少使用钢材2800吨。相关项目团队通过建立数字孪生和智能化集成管理平台,集成45个子系统,将场馆的设备数据进行集中管理,使数据更新速度由秒级提升至毫秒级,对场馆设施实现3D可视化分级信息浏览,有效解决了场馆相关设备多样、协议复杂等一体化管控难问题,实现场馆运行数据采集、趋势研判、提前预警和分析决策的综合智慧管理。北京市建筑设计研究院有限公司副总建筑师、国家速滑馆设计总负责人郑方表示,在轻型结构和智慧建造方面,国家速滑馆采用面向未来的单层双向正交马鞍形索网结构,大大减少屋顶用钢量。同时,建筑师为场馆建立了节能体系,包括控制新建场馆容积、增强自然通风和采光利用、提升场馆能源运行水平等,降低了冰上场馆对环境的整体影响,提高了场馆运行效率。

除了在场馆建造方面展现出的智慧,国家速滑馆的"智慧"还展现在比赛现场上。例如,国家速滑馆外立面的每条丝带在夜里都会变为动态的光带,通过内部集成的 FondaCity 夜景照明系统,开启变幻灯光秀。中国选手高亭宇在速度滑冰男子 500 米决赛中夺冠并创造了新的奥运纪录,他是国家速滑馆建成使用后诞生的首个中国奥运冠军。国家速滑馆更是首次亮起了中国队冬奥夺金专属的象征金牌的金色灯光,以庆祝高亭宇夺冠。

(2)国家跳台滑雪中心。坐落于河北省张家口市的国家跳台滑雪中心因形似如意而被称为"雪如意"。这是我国首座符合国际标准的跳台滑雪场馆,也是北京 2022 年冬奥会张家口赛区工程量最大、技术难度最高的竞赛场馆。在"十三五"国家重点研发计划"科技冬奥"重点专项"人工剖面赛道类场馆新型建造、维护与运营技术"项目的支持下,依托国家跳台滑雪中心这一工程实践,我国首次掌握符合国际标准的跳台设计方法与建造技术。国家跳台滑雪中心建立运维云平台统筹设计施工,实现自下而上的信息化集成和智能分析,同时研发了助滑道冰面准分布式智能监测系统和铺面平整性智能检测车,使得助滑道冰面与着陆坡表面达到厘米级精度、助滑道冰面温度监测误差小于 0.5℃,填补了国际空白。

(3)国家雪车雪橇中心。位于延庆赛区的雪车雪橇赛道是半 U 形混凝土浇筑结构,混凝土里预埋误差不超过 5 毫米的冷凝管,通过在表面制冰最终形成赛道。看似并不复杂,但 1.9 千米长的赛道浇筑要一气呵成,一次成型很难。各种弯度、各种落差交织在一起,更是难上加难。建设团队走自主创新之路,1.9 千米赛道混凝土一次性喷射浇筑成型。

(4)国家游泳中心。考虑到赛后的可持续用,国家游泳中心由"水立方"转为"冰立方",应用我国自主研发的"水立方冬夏场景转换"关键技术体系,实现冰面毫米级高精度测量,创造性建成世界首个智能化、快速拆装的水冰转换场地。成功保留两届奥运遗产,有效破解了世界大型场馆长期运营的难题。

还有雪上场馆的"智慧大脑"——雪上场馆智慧运营中心,基于物联网、大数据、人工智能等技术,统一接入安防系统、能耗管理等系统,为赛事场馆场地内的基本环境、设施设备、人员行为及异常事件等提供统一的、多层次、多角度的智能运维管理能力，构建可以实时动态监测的智慧场馆，从而帮助场馆运营人员精准掌握场馆运行状况，变被动式场馆运维为主动式智能运营，实现降本增效。运维人员可以通过雪上场馆智慧运营中心接入场馆内的智能化设备，从而实现楼宇自动化、安防系统、门禁管理系统、广播通信系统、智能照明系统、电梯运行系统、能耗计量系统、变配电系统等的主动监测式维护和快速故障处理，避免人工管理不到位的弊病，使设施故障平均修复时间缩短25%，并延长设备使用寿命，全面提升赛事运维效率与安全保障能力。

9.4.2 践行了"绿色办奥"的科学理念

举世瞩目的北京冬奥会惊艳全球，引起高度关注，同时此次冬奥会贯穿全程的低碳理念也吸引了众多内外国媒体和专家的目光。北京冬奥会是第1届从申办、筹办到举办全过程践行《奥林匹克2020议程》并将可持续性融入赛事筹办各阶段、各方面的奥运会，书写了"绿色办奥"的生动实践。本届冬奥会坚持绿色、低碳、可持续原则。从用电、制冰、造雪到场馆的可持续利用，无不彰显绿色办奥的理念。绿色，成为北京冬奥会最亮眼的底色。"可持续发展"是北京申办2022年冬奥会提出的三大理念之一，基于"科技冬奥"项目的实施及其成果的应用，北京冬奥会实现了绿色办奥，提供了便捷化服务体验，有力支撑了可持续发展的目标。具体如下：

（1）绿色能源。"用张北的风点亮北京的灯。"张北柔性直流电网工程是世界上首个输送大规模风电、光伏、抽水蓄能等多种能源的四端柔性直流电网。该工程可把张家口地区的清洁能源输送到北京，助力北京冬奥会在奥运历史上首次实现全部场馆100%绿色、可再生能源电力覆盖。据统计，从2019年6月第一笔绿电交易开始，到北京2022年冬残奥会结束，北京、延庆、张家口3个赛区的场馆使用绿电4亿千瓦时，可减少燃烧12.8万吨的标准煤，减排二氧化碳32万吨。

（2）零碳制冰。冬季奥运会需要用到大量的人造冰雪，高质量的冰面和雪道是保障北京冬奥会顺利进行的重要条件。北京冬奥组委利用"黑科技"在打造优质竞赛场地的同时，完美解决了制冰造雪过程中产生的环境问题。以往冰上场馆制冰使用的制冷剂大都含有大量氟利昂，北京冬奥组委选择在国家速滑馆等4个冰上场馆建设中全部启用全新的二氧化碳跨临界直冷制冰技术。这项技术是世界和奥运史上的首创,也是目前世界上最先进、最环保的制冰技术。采用该技术在制冰过程中的碳排放趋近于零,相当于减少近3900辆汽车的二氧化碳年度排放量。

(3)节约用水。制造人造雪需要大量的水资源,在用水方面,承办多项滑雪赛事的张家口赛区通过收集地表径流、雪融水等举措,实现了造雪用水和保护生态环境的双赢。在植树造林活动的大力开展下,赛事核心区的森林覆盖率达到81.02%,有效涵养了水源。云顶场馆群、古杨树场馆群的11个露天蓄水池、地下雪融水收集池及小景观湖,总蓄水量达到53万立方米,为造雪提供了有力的用水支撑。多个场馆群采用了高效的节水智能化造雪系统和造雪设备,能够根据外界环境变化动态保持最佳的造雪效率。据报道,使用这种设备设施和智能化系统,节水率可达到20%左右。

(4)低碳火炬。北京冬奥会开幕式上引人注目的"微火"主火炬同样体现着低碳环保的主题,北京2008年奥运会位于鸟巢的主火炬,1小时需要消耗大约5000立方米天然气。为了维持它的顺利运转,相关部门还专门在鸟巢建造了一座燃气站,日夜不停地为奥运圣火输送动力。14年后的"微火"产生的碳排放量仅为北京2008年奥运会主火炬的1/5000。不仅仅是碳排放量降低了好几个数量级,在火炬燃料方面,北京冬奥会也有崭新的突破——放弃使用传统的液化天然气或丙烷等燃气,改为使用几乎没有任何污染的氢燃料。为了让火焰变得更加鲜艳和明亮,火炬通过焰色反应的原理给火焰上色,在燃烧过程中不会产生除水之外的其他物质。

(5)减少污染。在北京冬奥会中,低碳、环保的理念体现在很多方面,如北京冬奥会开幕式焰火燃放总量仅为北京2008年奥运会开幕式的1/10。据统计,本次开幕式使用了高空礼花弹1800发、低空花束3221支、高空特效9组、低空特效17组。为了实现简约、节俭,焰火燃放只安排了两次彩排,两次彩排焰火燃放量分别为总量的20%、50%,大大降低了因燃放烟花而产生的污染与碳排放。

(6)场馆改造。在既有场馆改造中,科技创新有力支撑了鸟巢智能化和"水立方"冰水转换等场馆改造。

9.4.3 兑现了"安全、精彩"的办赛诺言

北京冬奥会举办时正值全球疫情肆虐之时,疫情的存在不仅增加了办赛难度,还严重威胁着参赛运动员的人身健康安全。没有安全,就没有奥运的精彩,做好冬奥会的安全保障,既是对运动员、裁判员、观众、志愿者生命健康的保护,也

是保证赛事顺利进行的前提。另外，除了在北京市区内进行的冰上项目，延庆赛区、张家口赛区的雪上项目均在野外山地举行，易受天气影响。对此，北京冬奥组委表示，既要在尊重自然规律的前提下尽可能保障赛事正常进行，也要保障运动员、工作人员和志愿者等的安全和健康。具体如下。

（1）疫情防控。在疫情流行的情况下，防疫是成功办奥的必要前提。北京市科学技术委员会副主任朱建红表示："北京发挥疫情防控工作中的科技力量，在人防的基础上引入技防，助力疫情防控。"在人员进场、物品环境消毒、环境中病原体检测、人员体温监测等防疫重点环节，北京市有序推进多项重点技术成果实际应用，切实发挥科技对北京冬奥会疫情防控的支撑作用。在检测方面，相关项目团队致力于研发快速检测方法，及早发现病毒，及时采取措施，避免病毒传播；在消杀方面，不仅采用传统的消毒剂，还多方面尝试应用新的技术手段，如分子筛微纳米催化过滤材料消毒、紫外线消毒、等离子消毒等。这些消毒措施分别应用到循环冷却水和水处理系统的消毒、空气的消毒及物体表面的消毒中。

（2）气象服务。气象服务是冬奥会得以顺利进行的重要保障。冰雪项目与气象条件关系密切，冬奥赛区一般地处山地，地形比较复杂，俗话说"一山有四季，十里不同天"，有时可能隔着一条沟，风、降雪、能见度都会有很大的差异。可见，赛前对天气的研判至关重要，只有做好天气研判，才能使运动员、竞赛组织者和赛会管理者为赛事做好准备，保证在好的气象条件下比赛能够顺利进行。在延庆赛区，一方面，加强赛区的监测，利用天气雷达、三维激光测风雷达技术；另一方面，在预报科技方面投入很大，研发出大涡模拟系统，对地形分辨率达到百米以下精度，同时还研究出一套短时预报系统，对气象预报数据可做到10分钟的快速更新。这是对精细化预报赛区天气的有力支撑，大大增强了应对不利天气的主动性和能力，也为极端天气下及时启动赛程变更程序提供了科学依据。

（3）医疗保障。北京冬奥会医疗保障任务由北京大学第三医院（以下简称北医三院）奥运诊室承担，在5G、华大智造云影远程超声机器人等技术和设备的支持下，北京冬奥会医疗保障实现"医患无接触"诊断。远程超声机器人诊断系统分为医生端和患者端，患者端被部署在闭环诊室内，而超声科医生通过医生端仿形探头即可在闭环区外完成远程扫查和实时问诊沟通。远程诊断系统是连接北医三院与冬奥闭环区的医疗保障通道。即使在闭环管理期间，医院也可提供同等质量的医疗服务。闭环管理区内的患者可以通过远程超声机器人诊断系统来完成高质量的超声诊查并得到北医三院专家的诊断。

（4）观赛体验。在北京冬奥会和冬残奥会比赛期间，在赛事报道、赛事转播、现场导览等场景中应用了 70 多项技术成果，人工智能、高清显示、VR 等新技术提升了观赛体验。真正做到了无论是否置身于冬奥场馆，观众都能获得优质的观赛体验。在场馆内，新技术为运动员、观众和赛事工作人员等带来创新导览体验，更安全、更贴心。北京冬奥会应用了基于三维空间重建技术的冬奥虚拟导览系统，包括冬奥场馆 VR 云上体验平台和抵离 VR 导览服务平台，实现场景展示、设施说明、活动推广、线上 VR 自助导览服务等功能。北京冬奥会赛事服务还通过先进技术覆盖更多群体，投用的手语播报数字人专门为听障人群设计，可提供全流程智能化的数字人手语生成服务，方便听障人士收看赛事专题报道。在屏幕前，北京广播电视台冬奥纪实 8K 超高清试验频道成为全国首个面向广大观众提供 8K 服务的电视频道。在提升视觉效果的同时，8K 频道播出的节目音频也进行了"升级"。8K 画面结合 5.1 多声道环绕立体声呈现后，赛事实况将更加真实震撼，也更具现场沉浸感，5.1 多声道让赛事转播"声入人心"。8K 频道应用的 5.1 多声道环绕立体声比传统立体声增加了环境信息和低频信息，这使制作后的音频成品趋近完美，也使听众对各音源的感知更加明朗生动。在移动端，由于运用了"云转播"技术，观众使用手机观赛时可以任意切换、旋转多机位或环绕机位提供的视频信息，找到喜欢的视角及最佳追随位置进行观看。

9.4.4 推动了"人类命运共同体"构建

"人类命运共同体，顾名思义，就是每个民族、每个国家的前途命运都紧紧联系在一起，应该风雨同舟，荣辱与共，努力把我们生于斯、长于斯的这个星球建成一个和睦的大家庭，把世界各国人民对美好生活的向往变成现实。"[①]北京冬奥会开幕式不仅展示了疫情背景下"万物复苏，生生不息"的景象，还掀开了共建人类命运共同体的序章。可以说，从开幕式到闭幕式、从筹备到比赛、从场馆设计到后续利用、从运动员到志愿者，得到"科技冬奥"助力的北京冬奥会是构建人类命运共同体的生动实践。

2017 年 1 月 18 日，习近平主席在日内瓦万国宫发表的历史性演讲《共同构建人类命运共同体》中系统阐述了人类命运共同体理念。北京冬奥会鲜明诠释了持久和平、普遍安全、共同繁荣、开放包容、清洁美丽的人类命运共同体理念：

---

① 龚云. 弘扬全人类共同价值，推动构建人类命运共同体[N]. 解放日报，2022-10-31（5）.

坚持对话协商，建设一个持久和平的世界。

"奥林匹克休战"是国际奥委会根据古希腊奥林匹克神圣休战传统而设计的一项和平运动。2021年12月2日，第76届联合国大会经协商一致通过由中国和国际奥委会起草、173个会员国共提的奥林匹克休战决议。该决议呼吁各方通过和平和外交手段解决国际冲突，敦促各国在北京2022年冬奥会开幕前7日至北京冬残奥会闭幕后7日遵守奥林匹克休战决议；强调北京冬奥会和冬残奥会的愿景——"纯洁的冰雪，激情的约会"，旨在让奥林匹克点亮青年梦想，让冬季运动融入亿万民众，推动社会发展，创建和谐、和平和更美好的世界。面对疫情，各国经济社会发展面临诸多考验，传统和非传统安全挑战层出不穷，奥林匹克休战决议特别提出要认识到体育在全球应对疫情冲击能力建设方面的作用，强调北京冬奥会将是展现人类团结、韧性和国际合作宝贵价值的契机。该决议获得一致通过，并得到绝大多数联合国会员国共提，体现了联合国会员国对北京冬奥会和国际奥林匹克运动的支持，也体现了国际社会同舟共济、战胜疫情、实现和平、一起向未来的坚定决心。

2022年1月4日，习近平总书记在考察北京冬奥会、冬残奥会筹办备赛工作时强调："成功举办北京冬奥会、冬残奥会，不仅可以增强我们实现中华民族伟大复兴的信心，而且有利于展示我们国家和民族致力于推动构建人类命运共同体，阳光、富强、开放的良好形象，增进各国人民对中国的了解和认识。"人类命运共同体是迅速发展起来的中国和世界的相处之道。中华民族伟大复兴的目标是在中国与世界命运共同体基础上构建人类命运共同体。具体如下。

（1）坚持共建共享，建设一个普遍安全的世界。北京冬奥会是疫情背景下唯一如期举办的奥运会。简约、安全、精彩是北京冬奥会的承诺，也展示了"你安全、我才安全"的安全观。北京冬奥会的闭环管理确保了赛场安全；大量"科技冬奥"成果的运用，既防范了接触感染，又没有损害奥运转播——北京冬奥会的国际收视率比平昌冬奥会和索契冬奥会的国际收视率总和还高。

（2）坚持合作共赢，建设一个共同繁荣的世界。北京是世界唯一"双奥"城市，尤其是北京冬奥会的举办预示着中国迈向共同富裕的新时代。"带动三亿人参与冰雪运动"目标的实现，让更多中国民众了解并享受冰雪运动，这为冰雪运动相关服务行业提供了商机。意大利天冰集团为北京冬奥会全部雪上运动场馆提供造雪设备和自动化系统。该公司亚洲区域销售经理迈克尔·迈尔（Michael Mayer）表示，"在短时间内，中国新建成许多雪场，对于造雪设备的需求也在不断上升。

目前，中国已经成为我们最大的海外市场。为了满足客户需求，我们还在河北省三河市和张家口市设立了分支机构"。

（3）坚持交流互鉴，建设一个开放包容的世界。和羹之美，在于合异。2022年1月，在国际奥委会的指导下，首都文明工程基金会和《文明》杂志社面向世界隆重推出《奥林匹克宣言》——美丽的奥林匹克文化长卷Ⅲ（以下简称"长卷Ⅲ"）。"长卷Ⅲ"左侧以展示法国巴黎与奥林匹克运动的历史与文化相关内容为起点，以举办过夏季奥运会和冬季奥运会的23个国家及其43个城市的节日为内容，展示举办国和举办城市多元的文化风貌，最后汇集于中心部分的"奥林匹克宣言广场"与"双奥之城"中国北京的春节文化，寓意着东西方文明相向而行，在北京相遇并融合发展，以此绘就一幅人类命运共同体的美丽画卷。

（4）坚持绿色低碳，建设一个清洁美丽的世界。从北京奥运会提出"绿色奥运、科技奥运、人文奥运"到北京冬奥会坚持走绿色、低碳、可持续发展之路，"绿色办奥"深入人心。国家游泳中心成为全球首个完成"水冰转换"的场馆，首都体育馆从排球项目转为举办冰上赛事，五棵松体育中心6小时完成"冰篮转换"，多个北京2008年奥运会场馆的华丽转身，蕴含着"科技冬奥"的大量科技成果，实现了奥运场馆的可持续利用。

举办北京冬奥会、冬残奥会是国之大事、全球盛事。举办北京冬奥会强调"要坚持绿色办奥、共享办奥、开放办奥、廉洁办奥的理念，突出科技、智慧、绿色、节俭特色"。"科技冬奥"是本届冬奥会的主要特色，"科技冬奥"不只是借助奥运平台展示某项或某几项新技术，或者仅仅为奥运会举办做出贡献，而是要充分利用冬奥会契机，落实办奥理念，推动科技创新，将科技成果推广应用在产业发展、城市运行和居民生活的方方面面，推动人类社会"一起向未来"。

9.5 本章小结

2008年的"科技奥运"，注重通过奥运会把我国的科技创新成果展示给世界。与之不同的是，"科技冬奥"不再仅仅通过奥运平台向世界展示某项新技术，或者为奥运举办做出一些贡献，而是聚焦于北京冬奥会的举办能带给世界什么。为了在严峻的外部环境下能够安全、顺利、精彩地举办北京冬奥会，我国于2016年制订了《科技冬奥（2022）行动计划》，于 2018 年设立了"科技冬奥"重点专项，随后又成立了"科技冬奥"领导小组和"科技冬奥"专家委员会……通过这些准备不仅为世界呈现了一届"精彩、非凡"的冬奥会，还为举办大型国际体育赛事提供了中国科技、中国方案，践行了中国促进不同文明交流互鉴、共同构建人类命运共同体的决心与担当。

"科技冬奥"重点专项的实施，在能源、基础设施、环境、社会发展与社会服务等方面展现出我国的综合实力和科技创新。大量涌现的技术成果在推动我国冰雪运动发展的同时，也为社会发展、民生改善留下丰厚的科技遗产，体现了"中国之治"的伟大力量。本章从组织治理、政策保障、实施路径等方面呈现了"科技冬奥"的中国方案，并从 4 个层面分析了"科技冬奥"的世界贡献。

参 考 文 献

[1] 习近平. 习近平在北京冬奥会、冬残奥会总结表彰大会上的讲话[N]. 人民日报，2022-04-09（2）.

[2] 冯连世. 改革开放40年中国体育科技发展与思考[J]. 体育文化导刊，2019（3）：6-10.

[3] 袁守龙. 东京奥运会科技备战的战略转型和价值启示[J]. 体育科学，2021，41（12）：10-17，29.

[4] 张朔. 习近平同国际奥委会主席巴赫交谈时强调：中国朝着体育强国的目标迈进[N]. 人民日报，2014-02-08（2）.

[5] 石羚."科技冬奥"照见"创新中国"[N]. 人民日报，2022-03-15（5）.

[6] 张雷，陈小平，冯连世. 科技支撑：新时代引领我国竞技体育高质量发展的主要驱动力[J]. 中国体育科技，2020，56（1）：3-11.

[7] 陈小平. 科技支撑奥运训练：形势、进展与对策[J]. 体育学研究，2018，1（1）：76-82.

[8] 钟秉枢，李楠."十四五"展望：科技革命视角下我国体育的新发展和独特功能[J]. 首都体育学院学报，2021，33（1）：1-5.

[9] 高峰. 冬奥会上的科技范儿[N]. 光明日报，2022-01-27（16）.

[10] 田麦久，刘大庆. 运动训练学[M]. 北京：人民体育出版社，2012.

[11] 李楠. 北京冬奥会助力健康中国建设价值与实践路径[J]. 体育文化导刊，2021（12）：40-46.

[12] 青云."三亿人上冰雪"从愿景到现实——《中国冰雪旅游发展报告（2022）》发布[J]. 中外文化交流，2022（1）：73-76.

[13] 佚名. 迎冬奥，电子竞技助力"三亿人上冰雪"[EB/OL].（2022-01-30）[2022-04-15]. http://resource.ttplus.cn/publish/app/data/2022/01/30/410706/os_news.html.

[14] 陈晨曦，李硕，李洋. 推动冰雪运动和产业飞跃式发展（走向冬奥）[N]. 人民日报，2022-01-30（5）.

[15] 刘坤，尚文超，张胜."让更多人参与到冰雪运动中来"——北京冬奥带动冰雪经济跨越式发展[N]. 光明日报，2022-02-01（1）.

[16] 魏永刚，张雪，常理，等．「高质量发展产业调研」四问中国冰雪产业[EB/OL]．（2022-03-23）[2022-04-12]．https://baijiahao.baidu.com/s?id=1728037331961364483&wfr=spider&for=pc．

[17] 刘超，陈林祥．我国冰雪运动产业高质量发展机遇、趋势与路径[J]．体育文化导刊，2021（11）：19-25．

[18] 韩潇．智慧体育[M]．北京：清华大学出版社，2019．

[19] 孙龙飞，李硕，王亮．举办奥运盛会 赢得世界瞩目[N]．人民日报，2022-02-22（9）．

[20] 刘佳．《人民冰雪·冰雪科技谈》：五大关键技术保障冬奥赛区100%清洁电力[EB/OL]．（2022-02-26）[2022-04-12]．http://ent.people.com.cn/n1/2022/0206/c1012-32346050.html．

[21] 梁丽娜，王梦如．北京冬奥会低碳环保措施具有里程碑式意义[EB/OL]．（2022-02-11）[2022-04-12]．https://www.thepaper.cn/newsDetail_forward_16665938．

[22] 北京2022年冬奥会和冬残奥会组织委员会．北京2022年冬奥会和冬残奥会遗产案例报告集（2022）[M]．北京：北京体育大学出版社，2022．

[23] 王连香．《人民冰雪·冰雪科技谈》：-35℃天气下 氢能客车可让车厢温度快速上升至10℃[EB/OL]．（2022-02-07）[2022-04-12]．http://ent.people.com.cn/n1/2022/0207/c1012-32346788.html．

[24] 刘佳．《人民冰雪·冰雪科技谈》：京张高铁智能化服务将在全国铁路推广[EB/OL]．（2022-02-12）[2022-04-12]．http://ent.people.com.cn/n1/2022/0212/c1012-32350747.html．

[25] 刘佳．《人民冰雪·冰雪科技谈》："点亮"智慧冬奥 5G技术为无人驾驶"护航"[EB/OL]．（2022-02-13）[2022-04-12]．http://ent.people.com.cn/n1/2022/0213/c1012-32351006.html．

[26] 刘贝贝，樊阳程．习近平关于绿色科技创新重要论述简论[J]．思想理论教育导刊，2019（12）：11-14．

[27] 郭瑶，裴华东，范娜．浅谈科技治污在大气污染防治中的应用及建议[J]．皮革制作与环保科技，2022，3（8）：95-97．

[28] 佚名．中共科学技术部党组印发《关于科技创新支撑生态环境保护和打好污染防治攻坚战的实施意见》[EB/OL]．（2018-10-11）[2022-04-12]．https://www.

safea.gov.cn/kjbgz/201810/ t20181011_142060.html.

[29] 佚名.《"十三五"环境领域科技创新专项规划》印发（全文）[EB/OL]. (2017-04-27)[2022-04-12]. https://huanbao.bjx.com.cn/news/20170519/826374-1.shtml.

[30] 布特,李佼慕,邹新娴.北京冬奥会绿色科技创新与生态文明遗产研究[J].科学管理研究,2022,40（1）：9-17.

[31] 习近平.为建设世界科技强国而奋斗[N].人民日报,2016-06-01（2）.

[32] 刘荣霞,袁燕军,童爱香.北京冬奥会：探索科技应用示范新模式的实践[J].国际人才交流,2022（4）：38-40.

[33] 王悦,杨宛迪,滕依辰,等.山林行居 六胜构景——延庆冬奥村景观设计探析[J].城市建筑空间,2022,29（2）：21-24.

[34] 李云燕,王立华,马靖宇,等.京津冀地区大气污染联防联控协同机制研究[J].环境保护,2017,45（17）：45-50.

[35] 何伟,张文杰,王淑兰,等.京津冀地区大气污染联防联控机制实施效果及完善建议[J].环境科学研究,2019,32（10）：1696-1703.

[36] 张骁,夏子麟."超级大脑"上线——国家速滑馆"冰丝带"建成智慧场馆[EB/OL].（2021-12-28）[2022-05-20]. http://www.news.cn/photo/2021/12/28/c_1128207846.htm.

[37] 甄敬怡.北京冬奥会写就绿色低碳答卷[N].中国经济导报 2022-01-15（1）.

[38] 佚名.延庆冬奥村工程超低能耗打造落实绿色办奥理念[EB/OL].(2020-07-31)[2021-11-25]. http://ccnews.people.com.cn/n1/2020/0731/c141677-31806040.html.

[39] 栗清振,时宇琳.张北柔直工程核心技术和关键设备均实现国际首创[EB/OL]. (2021-06-11) [2021-11-25]. http://www.cpnn.com.cn/dianli/dljs/dljsyw/202106/t20210611_1393461.html.

[40] 佚名.建成投运张北柔性直流电网试验示范工程 服务绿色冬奥[J].华北电业,2021（1）：58-59.

[41] 张振达.北京2022年冬奥会张家口赛区雪上场馆可持续利用研究[D].哈尔滨：哈尔滨体育学院,2022.

[42] 詹媛.2021年度中国生态环境十大科技进展发布[N].光明日报,2022-06-06（3）.

[43] 黄日栋，李圣船．张家口：保障冬奥赛事区水源水质安全[J]．人民法治，2019（16）：17-21．

[44] 佚名．剥离回用保护富含种子的表土资源[J]．节能与环保，2022（3）：28-29．

[45] 史丽秀，关午军，朱燕辉．近自然·巧因借——2022北京冬奥会及冬残奥会延庆赛区总体生态修复规划设计[J]．城市建筑空间，2022，29（2）：11-15．

[46] 汪雅璐，武颖，王雅馨，等．冬奥背景下坝上河流廊道生态修复与景观营造——以张家口沽源河道为例[J]．美与时代（城市版），2021（10）：55-56．

[47] 胡晶明，朱江，白伟岚，等．京津冀受损生态空间 生态修复技术示范及应用——以张家口市示范工程建设为例[J]．城乡建设，2021（8）：14-18．

[48] 张毅杉，贺风春，平茜．大地诗画 多彩雪乡——基于全域风景化营造的张家口绿色廊道及冬奥核心区绿化提升[J]．城市建筑空间，2022，29（2）：39-42．

[49] 佚名．牢记总书记嘱托 全力书写冬奥筹办的优异答卷[EB/OL]．（2022-02-10）[2023-1-17]．https://baijiahao.baidu.com/s?id=1724369675692185025&wfr=spider&for=pc．

[50] 李久林，陈利敏，徐浩．国家速滑馆"冰丝带"高效高精度建造关键技术[J]．世界建筑，2022（6）：46-47．

[51] 李国庆．2022冬奥观察智慧体育场馆建设迎来黄金加速期[J]．电气时代，2022（2）：16-18．

[52] 薛原，董丝丽，孙龙飞．人民日报署名文章：共同的梦想 共同的未来——习近平总书记引领中国成功举办冬奥盛会[EB/OL]．（2022-04-08）[2023-01-17]．https://baijiahao.baidu.com/s?id=1729469767700570857&wfr=spider&for=．

[53] 许庆，潘睿，王一维，等．预制装配式技术在冬奥场馆建设中的开发与应用[J]．世界建筑，2022（6）：80．

[54] 王树栋，王翠霞，齐立丰．世界首座永久保留和使用的滑雪大跳台——首钢滑雪大跳台赛事照明工程[J]．照明工程学报，2022，33（1）：227-228．

[55] 李兴钢．山林场馆、生态冬奥——"复杂山地条件下冬奥雪上场馆设计建造运维关键技术"项目概况[J]．世界建筑，2022（6）：32-37．

[56] 崔紫阳．单日到访近4000游客！延庆奥林匹克园区迎来开园以来最大客流[EB/OL]．（2023-02-05）[2023-02-20]．https://mp.weixin.qq.com/s/HcZDMAm_cluZU5GMiF_2bA．

[57] 许庆，潘睿，王一维，等. 预制装配式技术在冬奥场馆建设中的开发与应用[J]. 世界建筑，2022（6）：76-81.

[58] 佚名. 科技冬奥中的那些高科技[J]. 现代国企研究，2022，192（3）：30-34.

[59] 深圳市兴海物联科技有限公司. 为冬奥盛会贡献智慧力量[J]. 中国物业管理，2022（2）：33.

[60] 国防科工局科技与质量司. 军工技术助力"科技冬奥"熠熠生辉[J]. 国防科技工业，2022（3）：28-31.

[61] 李玲，韦广林，张林林. "科技冬奥"给5G智慧文旅带来的新启示[J]. 黑龙江科学，2022，13（12）：150-155，158.

[62] 杜俊. 媒体技术赋能北京冬奥赛事转播——浅谈大型综合赛事转播技术的变化[J]. 广播电视信息，2022（S1）：94-98.

[63] 中国工程院新闻办公室. 院士讲科学 成就孩子科学素养 小学版[M]. 北京：中国科学技术出版社，2019.

[64] 张立，张宇航，陈晓龙，等. 奥运史中的信息技术应用及其技术特点和发展特征[J]. 北京体育大学学报，2006（12）：1606-1608.

[65] 石宇，黄璐，朱东华. 从科技奥运里程碑看奥运对科技的促进[J]. 决策探索（下半月），2008（7）：47.

[66] 何瑾，路朝晖，史强，等. 里约奥运会新技术应用及发展趋势[J]. 现代电视技术，2016（10）：26-30.

[67] 降碧桐. 冬奥雪花飘落，总台人居然记录下了五种"声音"？[EB/OL]. （2022-02-17）[2022-04-15]. https://mp.weixin.qq.com/s?__biz=MjM5MTExMTMwOQ%3D%3D&mid=2705817111&idx=1&sn=fe388ab7f820ad86cc71a9aeb0bcd353&scene=45#wechat_redirect.

[68] 肖亚卓，孟鼎博. 北京冬奥会|奥运转播背后那些事儿——专访OBS首席执行官埃克萨科斯[EB/OL].（2022-02-03）[2022-04-15]. https://k.sina.com.cn/article_1699432410_654b47da02000wzfe.html.

[69] 姬烨，汪涌，王梦. 节俭办赛新创方案 北京冬奥会主新闻中心和国际广播中心合并[EB/OL].（2020-10-10）[2022-04-15]. http://sports.people.com.cn/n1/2020/1010/c419056-31886182.html.

[70] 韩强．科技冬奥与转播创新——兼论北京冬奥会对体育赛事转播的未来影响[J]．中国广播电视学刊，2022（4）：18-23．

[71] 孙颖．科技冬奥助力中国 超高清视频产业 8K 零突破[EB/OL]．（2022-02-11）[2022-04-15]．https://baijiahao.baidu.com/s?id=1724426214215799720&wfr=spider&for=pc．

[72] 网事洞察．云上奥运的时代来了！北京冬奥会转播将全面"上云"，向全球转播 6000 小时 4K 内容[EB/OL]．（2022-02-04）[2022-04-15]．http://news.sohu.com/a/520582118_817267．

[73] ZOL 中关村在线．东京奥运 8K 转播 为何我们还看不到？[EB/OL]．（2021-07-27）[2022-04-15]．https://tech.ifeng.com/c/88CgmfKouAi．

[74] 曹囡囡．57 辆北京奥运会电视转播车抵达北京[EB/OL]．（2008-07-25）[2022-04-15]．https://news.sohu.com/20080725/n258376405.shtml．

[75] 上观新闻．北京冬奥会首次全面云转播，相当于一秒传输 500 部高清电影[EB/OL]．（2022-02-04）[2022-04-15]．https://new.qq.com/rain/a/20220204A0941J00．

[76] 张璐，王苗苗．智能追踪拍摄、超级现场，北京冬奥会拍摄转播将用上这些高科技[EB/OL]．（2021-09-18）[2022-04-15]．https://new.qq.com/rain/a/20210918A0FK5J00．

[77] 佚名．国际奥委会：北京冬奥会全球转播观众人数超 20 亿[EB/OL]．（2022-10-21）[2022-04-15]．https://news.cctv.com/2022/10/21/ARTIaKszOL9sYDJqR1CZr6HV221021.shtml．

[78] 佚名．央视财经．创历史新高！观众人数超 20 亿！其中有你[EB/OL]．（2022-10-21）[2022-10-28]．https://finance.sina.com.cn/wm/2022-10-21/doc-imqqsmrp3358142.shtml．

[79] 赵婷婷．5G 云转播 8K 观赛 科技让冬奥观赛更清晰、更便捷[EB/OL]．（2022-02-05）[2022-04-15]．http://ent.people.com.cn/n1/2022/0205/c1012-32345598.html．

[80] 佚名．为了将 2022 冬奥冰雪盛会真实地呈现在观众眼前[EB/OL]．（2022-02-09）[2022-04-15]．http://www.geceo.com/keji/2202/117878.html．

[81] 兰德尔·柯林斯．互动仪式链[M]．林聚任，王鹏，宋丽君，译．北京：商务印书馆，2009．

[82] 埃米尔·杜尔凯姆. 宗教生活的基本形式[M]. 渠东, 汲喆, 译. 北京: 商务印书馆, 2015.

[83] BELL, C M. Ritual: Perspectives and dimensions[M]. New York: Oxford University Press, 2009.

[84] 马里奥·佩尔尼奥拉. 仪式思维[M]. 吕捷, 译. 北京: 商务印书馆, 2006.

[85] 叶欣. 体育庆典"集体欢腾"的形态、阐释及其反思——以奥运庆典仪式为例[J]. 河海大学学报（哲学社会科学版）, 2016（3）: 84-88.

[86] 贺幸辉. 奥运会·虚拟时代·人类庆典方式: 里约奥运会启示录——《体育与科学》学术工作坊"里约奥运会主题沙龙"综述[J]. 体育与科学, 2016, 37（5）: 1-7.

[87] PREUSS, HOLGER. The conceptualisation and measurement of mega sport event legacies[J]. Journal of sport & tourism, 2007(3-4): 208.

[88] 许嘉璐. 未了集——许嘉璐讲演录[M]. 贵阳: 贵州人民出版社, 2002.

[89] 任海. 顾拜旦与奥林匹克仪式[J]. 中国体育科技, 2001（3）: 9-11.

[90] 王成, 奥林匹克圣火传递的历史研究[D], 南京: 南京师范大学, 2008.

[91] 维克多·特纳. 仪式过程: 结构与反结构[M]. 黄剑波, 柳博赟, 译. 北京: 商务印书馆, 2012.

[92] 王慧. 北京奥运会开闭幕式文艺表演研究[D]. 福州: 福建师范大学, 2010.

[93] 中华人民共和国中央人民政府. 习近平在北京河北考察并主持召开北京2022年冬奥会和冬残奥会筹办工作汇报会[EB/OL].（2021-01-20）[2023-05-15]. http://www.gov.cn/xinwen/ 2021-01/20/content_5581375.htm.

[94] 中共北京市委理论学习中心组. "双奥之城"闪耀世界 冬奥财富弥足珍贵[EB/OL].（2022-04-02）[2023-05-15]. https://baijiahao.baidu.com/s?id=1728987988237083559&wfr=spider&for=pc.

[95] 孙葆丽, 闫伟华. 习近平关于北京冬奥会和冬残奥会办赛要求的论述研究[J]. 北京体育大学学报, 2021, 44（6）: 26-32.

[96] 宋文静, 朱旭东. 北京2022年冬奥会社会安全研究——政策工具指引下的风险管理[J]. 中国人民公安大学学报（社会科学版）, 2020, 36（5）: 148-156.

[97] 佚名. 习近平在北京河北考察并主持召开北京2022年冬奥会和冬残奥会筹办工作汇报会[EB/OL].（2022-01-20）[2022-10-24]. http://www.xinhuanet.

com/photo/2021-01/20/c_1127006221_6.htm.

[98] 佚名．习近平会见国际奥委会主席巴赫[EB/OL]．（2022-01-26）[2023-05-15]．https://baijiahao.baidu.com/s?id=1722986299273830222&wfr=spider&for=pc．

[99] 敖蓉．安全办赛创造良好环境[EB/OL]．（2022-02-13）[2022-10-24]．https://view.inews.qq.com/k/20220213A012ZY00?web_channel=wap&openApp=false．

[100] 杨玉海．北京冬奥会安保基本内涵探讨[J]．北京警察学院学报，2018（4）：37-40．

[101] 郭海静．分水岭与里程碑：北京冬奥会重塑中国体育新辉煌——兼论《巴赫在北京冬奥会开幕式上致辞》[J]．南京体育学院学报，2022，21（7）：1-8．

[102] 唐云松，陈德明．北京冬奥会"中国之治"疫情精准防控的成功根基、实践遵循与重要启示[J]．沈阳体育学院学报，2022，41（5）：15-20，48．

[103] 岳冉冉，高萌．北京冬奥会将是一个安全的赛事[EB/OL]．（2022-01-30）[2022-10-24]．https://m.gmw.cn/baijia/2022/01/30/1302785037.html．

[104] 李鹏．冬奥赛场上的"应急大夫"——智能移动方舱[EB/OL]．（2021-12-29）[2022-10-24]．https://www.cdstm.cn/subjects/kjdabxyd/dajctj/kjfyyjh/202112/t20211229_1062472.html．

[105] 佚名．北京冬奥会的安全性"完全可以信任"[EB/OL]．（2022-02-02）[2022-10-24]．https://baijiahao.baidu.com/s?id=1723638810980596934&wfr=spider&for=pc．

[106] 钟声．构筑冬奥会疫情防控"数字防线"[N]．人民日报，2022-01-30（3）．

[107] 佚名．探秘北京冬奥会中深藏不露的创新未来"黑科技"（智慧医疗篇）[EB/OL]．（2022-02-02）[2022-10-24]．https://zhuanlan.zhihu.com/p/445978614．

[108] 张秋．全力保障冬奥会"疫"食无忧[J]．北京观察，2021（11）：16-17．

[109] 佚名．"刷脸"进站、VR观赛 探访北京冬奥会上的高科技[EB/OL]．（2017-12-12）[2023-10-15]．https://baijiahao.baidu.com/s?id=1586532338621805127&wfr=spider&for=pc．

[110] 王淑荣．北京冬奥会要重视哪些安保风险[J]．人民论坛，2018（21）：72-73．

[111] 郭娅明，李萌，李昀轩，等．基于安全车速的北京冬奥会山地道路冰雪路面通行能力研究[J]．交通信息与安全，2022，40（4）：54-63．

[112] 陈航．山地城市道路弯坡段交通安全的影响与评价[D]．重庆：重庆交通大学，2018．

[113] MOKSHEETH P, EMILIANO H. Identification and classification of slippery winter road conditions using commonly available vehicle variables[J]. Transportation research record, 2019, 2673(2): 60-70.

[114] BOYLE P. Risk, resiliency, and urban governance: The case of the 2010 Winter Olympic Games[J]. Canadian review of sociology, 2012, 49(4): 350-369.

[115] KIM Y, BAIK N, KIM J. A study on development of mobile road surface condition detection system utilizing probe car[J]. Journal of emerging trends in computing and information sciences,2013,4(10):742-750.

[116] 郭淑霞，胡松，王晓伟．大型体育赛事场馆交通设施规划及交通组织——以奥运场馆为例[J]．城市交通，2021，19（4）：48-55．

[117] 佚名．"科技冬奥"重点专项"复杂、极端条件下的可靠5G通信与先进网络示范建设"项目启动[EB/OL]．（2018-12-13）[2022-08-11]．http://www.zgkjcx.com/Article/ShowArticle.asp? ArticleID=23365.

[118] 科技部．"科技冬奥"重点专项"冬奥会公共安全综合风险评估技术"项目启动[EB/OL].（2018-10-29)[2022-08-11]．http://www.most.gov.cn/ztzl/kjda2022/gzjz/201812/t20181229_144445.html.

[119] 保障冬奥场地安全，地质灾害"侦察卫士"上岗[EB/OL]．（2022-01-24）[2022-06-11]．https://m.gmw.cn/baijia/2022/01/24/1302776811.html.

[120] 王一伊，王淑荣．为北京冬奥会构建网络安全屏障[J]．人民论坛，2020（16）：124-125．

[121] 佚名．习近平：没有网络安全就没有国家安全[EB/OL]．（2022-09-06）．[2023-05-15]．https://baijiahao.baidu.com/s?id=1743184786907236179&wfr=spider&for=pc.

[122] 科技部．对"科技冬奥"重点专项2019年度第一批项目申报指南[EB/OL]．（2018-12-12)[2022-08-11]．http://www.most.gov.cn/ztzl/kjda2022/zdgz/201812/t20181229_144452.html.

[123]《北京2022年冬奥会和冬残奥会无障碍指南技术指标图册》编制组．冬奥特辑|最暖的心——北京2022年冬奥会和冬残奥会无障碍指南及相关技术指标

图册[EB/OL].（2018-12-12）[2022-08-11]. https://www.biad.com.cn/view/id/73/.

[124] 佚名. 国际奥委会主席巴赫点赞中国：全面上云的北京冬奥书写历史[EB/OL].（2022-02-04）[2023-03-27]. https://baijiahao.baidu.com/s?id=1723811943960460263&wfr=spider&for=pc.